山东省社会科学规划研究项目文丛·一般项目

《山东省社会科学规划研究项目文丛》编委会

人学视野中的创新与环境

RENXUE SHIYE ZHONG DE CHANGXIN YU HUANJING

张宝英 滕松梅 王 毅 邢瑞煜 著

人民出版社

目　录

序一　时代精神的创新本质

张全新

黑格尔有句名言：哲学"是被把握在思想中的它的时代"。马克思进一步强调："任何真正的哲学都是自己时代精神的精华"，是"文明的活的灵魂"。一种思想能否称为或成为真正的哲学思想，这自然取决于多种因素，甚或可以说是一个见仁见智的问题。但仅就其与时代的关系而言，则取决于其是否通过理性反思的形式真正表达了时代精神，是否在本质上代表着时代精神的精华，是否真正是时代精神精华的理论表达。

对于哲学与时代精神的关系，马克思曾具体谈到："哲学不是世界之外的遐想"，它"是自己的时代、自己的人民的产物，人们最精致、最珍贵和看不见的精髓都集中在哲学思想里。那种曾经用工人的双手建筑起铁路的精神，现在在哲学家的头脑中树立哲学体系。"这一论述表明，所谓时代精神，其实也就是时代发展中人的精神，是人在理论的和实践的解决时代课题过程中所展现出的自我精神。具体而言，它是指不同历史阶段上人的实践精神、超越精神、主体精神和发展精神，亦即一定历史阶段上社会实践的一般目的、人们生活的共同理想、社会主体的价值追求、历史发展的人心所向。在这个意义上说，哲学作为时代精神的精华及其理论表达，在其内容上，也就是社会实践一般目的的概念表达，人们生活共同理想的理论阐发、社会主体价值追求的观念反映、历史发展人心所向的思想升华;而其实质,则在于它是自己时代发展的本质要求的集中表现,归根到底是自己时代的人的价值理想追求的理论表达。由此来讲,《人学视野中的创新与环境》一书当之无愧可称为一种哲学思想,这不仅是因为本书所强调的创新要求是中国社会发展的客观要求,所主张的创新品质是马克思主义的理论品质,所倡导的创新精神是现代中国社会发展的时代精神,而且更主要的是因为,它从人的本质与人的价值实现的角度挖掘了创新的可能性与现实性,从系统论的角度论证了人是社会系统的主体性要素,从而从理论深处论证了创新对社会环境的依赖关系。可以说,这本书所包含的创新思想理论正是这个时代精神的集中表现和理论表达。

《人学视野中的创新与环境》一书是循着一条创新的理论思路展现了其全部理论内容:从哲学的层面,以"和谐——环境——人的潜在价值的挖掘——人的本质追求的实现——创新——发展——人类解放与自由——更高层次的和谐"为主线进行研究,侧重于环境与创新的关系,并从社会发展的动力系统、人的本质追求和人的价值实现的角度详实地阐述创新的内部条件的先在性和外部条件构建的必要性,深刻地揭示出人对社会的主体关系,揭示出人的本质对创新的必然要求以及人的价值实现与创新的密切关系,揭示出人的价值实现与社会环境的关系,揭示以人为本对构建社会主义和谐社会的重要性和必要性,最终揭示出"以人为本"的深层理论依据及其合理性,达到对"以人为本在科学发展观中的核心地位"既知其然又知其所以然的理论认识,把"以人为本"的因由引入更深层次和更广泛的理解,以实现其更广泛的社会效应和更深层次的反思价值。

理论认识需要在实践的基础上从客观事实中去获得,这是

《人学视野中的创新与环境》的根本基点,其主要特色在于:

首先,《人学视野中的创新与环境》着重从社会发展动力系统的角度确定人在社会发展中的主体地位。本书的创新之点在于重新认识人的本质——对幸福的追求,通过对人性与人的本质、人的价值实现与物的价值实现、人在社会中主体地位的内在依据、社会人文环境与人的价值实现、环境与创新的关系的揭示,从人的本质的深度上证明了"以人为本在科学发展观中核心地位"的理论依据。

其次,《人学视野中的创新与环境》科学地证明了创新活动是创新主体的先天性潜能与愿望,从人的价值实现特征的角度论述适宜的社会环境对创新的必要性。本书明确提出人的价值实现的过程是促进社会发展的过程,进而阐明良好人文环境的运营是以人为本的具体体现,是创建社会主义和谐社会的重要环节,是科学发展观的深入贯彻。

《人学视野中的创新与环境》这部著作是站在学科前沿,立足于"马克思主义人学"的"实践生存论"立场所作的创新性探讨。实践观点及其实践思维方式,作为马克思主义的理论实质,是由马克思在哲学上所实现的伟大变革所决定的。这种变革的实质,就是用实践观点取代了传统哲学的片面化解释世界的观点,用实践思维方式取代了传统哲学的本体论思维方式,这意味着马克思主义在本质上是一种实践的、革命的、批判的理论。对于马克思主义来说,"全部问题都在于使现存世界革命化,实际地反对和改变事物的现状。"马克思主义全部理论的实质,归根到底都在于:在批判旧世界中发现新世界,通过实践活动改造旧世界,创造新世界。

当今世界特别是现代中国社会的创新实践及其创新精神,是《人学视野中的创新与环境》这部著作创新思想理论形成的现实基础;《人学视野中的创新与环境》正是基于科学发展观对当今世界人的创新实践及其创新精神的观念反映。这种创新思想之所以成为一种哲学思想,主要是因为它是我们这个历史时代的时代精神精华,亦即人的创新精神的自我意识、自我把握、集中表现和理论表达。正是这种对时代精神精华的自我意识、自我把握、集中表现和理论表达,使这本书的创新思想理论成为一种创新哲学思想,是一部开卷便有益于反思的书。

2009 年 9 月

　　(张全新,中共山东省委宣传部副部长,山东大学、山东师范大学博士生导师)

序二　拨开理论迷雾

刘德龙

30年来,解放思想、改革开放和建设中国特色社会主义的伟大进程不仅创造了马克思主义中国化的当代成果,同时也唤醒了理论研究的"方法自觉",推进了研究范式的创新和转换。然而,这些范式仍存在着各种偏颇。我们现在都知道"创新"、"环境"、"以人为本"、"和谐社会"等皆是社会各领域的常用语,更不是学术界研究的新问题。但是正如黑格尔所说:"人们时常挂在嘴边的话往往是它最无知的东西"。现今对这些问题作全面、深刻、系统的考察,尤其是在哲学层面上,从人的本质和人的价值深处,将创新与环境有机联系起来,则尚属阙如。仅从此而言,《人学视野中的创新与环境》一书完成了马克思主义当代出场路径的历史使命,在总体上科学地把握了马克思主义哲学"与时俱进"的理论逻辑。

具体地说,《人学视野中的创新与环境》这部书,以历史唯物论为指导,从人的本质和人的价值的角度对环境与创新的关系作了深层次的论述:

首先,从社会发展的动力系统中剖析人在社会中的主体地位,进而对人在创新活动中的主体地位做了有力的论证。

其次,从人的本质与人的价值的视角阐明创新的主体条件是其客观性条件,环境条件是创新的主观性条件。客观条件是自然的存在,是自有之物,非人力所创设;主观条件是借助了人力的参与,通过人的主观能动性的发挥创造出来的。

再次,从人的价值实现特征的角度揭示了创新依赖于良好社会环境的因由,并进一步论证了良好社会环境与人的价值实现的互动关系,论证了社会环境与创新的互动关系。

综上,全书以"人"为主线,将"社会和谐——环境——人的潜在价值的挖掘——人的本质追求的实现——创新——社会及人的发展——人类解放与自由——更高层次的社会和谐"前后贯通。因此,在我看来,这部书以新颖的视角、缜密的逻辑阐明了环境与创新之间何以具有相互促进、互为前提、循环往复的紧密关系,阐明了环境与创新相互依赖、相互促进的深层因由,阐明了"以人为本"既是良好社会环境得以运营的重要决策,又是良好社会环境追求的终极标准,阐明了"以人为本"是思想解放的具体化。揭示了思想解放是营造良好社会环境的重要手段和必然结果,揭示了"以人为本"在科学发展观中居于核心地位的深层理论依据,揭示了以人为本在构建社会主义和谐社会中的重要性。

其实,科学的认识关键在于把握事物的本质及其发展规律。《人学视野中的创新与环境》这部书正是运用辩证思维方法,在分析与综合的基础上,从抽象中概括并把握到了具体,通过对环境与创新紧密关系之深层次原因的探析,探索了创新实现的规律性问题,分析与综合俱佳,表明作者对于复杂问题进行独创性研究能力的卓越。作者运用唯物史观驾驭复杂的社会问题,注重对问题做深入的理论抽象,体现出严谨的科学研究态度和实事求是的治学方向,对此,尤其值得充分地肯定。

从总体而言,本书立意新颖,语言朴素,论理深刻,充斥着一种发人深省的力量。这是一部创新价值突出、发人深省的作品。它具有很高学术价值及现实启迪意义。它的出版将是学术界（尤其是社会发展理论研究界）一件值得庆贺的事情。本书的面世，对人们的创新意识将会带来新的激发，对以人为本的和谐社会的完善将是一个促进，对进一步推动中国当今社会发展战略的顺利实施将产生积极影响，对我国环境的营造、机制的建设与创新问题的深入研究将是一个促进。

一部哲学书籍总是带着作者的学术视角、背景知识、研究领域和文化取向的印迹。本书是山东省社会科学规划研究项目:《环境与创新——以人为本与构建社会主义和谐社会研究》（批准号07CZXJ07）的最终结项成果，此项目的负责人张宝英同志从事人学与社会发展理论研究已有多年，她勤奋好学，思维敏捷，思路清晰，尤其执着于对真知新识的探寻，先后发表颇有影响的论文20余篇，这些论文多被《新华文摘》及人大复印资料《哲学原理》等转载，并多次荣获社会科学奖，受到社科界的高度评价，实乃学术界不可或缺之人才。最后，衷心地希望本书的作者张宝英等同志以已有的成绩作为前进的新起点，在今后的工作与研究中取得更加可喜的成绩!

2009 年 9 月

（刘德龙，山东省社会科学界联合会党组书记、副主席，研究员；山东大学民俗学硕士生导师，山东艺术学院非物质文化遗产硕士生导师）

导言 创新与环境是社会发展研究的重要课题

  《人学视野中的创新与环境》是山东省2007年社会科学规划研究项目。本课题从哲学层面，以"和谐——环境——创新——发展——人类解放与自由"为主线进行研究，侧重于环境与创新的关系，并从社会发展的动力系统、人的本质追求和人的价值实现的角度，着力阐述创新的内部条件的先在性和外部条件构建的必要性，深刻揭示出人对社会存在与发展的主体关系，揭示出人的本质对创新的必然要求以及人的价值实现与创新的密切关系，从人的价值实现与社会环境的关系入手，真正把握了以人为本对构建社会主义和谐社会的重要性和必要性，最终阐释了"以人为本"的深层理论依据及其合理性，达到对"以人为本在科学发展观中的核心地位"既知其然又知其所以然的理论认识，把"以人为本"的因由引入更深层次和更广泛的理解，力争做到对环境与创新课题有一个客观全面的、立体综合的、实事求是的全方位研究，把文献研究和历史研究及当前面向实践与现实的理论研究有机地结合在一起，以实现其更广泛的社会效应和更深层次的反思价值。

  的确，自十六届三中全会提出"科学发展观"以来，各个领域的专家学者从理论上对以人为本与构建社会主义和谐社会作了多方面的论证和阐释，社会各界、各行各业也根据自己的特点和要求进行了不同层次的理解和运用。然而，理论研究需要不断推向更高的层次,并最终推导出更深层次的理论依据。我们的研究,既在之前的论域之中,又有新的视界与拓展。作为导言,主要就本课题的选题意义、基本内容、创新之处及研究方法等方面问题作简要的说明,以便于读者对本书有一个基本的了解和把握。

一、选题意义——从社会活力说起

本课题旨在通过研究环境与创新的关系,来凸显社会发展的活力和社会进步的路径,进而揭示以人为本与构建社会主义和谐社会的关系。

如果说构建社会主义和谐社会是目的,那么以人为本则是必不可少的手段之一。因为,构建和谐社会的关键在于挖掘社会活力。可以说,社会活力是社会进步"程式"中的一个重要的"自变量"。社会活力的涵盖面极其宽泛,它体现在社会生活和社会发展的各个层面、各个具体领域中,并表现为社会物质、制度、精神各层面及社会整体的运行趋势和发展取向。从其实质上来说,社会活力最终源于人,源于人对美好生活的不懈追求。人类社会之所以能不断地向更高层次发展,究其根源则在于每个人对自己美好人生的向往与追求。人是社会历史主体。人类历史过程就是人们自己生产自己、自己创造自己的过程,是人的美好追求使人的能动性、积极性、创造性得以自然而然的发挥,并形成了人类改造自然与社会的现实力量。所以,从一定的层面看,创新是社会活力的重要内容,它是人对美好生活追求的愿望和人的价值的外化,是人的高级实践活动。可以说,一部人类文明史就是一部创新史。问题在于,人的价值实现特征表明:人类持续不断的创新需要外部条件的支持,需要以人为本的社会环境的孕育。这是一条既抽象又清晰的链条。这链条呈现给我们的是:社会活力的最大限度的释放必须——甚至只有以人为本。

只有以人为本,才能激活社会活力。其实,社会活力本应是社会深层所包含的自变量。然而,在社会文明进步的一定阶段上,它在一定程度上被压制以致不能彰显。社会文明在成长的过程中,特别在成长之初或远离成熟的时候,具有明显的双刃剑性质:一方面,它为社会的进一步发展创造了有利的环境;另一方面,它滋生了抑制社会活力萌发的因素(或者叫框架)。以人为本正是打破了这样的框架,还社会活力应有的本色,给社会活力的释放提供外在的环境。

之所以从人的问题上来挖掘社会活力,是因为:人是社会的主体,以人为本是促进社会发展的一把金钥匙。

社会是人的社会,没有人无所谓"社会",社会的本质特征在于人的实践。社会存在本身是人的本质力量和自然结合的体现。正如汪建先生所言:"人类历史过程就是人们自己生产自己、自己创造自己的过程"。① 因此,人的发展既是社会全面发展的前提,也是社会全面发展的最终目标。人的现代化自始至终贯穿于整个现代化的过程之中。社会发展的过程实质上是人的自我解放和自我塑造的过程,是人类改造自身和改造自然相统一的过程,是人在类内、类外的关系中得到升华的过程,是人类文明不断提升的过程。

既然人是社会的主体,是决定社会发展的根本性力量,所以社会发展的活力在于人。人具有相对无限的价值,人的价值实现过程便是创造的过程。创造源于创造主体的创造愿望和创造潜能。

① 汪建:《社会活力:解放与创造》,《天津社会科学》1999 年第 3 期。

创造愿望源于创造主体的本质追求;创造潜能源于创造主体的价值内涵。人追求美好生活的本质决定了人具有挖掘自身价值的无意识愿望。因此,可以作如下的逻辑推论:创造的背后由人的本质追求所支配。在人的本质追求的支配下,人的创造成为必要;同时,人具有相对无限的价值,人的价值使得创造成为可能。创造的必要性与创造的可能性必定构成创造的必然性。只要没有外力的抑制,必然性的创造迟早会实现。如果有一种外力的疏导、调节,必然性的创造会得到早一些,乃至更大程度的实现。

　　创造是一个劳动的过程,其伸展之意是创造价值。创造的过程不仅是从无到有、由小到大、由少到多的量变过程,而且是一个由量的积累达到质变的过程,是一个挖掘客体价值的过程,是一个主体价值得以发挥的过程,当然也是一个促进社会发展的过程。从活动范围来说,创造比创新的涵盖面更广。

　　"创新"是指在历史上前所未有的情况下,创出新东西的一种创造活动过程和结果。创新的关键在于"新"字。"新"是一个相对的概念,所以"创新"也是一个相对的概念,它的含义非常宽泛,从不同的角度、在不同的领域,有不同的理解。特别随着时代的进步,创新的概念也在不断地发展、变化。但不管什么样的理解,学界不否认创新既是超越历史和现实的活动,也是超越历史和现实的结果,它必须创造出历史和现存事物中不曾存在过的事物。创新结果需要在创新活动过程中得以实现。发生在任何时候任何地域的创新实践活动都是社会性的,是在特定的社会环境中,处于一定的社会机制保障下发生的。相对于创造来说,创新的实现更需要对主体的自主性和创意性的激发,这就更需要能够激发创新的社会环境的支持。

　　本课题研究的理论价值和现实意义,主要体现在以下三个方面：

第一，从人的本质追求和价值实现的视角来研究以人为本，有力地证实了"以人为本在科学发展观中居于核心地位"这一理论的客观、正确性，揭示了构建和谐社会的可能性。

以人为本是对健康、优良的社会环境的概括，又是制度或体制建设的方向标、指示灯、显示器，还是对党和政府执政方式的根本要求，更是对思想进一步解放的具体导向。

那么，以人为本何以如此重要？这是本课题要研究解决的重要问题之一。

我们从人的本质、人的价值实现的角度，研究"最大限度创造"的必要性、可能性及其实现条件。社会环境——人的价值实现——人的创造潜能的开发——人的活力的激发——社会活力的释放——人的本质追求的实现——人的自由与社会的和谐——和谐对人文社会环境的必然优化，这是一条既简单又复杂的链条，在这一链条中始终贯穿着一条主线——人。人具有追求美好的本性，人具有相对无限的价值，人的价值实现过程便是创造的过程，是促进社会发展的过程。创造的结果可以使自然得到优化，使物质财富增多，使人文精神升华，使人从自然界的诸物中分离出来并神圣化。然而，人的创造潜能能否充分开发出来，人的价值能否得到充分实现，不仅取决于个人的努力，更重要的是取决于社会环境，即社会能否为人的创造性开发提供足够的激励环境，为人的价值的实现开辟广阔的空间，这样的环境正是以人为本的环境。所以，体现出以人为本的良好人文社会环境对于创新来说是极其重要的条件，良好人文环境的运营是以人为本的具体体现，是创建社会主义和谐社会的重要环节，是科学发展观的深入贯彻。只有营造出合理的社会环境，真正体现出以人为本，使民众能够预期到其目的实现的可能性存在,才能最大限度地挖掘出其创新潜能,由此实现人的手段性;促进社会主义和谐社会的构建,最终实现人的自由、全面发展,实现其目的性。由此,"以人为本"是"科学发展观"的核心,是构建社会主义和谐社会的保障。

第二,从环境与创新关系的视角来研究和谐社会的构建,揭示出构建和谐社会的艰巨性。

构建和实现和谐社会,是人类千百年来不懈追求的一个主题,更是马克思主义政党为之奋斗的社会理想。马克思、恩格斯在《共产党宣言》里把共产主义社会的最根本特征概括为:它"将是这样一个联合体,在那里,每个人的自由发展是一切人的自由发展的条件"①。这可以说是马克思主义对和谐社会的精辟概括。构建和谐社会的关键还是要靠经济发展,这是构建社会主义和谐社会的物质基础。只有切实保持经济持续、快速、协调、健康发展,我们才能创造更丰富的社会物质财富,使国家的整体实力不断增强,使人民群众的生活水平不断提高,促进社会和人的全面发展。因此,不断创新是和谐社会里每个人的责任,也是和谐社会之所以可能的保障。

人们的创新必须以社会为中介,在社会环境中实现。社会环境具有既得性,它规定着不同创新主体在社会中承担的义务和享有的权利,提供创新主体进行创新活动的激励与约束。良好的社会环境必然使人创造的价值、创新的结果与人追求的最终目标相对一致,从而激励每个个体主体成为创新主体并努力创新,创造更多的价值,这既有利于创新主体自身,又有利于他人与社会。如果社会制度不合理,社会环境缺乏应有的秩序性,必然会造成人创造

① 《马克思恩格斯选集》第 1 卷,人民出版社 1995 年版,第 294 页。

的价值、创新的结果与人的本质追求相背离,由此压抑创造主体的积极性,降低创新主体的活动效率。总之,创新活动的开展必定有赖于既得的良好、宽松的社会环境。

既得的环境是不依人的意志为转移的,在这个意义上我们可以理解为"环境塑造人"。但环境又具有发展性。"发展性"表明它的可变性、它具有变化的原动力,这原动力只能来自于人,在这个意义上我们可以理解为"人创造环境"。

良好环境的培育与维护必须通过创新,特别是制度创新。制度创新是根据一定的地域文化、一定的时代精神、一定的大众意识形态和思维方式对已有的政治与法律制度进行变革,以建立更合理的制度体系。制度创新离不开思想创新、文化创新、思维方式的创新以及工作方法的创新等等。任何一种创新活动作为人类社会活动的形式,在本质上体现的都是社会关系,都具有社会属性,都离不开社会环境。

总之,社会环境与创新是相互促进的。如果处置不好,也可能形成一种悖论性的背离,相互间成为彼此牵制的障碍。因此,构建和谐社会具有一定的艰巨性。这样就需要人在实践中不断提升自身的认知品质和独立人格,培育自身的开放性、创新性思维方式和能动的思维能力,有意识地将社会实践经验升华为理性认识,自觉地改善社会结构与制度安排,从而营造以人为本的社会环境,最终构建和谐社会。

第三,从系统论的视角揭示人在社会发展中的主体地位,从而明确创新主体的定位,有助于人们有意识地做构建和谐社会的积极主体。

我们的研究是在唯物史观关于社会结构层次理论的指导下,从社会运转的最表层入手,从人的生产活动和创新入手,层层深入,最后揭示出生产力发展的内在根源。

社会是一个巨大系统,这个系统有内核、有结构、有内容,其存在的生机或者说其动力机制来自其相互连接的各组成部分功能的有机结合,它是一种整体性的功能。任何动力机制都有动力的源泉,社会作为一个巨系统,更是如此。系统理论来自系统的客观存在,系统的客观事物也只能以系统理论将其表述出来才能使其清晰可见,才能使复杂、抽象的事物在理性的具体中形象化,使深藏于复杂、抽象事物的核心部位在层层外壳被剥离之后展现出来。这是一个由浅入深的过程,又是一个深入浅出、将抽象理论通俗化的过程,这一过程需要通过系统的阐述来表现。

社会发展的动力系统主要包括经济、政治、文化三个子系统,而且这三个子系统相互联系、密切作用、交互促进,共同推动社会的发展。而每个子系统的活力以及子系统内部各要素存在的动因都在于人。

我们通过对社会结构的解剖以及对社会发展动力系统的分析,阐明社会发展的主体力量,把人还原到社会系统中,揭示出人作为创新主体的理论依据,使得人们有意识地将社会实践经验升华为理性认识,自觉地改善社会结构与制度安排,从而自觉做构建和谐社会的积极主体。

二、基本内容——从思想创新与
理论阐述视角构架

从思想创新与理论阐述的视角构架,是我们遵循的一个基本指导思想与逻辑思维方法。

任何一个重大科研选题及由此研究得出的理论成果,都有其具体对象与范畴,这种研究对象与范畴既关系到学科定位,又关系到对研究内容进行科学构架的基本逻辑思维方法的选择。

科学发展观继承了"发展是硬道理"的思想,同时又强调发展必须是科学发展。"科学"的内涵非常宽泛,它既指全面的发展、协调的发展、可持续的发展,又指人的发展。"全面的发展"即社会的政治、经济和文化等诸多方面的共同推进。"协调的发展"一方面指人与自然之间关系的和谐与协同进化,寻求人与自然合理性共存,即把人的发展同资源的消耗、环境的退化、生态的胁迫等联系在一起;另一方面指人与人之间关系的协调。"可持续发展"恰恰从根本上体现了人与自然之间和人与人之间关系的总协调,有效协同人与自然的关系,是保障可持续发展的基础;而正确处理人与人之间的关系,则是实现可持续发展的核心。"人的发展"是"社会全面、协调、可持续发展"的关键,同时,社会的发展,特别是优良的人文环境又是人的全面发展的条件和目的,社会全面、协调、可持续发展既为了人,又必须依赖于人。正所谓人既是目的,又是手段。因此,"以人为本"是"科学发展观"的核心。

只有切实做到以人为本,才能真正构建社会主义和谐社会,才能使社会这个巨系统更加整体化、有序化和开放化,才能最大限度地涌现出创新成果。

以人为本是当今中国社会的一次思想大解放,是思想解放的具体化。而思想解放必然会带来人类创造性的释放。"人类创造的物质与精神文明成果,可以说是思想解放结出的果实。其中,物质文明成果是人类开动思想机器、摒弃旧思维定势所取得的物质性成果,它贯穿于人类思想解放的全过程";"精神文明成果是人类突破旧的思维方式与逻辑,在科学技术、人文文化、伦理道德等方面创造的财富,这种精神文明成果的创造也以思想解放作为重要的条件与内容"。① 开动思想机器、摒弃旧思维定势是思想解放不可或缺的途径,也是创新的前提。

创新是人类从自然力和社会关系中获得解放而创造出的物质与精神成果。创新的基本前提是实事求是、探索求知、崇尚真理、开拓进取。从思维方法意义上说,创新有三个明显的特点:一是真理性。创新必须在客观性真理的指导下才能成功,只有符合客观规律的事物才能称得上是创新;二是科学性。创新是一个从无到有的创造性过程。无论是物质文明成果的创新还是精神文明成果的创新,它的途径、方法和手段都必须遵循科学的规则——严格的试验实证和严密的逻辑推理;三是开放性。人类的创新活动是开区间的无尽序列,它接纳一切新的探索思想。

任何从无到有的创新都是艰难的过程,但它们对于社会的发展和文明的进步都是必要的。创新之所以可能,是因为创新主体具有内在的动力和机制,具有潜在的能量或者说价值。创新的实现还需要环境条件的支持,需要解放思想,需要以人为本。

在深入调研的基础上,本着实事求是的原则,本书共包括九章内容,试图对创新与环境问题进行全方位的立体勾画和逻辑性分析。为方便读者阅读,现从以下四个方面进行概述:

第一部分　关于"创新"的分析、界定与分类

在本部分中,我们对"创新"进行了概念上的分析和界定,对创新活动进行了分类,并阐释了创新对社会发展的重大意义。

首先,创新的含义非常宽泛,从不同的角度、在不同的领域,有不同的理解。特别随着时代的进步,创新的概念也在不断地发展、

---

① 刘相、刘德军、王忠武主编:《人类思想解放史论》,人民出版社 2007 年版,第 6 页。

变化。我们在本书中分别从语义学意义上、经济学意义上、哲学意义上对"创新"概念进行剖析，从而给予一定的阐释与界定。

其次，创新活动存在于全社会的各个领域、各个层次和各种形式中。我们分别从创新的内容和创新的总体形式上对创新活动进行了划分。从创新的内容上，我们将创新活动划分为四种类型：理论创新、技术创新、管理创新和制度创新。从创新的总体形式上，我们将创新活动划分为认识创新和实践创新两种类型。

最后，我们从经济发展、文化发展、政治发展、社会发展和生态发展的视角阐述了创新的重要性。江泽民同志早在1995年的全国科学技术大会上的讲话中指出："创新是一个民族进步的灵魂，是国家兴旺发达的不竭动力。"这段概括把创新从企业层面、经济层面提升到社会历史层面，揭示了创新在人类历史发展中所具有的普遍性质以及所发挥的重要功能。作为"民族进步的灵魂"、"国家兴旺发达的不竭动力"，创新显然已不是仅仅存在于企业行为中，或仅仅用市场尺度就能衡量的，它已经成为具有根本性与普遍性的哲学意义，它已超越了专业思维与日常语意，获得了哲学意义、自觉意义与历史意义。创新不仅是企业生存之本，而且是民族之魂、发展之根、强国之本，是民族与国家的生存之本，这不仅使创新理论成为一种历史观，而且显示出创新对社会进步、人类文明的极大重要性。

第二部分　关于创新主体的分析、定位以及创新主体中客观存在的创新条件

首先，从社会发展动力系统的角度论述人在社会发展中的主体地位。

社会发展的动力系统主要包括经济、政治、文化三个子系统。这三个子系统又有自己的功能与结构，各自包含更小的子系统。

这些子系统各自的发展以及相互之间的牵制与促进都离不开人的作用,正所谓社会的本质特征在于人的实践。事实上,社会是人的社会,没有人无所谓"社会";社会的发展离不开人的发展,离不开人的活动和创造。

社会存在本身是人的本质力量和自然结合的体现。人的发展既是社会全面发展的前提,也是社会全面发展的最终目标。人的现代化自始至终贯穿于整个现代化的过程之中。社会发展的过程实质上是人的自我解放和自我塑造的过程,是人类改造自身和改造自然统一的过程,是人在类内、类外的关系中及人在类本质上都得到新的升华的过程,是人类文明不断提升的过程。人,唯有人是社会的主体。

其次,从人的本质追求的角度和人的潜在价值的角度论述创新主体之中潜在的创新条件。

任何一种人类实践活动的完成,既需要主观条件,又需要客观条件。对于创新活动来说,它需要的客观条件,先在性地存在于创新主体的本质追求之中。

无限丰富多彩的人类社会存在无疑最终根源于人这种特殊物种的存在。人的特殊性具有许许多多方面,难以全面概述。我们从人的本质和人的价值深处来阐明人这一物种的特殊性。

第一,人的本质在于对幸福的追求。我们从人的需要说起。人要生存,便有需要。需要是多元的、丰富的、变化和提升的,是有不同层次的,但无论人的哪个层次的需要,只要得到满足,便会获得幸福的感觉。所以,可以说,是人对幸福的无意识追求才滋生出各种各样的需要。而不同的人追求的幸福是不同的,不同的人所理解的和所拥有的幸福标准是不同的,所以表现出无限多样的行为与生活方式。可见,人追求幸福这一本质特征是单纯的、普遍的,却不是抽象的,而是具体的。总之,在无限多样的人类行为背后深藏着一种本质的东西,那就是人们对幸福的追求,正因为每个个体的人在不断地追求着各自的幸福,他们才有创造物质财富与精神财富的必然要求,才有进行创新的原动力。这种原动力虽然存在于创新主体身上,却具有客观性,是创新之所以可能的先在性客观条件。

第二,人类这一特殊的物种之所以特殊,不仅具有创造自己美好生活的客观要求,不断地追求着自己的幸福,而且还具有实现追求的潜在价值。事实上,正因为人具有人的价值的存在,才能够生发不断的追求。人的潜在价值表现为意识、理性、意志、创造、能动、语言等等,而且内涵丰富的人的潜在价值相对无限。正因为相对无限的人的潜在价值的存在,人才能成为创新主体,才能进行无限多样的创新,才能创造出无限丰富多彩的人类社会。

再次,从人的价值实现特征的角度论述创新对良好的社会环境的需要。

人的潜在价值相对无限,但其价值主体的复杂性也决定了其实现的复杂性。人的价值客体同时又是价值主体的重要组成部分,正是这部分价值主体直接掌握着其潜在价值实现与否以及实现的程度。而人对幸福追求的本质,决定了作为价值客体部分的价值主体有着挖掘自身潜能的先天愿望,所以,营造良好的社会环境成了实现人的价值的至关重要的条件。

创新包含在人的价值实现过程中,创新的成功依赖于人的价值实现。创新活动是人的一种高级的实践活动形式。研究人的这种高级实践活动,不应以人的意识为出发点,而应从"现实的、有生命的个人本身出发……",这种现实的、有生命的人"不是某种处在幻想的与世隔绝、离群索居状态的人,而是处在一定条件下进行的、现实的、可以通过经验观察到的发展过程中的人。"①这种现实的人的高级实践活动处在主体与客体、主体与其他主体、主体与外在环境、主体与其自身等各种要素组成的多重社会关系网络之中，处在构成创新活动的各个要素之间相互作用的矛盾运动之中，创新活动的各种特征则是各种矛盾运动的体现。这些多重社会关系网络实际上构成创新主体从事创新实践活动的人文社会政治环境，创新活动的各个方面、环节和整个过程都在这个环境的时空中发生、完成、演变、重组。所以，社会政治环境影响创造性人才，从而极大地影响着创新，创新活动的开展必定有赖于既定的社会环境因素。可以说，创新活动在本质上体现的仍然是一种社会关系，具有社会属性。

第三部分　关于创新过程的历史演变以及创新过程的前提和终结

此部分在梳理了创新过程的历史演变——创新过程的归纳主义传统、创新过程的高技术产业观、创新过程的链式方程模式、创新过程的自我体验分析——的基础上，重点阐释了创新过程的前提和终结，亦即创意的形成和实现。

将主体创新的一般过程分为形成创意和实现创意两个相对独立的过程只是一种理论上的抽象，实际上，正如认识和实践不可分割一样，这两个过程也不是截然分割的，而是相互影响、相互渗透的。一方面，新的设想、构思和创意的产生与形成是创新实践的理论指导，创新实践活动总是从一定的创意、设想和构思出发的，是创新认识的物化、对象化；另一方面，一定的创新性实践是创意、设想和构思得以产生的基础，在为实现一定的创意而进行的实践活

---

① 《马克思恩格斯全集》第 3 卷，人民出版社 1960 年版，第 30 页。

动中往往又会产生很多更新的创意、更新的设想和构思。

人的主体性只有通过实践，才能形成创新性，表现和确证创新性。创新性不能脱离人的劳动本质，否则就不可能科学地说明主体性问题。实践性是主体的根本特征，实践活动的本质是对外部世界一种否定性的客观物质活动，实践是人对外部自然界的一种物质性的否定关系。自然界作为先于人类的存在，其直接的存在形式并不完全合乎人的生存需要或目的。人类要以人的方式存在，就必须以自己的物质性活动在一定程度上否定外部自然界的直接存在形态，使之成为合乎人的目的的存在，成为人类存在的一种要素。

因此，人类存在是人在实践中创新出来的一种主体性存在。创新过程是由人们在生产和交往实践中产生的，它的产生和演化就必须符合人的本性的需要才有利于人们实践活动的推进。创新过程是人的发展程度的社会衡量器。因此，创新过程的发展与人的主体性的发展密切相关，它必然以人的主体性作为内在根据和基础。人类劳动实践的变化、发展，直接影响和制约主体的变化和发展。创新过程是基于社会的现实而开始的，它必定随着社会历史的发展而发展。创新过程也只有立足于社会现实生活的变化与发展，才会有生命力。

第四部分 关于环境对创新的作用

这部分主要从经济环境、制度环境、文化环境、解放思想的环境与以人为本的环境来阐释，将"环境"进行了理论及实践意义的界定，力图做到使环境对创新作用得以全面揭示。

人的本质与人的价值决定了人生来就好奇、好探究。亚里士多德早就说过，"求知是人类的本性"。这种原始的冲动，在良好社会环境与恰当的教育影响下，逐渐发展成为人的自觉能动性，升华为创新或创造的精神和能力。然而,在不同的历史时期,人的创新能力的大小有着巨大的差异,而且人们对创新的重视与需求的自觉程度亦根本不同。究其原因,则是环境的不同。

环境分为自然环境和人文社会环境。人文社会环境由社会生产力发展水平、社会制度状况、社会文化及各种政策法规组成。随着社会的进步与人类文明的发展,人文环境越来越多地显示了它对社会进一步发展的重要性。人文环境的涵盖面很宽,如人的素质、人与自然及人与人的和谐等等,而更重要的在于政治、经济、文化等诸方面的文明及随之带来的环境,即社会经济环境、社会政治环境和社会文化环境。这三方面环境之间的相互作用是显而易见的。经济是社会文明的基础;政治是至关重要的保障;文化是社会文明的显著体现,同时又是人与自然及人与人交往的基础。它们相互促进,共同形成社会人文政治环境。社会环境是创新主体实现创新的基础,是人进行价值创造的平台,是保证社会生产和社会生活有序和有效运行的人工秩序。良好的社会人文政治环境能够通过舆论引导、伦理规范、道德感召等人类意识的觉醒,通过法律法规的保障、社会的有序、文化的导向使人进行最大限度的创造,使创新主体的潜能得到最大限度的挖掘。

良好的社会政治环境是一种挑起激烈竞争的环境,是一种体现社会需求的环境,是一种饱含贤明通达的环境。这样的环境必然体现宽松活跃的政治文化氛围,在这种氛围中人人竞相探索新领域、发表新见解,人人享有平等竞争的机会。

良好的社会政治环境是一种包容民主自由的环境。民主自由的社会政治环境有利于人们的创造性发挥。社会历史事实证明:哪个时期缺少民主,哪个时期就思想禁锢,哪个时期的创造活动就受到极大制约,创造性人才的成长也受到极大压制;哪个时期比较民主,哪个时期的思想就比较自由,哪个时期的创造活动就更加活跃,创造性成果就更多。

民主与自由是一对孪生兄弟,政治上的民主与思想上的自由往往是联系在一起的。思想的自由对于人类的创新活动是十分重要的,甚至可以说是产生科学的思考方法的必要条件,思想的自由促进了崇尚探索、崇尚研究风气的形成,促进了知识的进步和科学研究的深入。然而,思想的自由需要良好社会环境的维护,良好的社会环境需要一定的制度作保证,需要民主作基础。"人的自由,只有通过实践活动才能获得,才能实现。实践活动创造着人的自由空间,也规定着人的自由的限度,使人成为现实的自由的存在。自由是人的社会特征,人只有作为社会的存在才能成为自由的存在。……社会制度、规范、特殊权力的功能,就其理想化的意义上说,就是保护、调动、激发和引导人的自由创造的积极性,保障、维护社会生活的正常秩序。社会管理、控制不应当是特殊的社会权力对社会的支配,而是一定的制度对社会生活、社会力量的调控、整合。……人的自由创造必须通过社会整合才能成为现实的社会力量。……只有以这种客观力量为前提、基础和尺度,才能使社会控制成为社会发展的合理的积极力量。那种把社会控制与社会自由对立起来的观念是肤浅的。"①可见,"自由既不是人的自然本性的放任,也不是纯粹主观的幻想。……人的自由追求和自由创造,是社会活力的根本所在,也是社会生命力的真正源泉。把人的自由理解为人的任意妄为,人的自然本能的放任膨胀,正是对人的自由本质的真正背叛。"②

---

① 汪建:《社会活力:解放与创造》,《天津社会科学》1999 年第 3 期。
② 汪建:《社会活力:解放与创造》,《天津社会科学》1999 年第 3 期。

民主的、自由的、法治的、贤明通达的环境都离不开思想的解放。思想解放能使人获得开阔的思维空间,使人独立思考、推陈出新、继往开来,使人创立新的、保障民主与自由的政治体制和法律体制。解放思想从本质上讲就是解放人,是人的思想的自我解放,是人的思维方式的重大改变。只有解放思想,才能不断提高制度创新主体的创新能力,冲破旧势力、旧思想的束缚,不断实现制度创新,形成促进社会进步的保障性力量。解放思想是社会变革的先导和精神内驱力。

居于科学发展观核心地位的"以人为本"思想是解放思想对现时代中国状况的要求。它在机制上要求尊重人、利用人,人既是社会发展的目的,又是社会发展的手段。所以,科学发展观内涵博大丰富。它不仅体现在经济、政治、文化的全面进步上,体现在城乡、区域、经济与社会、人与自然、国内与国际的统筹协调上,体现在环境资源人口的可持续发展上,还体现在转变政府职能、营造良好的社会发展环境上,而且主要体现在人本思想上。

以人为本既是一种对机制的要求,又是一种人类社会文化发展的成果。

社会文化是社会环境的主要构成部分,它是指环绕于人们周围的观念形态的文化总和,既包括物质文化,也包括一个社会所特有的意识和观念,如自然观、世界观、价值取向等。在一定意义上讲,创新活动本身就是一种文化。社会文化对创新活动的影响看似无形,但影响力却是巨大的。它通过各种社会形式和传播媒介,形成特定的文化模式和文化传统环绕于人类个体周围,潜移默化地影响着创新主体的价值取向和思维方式,从而影响人们的创新和创新意识。

中国改革开放30年来,人的创造性或创新能力在经济、科技、社会生活等各个领域所起的作用空前增强，成为促进经济发展、国家富强的不可等闲视之的重要力量。近几年，在科学发展观特别是"以人为本"思想的引领下，人们已深深意识到，人力资源是当代世界的重要资源，当代各国之间的竞争是人才的竞争，而只有优良的环境才能吸引人才、培育人才。因此，持续不断地营造良好的社会人文环境，增强人的主体性意识，培养人的创新精神和创新能力，就成了现时代的根本要求。科学发展观中的"以人为本"思想最能体现出能够开发人们常新潜能的文化环境的存在。

总之，政治民主、文化开放、经济发展、法律健全、以人为本与思想解放是创新必不可少的社会大环境。

三、突出创新——从人的本质与人的价值角度阐述

本课题研究的是创新与环境的关系。

创新是社会进步的重要手段，特别是对于发展中国家更是如此。

理论认识需要在实践的基础上从客观事实中获得，这是我们研究本课题的基点。本课题的创新之点在于：重新认识人的本质，揭示人性与人的本质之间的区别与联系，揭示人的价值实现与物的价值实现的不同和联系，揭示人在社会中主体地位的内在依据，揭示社会人文环境与人的价值实现的关系，揭示环境与创新的关系，进而从人的本质的深度上揭示"以人为本在科学发展观中核心地位"的理论依据。提出人的价值实现过程是促进社会发展的过程，进而提出良好人文环境的营造是以人为本的具体体现，是创建社会主义和谐社会的重要环节，是科学发展观的深入贯彻。

具体地说,我们从人的本质与价值实现特点的角度来阐明创新对社会环境的依赖关系,其创新主要包含以下三个方面:

首先,从社会发展动力系统的角度确定人在社会发展中的主体地位。

社会发展的动力系统主要包括经济、政治、文化三个子系统。这三个子系统又有自身的功能与结构,各自包含着更小的子系统。这些子系统各自的发展以及相互之间的牵制与促进都离不开人的作用,所以,人是社会的主体,也是创新的主体。

其次,从人的本质追求的角度阐明创新活动是创新主体的先天性潜能与愿望。

创新主体是人,人为什么要去创新? 因为人具有对幸福的本质追求,而创新是实现幸福的良好途径。

人对幸福的追求和对美好生活的渴望,决定了人对自身潜能进行挖掘的先天愿望。创新正是在创新主体挖掘自身价值中得以实现。

创新必须是自由自觉的活动,它必须是在创新主体自愿的条件下才能发生并完成。创新主体挖掘自身价值或进行创新活动的条件,首先必须满足其先天愿望,实现其自愿性,自愿源于自主。而创新主体自主性的实现则取决于社会环境的容许。

再次,从人的价值实现特征的角度论述适宜的社会环境对创新的必要性。

人的潜在价值相对无限,但人的价值的实现不直接取决于价值客体之外的力量,而是直接取决于价值客体的自主、自愿。只有环境的激励,才能使价值客体自主自愿地实现自身的价值。

人的价值实现的过程便是创造的过程,是促进社会发展的过程。创造的结果可以使自然得到优化,使物质财富增多,使人文精神升华。创新活动往往存在于创造性活动中,创新活动的完成无疑体现为人的价值的实现。

所以,人文社会环境对于创新来说是极其重要的条件,创新活动需要良好的人文社会环境的支持。从根本上说,良好的人文社会环境的重要特征是以人为本,是解放思想。反过来,良好的社会环境的建设又离不开解放思想,离不开以人为本,离不开创新,其中关键是制度与体制的创新。本课题主要研究创新对人文社会环境的需要,对解放思想的需要,对以人为本的需要,揭示创新之所以可能的内在根据,并从根源深处阐明创新何以需要良好的人文社会环境的支持,阐明社会发展何以要以人为本。

四、研究方法——从实际出发的逻辑分层立论

本项目立足现实,从多个视角对人的本质、存在、价值、创造、环境、社会发展等问题进行深入的、全方位的理论透视,深刻揭示出人的本质与人的价值实现的关系、科学发展与真正发展的关系、和谐与全面发展的关系、人的发展与可持续发展的关系、人的发展与社会发展的关系以及揭示"以人为本"的理论依据,把科学发展观引入更深层次和更广泛的理解,达到对"科学发展观"既知其然又知其所以然的理论认识与广泛的社会效应。

本课题从实际出发,在辩证思维中,进行逻辑分层立论。主要采用的方法如下:

1. 运用辩证思维方法,在分析与综合的基础上,从抽象中概括并把握具体。

科学认识的关键在于把握事物的本质及其发展规律。我们研究的是借环境与创新的关系,揭示创新的必要性和可能性,揭示以

人为本在构建社会主义和谐社会中的重要性,揭示"以人为本"在"科学发展观"中核心地位的深层理论依据。这是一个有关社会的问题,要涉及社会这个巨系统,涉及这个系统的存在本质和发展规律,唯物史观已在宏观上给出了这些问题的答案,但我们对今天发展了的社会还需要作更细致、更具体的研究。

只有以人为目的,营造出合理的、宽松的社会空间大环境,才能最大限度地挖掘出人的潜在价值,由此实现人的手段性。为什么? 其答案只有通过抽象思维,进行辩证分析,在抽象中综合、概括才能找到。同样,只有以人为手段,才能真正构建出社会主义和谐社会,才能实现人的目的性,实现人的自由,使人达到全面发展。其中的原因也只有借助辩证思维方法才能找到。

2. 理论研究必须与实际状况相结合,我们在本课题的研究中,进行了广泛的社会调查。

本书的撰写人员分工协作,调查研究,并通过召开研讨会,集思广益,博采众长,将客观实际与理性分析有机整合,进行科学架构,从多个视角对人的本质、存在、价值、创造、环境、社会发展等问题进行深入的、全方位的理论透视;对"以人为本"在"科学发展观"中核心地位的深层理论依据作了深入的揭示与全面、详尽的论述。力争做到对"环境与创新"课题有一个客观全面的、立体综合的、实事求是的全方位研究,把文献研究和历史研究及当前面向实践与现实的理论研究有机地结合在一起,以实现其更广泛的社会效应和更深层次的反思价值。

3. 在具体研究与写作中,我们尤为注意逻辑结构的严整性。

为此,我们从总体上展开理论体系的构架,全书写作所构建的体系框架是"四块九章"。

第一块是关于创新的含义、分类和作用,在第一章里论述。

第二块是关于创新的结构和创新的过程,在第二章和第三章里论述。第二章从社会系统结构中剖析出创新主体,详尽地阐释了创新主体的类型、特点和构成要素;从创新的整体结构中分析了创新的客体、创新的中介及其各自特征;进而论证了创新的主体、客体及中介之间的相互关系;第三章在梳理了创新过程历史演变的基础上,重点阐释创新过程的前提和终结,亦即创意的形成和实现。

第三块是关于创新的条件,在第四章里论述。从社会发展与人的本质追求的角度阐明创新的必要性,从人的价值相对无限性的角度论证创新的可能性,这二者是创新的先在性客观条件,是创新的根据;从人的价值实现特征的角度论证创新的实现对外在于创新主体的在创新过程中表现为主观条件的社会环境的依赖性。

第四块是对创新环境的分析、界定、分类,对良好人文社会政治环境的营造与构建的必要性作了充分的阐明,这块在第五章至第九章里论述。第五章论述经济环境,第六章论述政治环境,第七章论述文化环境,第八章论述思想解放的环境,第九章论述以人为本的环境。

4. 在系统结构上突出核心问题。

环境与创新是关于社会的问题,社会是一个系统,系统是有逻辑层次的,有外围层次,也有内核结构。外围层次的状态是由内核结构与能量引发的。为展示其因果关系,我们将人的主体性与社会发展联系起来,将人的本质追求与创新的必要性联系起来,将人的潜在价值与创新的可能性联系起来,将人的价值实现与社会环境联系起来,将社会环境与以人为本联系起来,将以人为本与构建社会主义和谐社会联系起来;并详尽地论述了人的本质追求与人的价值实现特征。这样将复杂抽象的社会巨系统,层层剥离开来,将内核呈现在人们的面前;同时将社会结构的各层次,由人的本质和价值串联起来,形成一条横线,收于人们的眼底,使人从中通晓社会的本质及其发展规律,并从中受到启迪,做社会真正的、自主的、主动性的主体,并积极主动地营造良好的人文社会环境。

　　构建和实现和谐社会,是一个人类千百年来不懈追求的温馨主题,更是马克思主义政党不懈追求的社会理想。马克思、恩格斯在《共产党宣言》里把共产主义社会的最根本特征概括为:它"将是这样一个联合体,在那里,每个人的自由发展是一切人的自由发展的条件"①。这可以说是马克思主义对和谐社会的精辟概括。构建和谐社会的关键在于挖掘社会的活力。社会活力体现在社会生活和社会发展的各个层面、各个具体领域之中,表现为社会物质、制度、精神各层面及社会整体的运行趋势、发展取向。从其实质来说,社会活力最终源于人,源于人对美好生活的先天性追求,人类社会之所以不断向着更高层次发展,究其根源则在于每个人对自己美好人生的向往与追求。人是社会历史的主体,人类历史过程就是人们自己生产自己、自己创造自己的过程,是人的美好追求使其能动性、积极性、创造性得以自然而然地发挥,形成了人实践地改造自然与社会的现实力量。所以,从一定的层面看,创新是社会活力的重要内容。可以说,创新活动是人的高级实践活动,一部人类文明史就是一部人类创新史。

　　① 《马克思恩格斯选集》第1卷,人民出版社1995年版,第294页。

第一章 创新的内涵、类型及意义

"创新是国家生存发展的命脉"。人类社会发展到现时代,创新越来越显示出它对于一个国家和民族的发展所具有的特殊意义和价值。有没有创新能力,能不能进行创新,已经成为当今世界范围内经济和科技竞争以及整个社会文明的决定性因素。可以这样说,创新已经成为一个国家、一个民族、一个地区乃至一个单位生存发展的命脉。

一、创新的内涵

什么是创新?这不是用几句话就能说清楚的问题。在不同的时代,或者在同一时代的不同领域,再或者同一时代同一领域不同的学者都有不同的认识和界定。

(一)一般意义上的创新及其相关概念
1. 语义学意义的创新

从语义学意义上看,"创新"是指创造出新东西的一种活动。在英语里,创新(Innovation)一词源于古拉丁语里的 Innovre,意指更新,创造新东西或改变原有事物面貌。其含义,一是指引入新东西或新概念,二是指革新。《现代汉语词典》将创新定义为"抛弃旧的,创造新的"。"创新"一词的含义非常宽泛,其关键在于

"新",新是一个相对的概念,所以,创新也是一个相对的概念。从词源上看,"创新"指在历史上前所未有的情况下,创造出新东西的一种活动。可以分为概念的创新和物理实现的创新两种。概念的创新通常又被人们通俗地理解为创造意念,简称为"创意"。科学的、完整的创意必须是一整套解决方案,尽管它只是停留在技术设计的层面上,毕竟是为物理实现的创新活动提供最初始的构想蓝图;物理实现的创新则在新颖的基础上直接体现出社会价值和社会效益。

2. 创新的一般含义

创新的含义有广义和狭义之分。广义的创新强调的是"创造新事物",这种新事物的表现形式是多样的,既可以是主观的,比如新方法、新思想、新观念等;也可以是客观的,如新行为、新东西等。它强调"新颖性",是一个包含内在矛盾和多种规定性统一的概念。

狭义的创新仅指成功的创新,实现了创造性与价值性统一的社会活动,是艾米顿的 3C 过程:创造(creation)、转化(conversion)和商业化(commercialization)的统一。① 而不包括失败了的创新。所以,从价值趋向看,狭义的创新自始至终就带有目的性,这个目的就是使事物的改变更有利于人的生存和发展。从这个意义上说,创新的效益性蕴涵着创新具有高风险性,效益与风险是并存的,正如法拉第所说:"拼命去争取成功,但不要期望一定会成功。"事实上,"研究开发的成果只有十分之二能真正获得成功。"②

---

① ［美］艾米顿:《知识经济的创新战略——智慧的觉醒》,周金英译,新华出版社 1998 年版,第 87—88 页。

② 孙章:《技术开发与价值创新》,科学技术出版社 1987 年版,第 51 页。

3. 与创新相关的概念

与创新相关的概念有"创造"(create)、"发明(invent)"、"发现(discover)"。它们之间既有区别又有联系。

(1)区别

创造:"创造"的英文是create,最早是由拉丁语creare一词派生而来,其大意是创建、生成、造成。创造是一个劳动的过程,其伸展之意是创造价值。创造的过程是由无到有、由小到大、由少到多的过程,还是一个由量的积累达到质的飞跃的过程,是一个挖掘客体价值的过程,是主体价值得以发挥的过程。所以,创造比创新来说更着重于行为和行为的过程。这个过程的结果不一定都是新的,但不是新的东西未必没有价值。所以,从活动范围来说,创造较创新的涵盖面更广。在适用范围上,创造的用法比发明、发现、创新宽泛得多,并有扩大化的趋势。创造已不仅仅局限于"创制以前未有的东西",而已延伸到心理学、创造学、思维科学领域,甚至延伸到物质生产实践领域;表征主体的思维状态、思维方式、认识能力和实践能力,它包括将已有的东西普遍化、社会化,实现其社会效益,它对主体的生存与发展、对社会的进步起着必不可少的作用。可以看出,与发明、发现、创新相比,创造着重指社会价值实现的社会活动,它强调把发明、发现及研究开发所形成的潜在社会生产力转化为现实社会生产力并加以扩大化,它突出一个"造"字。所以,创造已从发明、发现、创新等概念的规定中,走向更一般的基础性概念。

创新是在创造活动的基础上,突出一个"新"字。很明显,人的创造活动如果只有效益性、价值性,没有新颖性,它就不是创新活动。价值性与新颖性的统一,才是创新的生命力之所在。

发明:发明是指首次创造或生产某种东西或创造新事物,首创出新的制作方法或具有创造性的技术方案,它着重强调自然界不存在的东西,通过劳动而被产生出来,突出活动"首创"及结果的"主体生成性"。

发现:发现指首次观察到一种现象或获得某种知识,是指对原来就有的事物或规律,经过探索、研究,才开始知道,强调对已存事物的认知。

发明、发现及研究开发的结果和产物只表明其结果的客观性和初创性,并不强调其社会价值的实现;而创新追求的是"新颖与创效的统一",它不仅讲求结果的客观性和初创性,还讲求社会功用性。

(2)联系

创新的过程需要以发现、发明、创造及研究开发的结果作基础。创新必须以一定的知识和对事物规律的把握作为背景和基础条件,通过研究开发活动,经历一个创造的行为过程,达到一定程度的发明性。任何创新都离不开创造的行为过程,但创造的过程与结果并非常新。然而创造过程中的挫折往往会成为创新的起点。总之,创新需要以发现事物发展的规律及明确人类的需要为前提,并运用科学的原理和方法,创造出新的适合人类需求的某种精神或物质产品。除此,难以有创新的存在与实现。

(二)经济学意义上的创新概念

1. 历史形成

对创新经济学意义上的定义,美籍奥地利经济学家熊彼特在1912 年出版的《经济发展理论》一书中首次作了系统阐明。①

---

① ［美］约瑟夫·熊彼特:《经济发展理论》,何畏、易家详等译,商务印书馆1990 年版,第 64、105 页。

其要点是:(1)创新是生产要素进行新的组合,是生产函数的变动。人们在不断努力改进生产的过程中,用不同的方式去使用现有的生产要素,进行原手段的新组合,使经济从内部自行发生了变化,产生了在质上是新的现象,这就是不同于增长的发展,也就是创新;(2)创新是利用和实现新的可能性。创新的关键在于使发明得到实际的应用,在生产中起作用,也就是把可能变为现实;(3)创新是打破旧传统,创造新传统。创新是要改变按既定轨道运行的传统思维方式和行为方式,从顺流游泳到逆流游泳,重新建立指导自己思想和行动的规则;(4)创新是处理不确定性的能力。在创新活动中,过去熟知的数据,现在变成了未知数,在例行事物的边界以外,每行一步都包含一个新的要素,个人没有供决策用的足够数据和行动规则,面对的是不确定空间;(5)创新是经济变动的根本因素。产生、形成经济变动和经济周期的因素有外部因素,如战争、革命、自然灾害、制度变迁等;有增长因素,如人口和财富的增加;还有创新因素。熊彼特所理解的创新实际上是经济学意义上的企业创新,是企业内部的生产变革活动,是企业家依靠个人素质主导的创新,创新是影响经济变动与周期的内生变量。

在熊彼特时代,创新活动的确不是市场需求所驱动的,而是由创新引起了市场需求,市场需求仅仅是创新的结果而非创新的原因。创新不仅带来了需求,而且因此产生了一个个新产业和新企业。19世纪以来的火车、汽车、飞机、大炮,直到电影、电视、计算机、激光器等均属于此类情形。即由一个产品引致一批新企业,并且构成一个个新的行业,创造出规模巨大的市场需求。在熊彼特理论当中,创新是促进经济增长的主要动力。

在熊彼特后,创新理论基本沿着技术创新理论和制度创新理论的路径发展。经济学家索罗对技术创新理论重新进行了全面的研究,他于1951年首次提出了技术创新的两个条件,即新思想来源和后阶段发展,这种"两步论"被认为是技术创新界定研究上的一个里程碑。所谓技术创新,就是将技术变为商品并在市场上得以销售实现其价值,从而获得经济效益的过程和行为。[①]

美国当代著名管理学家德鲁克在这个时期将"创新"概念引入管理领域,从而进一步发展了创新理论。他所定义的创新概念要宽泛得多,指的是赋予资源以新的创造财富能力的行为。德鲁克认为创新有两种,一是技术创新,它在自然界中为某种自然物找到新的应用,并赋予新的经济价值;一种是社会创新,它在经济与社会中创造一种新的管理机构、管理方式或管理手段,从而在资源配置中取得很大的经济价值和社会价值。德鲁克认为社会创新与技术创新不同,技术创新必须以科学技术为基础,而有些社会创新并不需要什么科学技术。[②]

熊彼特强调企业家在创新中的主导作用,德鲁克则强调创新的日常化和管理化,使创新贯穿于整个管理过程,因而创新应是包括企业家在内的多个主体共同参与的活动。美国创新管理专家吉福德·平肖(Gifford Pinchot)就曾经提出"内企业家"(intrapreneur)的概念,并指出他们在创新过程的重要地位。所谓内企业家,其实是公司内的企业家之简称,指那些在现行公司体制内富有想象力和有胆量的行为者,指冒个人风险来促成新事物出现的大公司雇员。内企业家处于公司最高管理层与基层的中间结合

---

① 李仕模:《第五代管理》,中国物价出版社2000年版,第194页。
② 胡志坚:《国家创新系统——理论分析与国际比较》,社会科学文献出版社2000年版,第7页。

部,是连接上面和下面的"过渡层",因此在创新中居于关键地位。① 显然,吉福德·平肖已经把创新者从企业家扩展到了其他人员。从吉福德·平肖采用"内企业家"的说法,可以看出他受熊彼特影响的痕迹。因为在熊彼特看来,企业家无非是"创新者"的代名词。但吉福德·平肖还是突破了熊彼特以企业家作为唯一创新主体的观点。所以,我们可以把吉福德·平肖的观点视为从熊彼特到德鲁克的过渡环节。

2. 现代演变

20 世纪 80 年代,新经济增长理论把创新看成是科学技术与经济、社会三者之间互动作用的过程,认为创新不单纯意味着技术进步对经济发展的贡献,还是在科技、社会与经济互动的大前提下,技术、组织管理、制度因素共同促进经济的发展,经济发展的贡献是技术创新、管理创新、制度创新共同推动的结果。以曼斯费尔德为代表的技术创新经济学则从技术的推广、扩散和转移以及技术创新与市场结构之间的关系等方面,对技术创新进行深入研究。戴维斯、诺斯等制度创新经济学家把熊彼特的"创新"理论和制度学派的"制度"概念结合起来研究制度变迁与经济效益之间的关系,认为制度创新就是创新者为获得追加或额外收益而对现有制度进行变革。②

20 世纪 90 年代,知识创新逐渐占据主导地位。美国学者艾米顿是知识创新的第一个提出者,她将知识创新定义为:创造、发展、交流和应用新思想,使之进入市场需要的商品与服务之中,由

---

① 王方华:《现代企业管理》,复旦大学出版社 1996 年版,第 414 页。
② 魏金宇:《论制度创新系统的建立》,《西北师范大学学报》(社科版)2000年第 1 期。

此推动企业的成功、国家经济的活力与社会的利益,它是适应未来需要的能力、知识。① 我国学者何传启、张凤在《知识创新——竞争的新焦点》一书中系统地论述了知识创新,他们把知识创新看成是集科学发现、技术创新、知识创造等在内的创新系统,这是知识创新研究上的一个新阶段。②

21 世纪是知识经济的时代,知识经济的本质是创新。它对"创新"的要求有其不同于工业经济社会的特点,即要求由"一次性创新"转变为"连续性创新";由"单个创新"转变为"系列创新";由"个别专家创新"转变为"全员创新"。因此,21 世纪,越来越要求人们具有创新意识,面对新的挑战,不断地在各个领域进行创新。

(三)哲学意义上的创新概念

哲学意义上的创新概念不同于具体科学意义上的创新概念。但共性存在于个性之中,抽象寓于具体之中,哲学的创立与发展不能脱离具体科学的研究与研究成果,哲学层次上的创新意义不能没有具体创新活动的实证支持。哲学意义上的创新概念一方面是创新概念所揭示的人的这种社会现象的普遍性和重要性的客观存在,另一方面又是各个具体学科内在逻辑发展的必然结果。

从哲学意义上理解,创新概念是指人类思维和实践的一种特殊形式,是社会主体凭借理论和实践超常而首创地对事物进行旧

---

① Amidon,D. M,*Knowledge Innovation*,www. entovation. com/backgrnd,14 May 1998.

② 参见何传启、张凤:《知识创新——竞争新焦点》,经济管理出版社 2001年版。

质向新质转化的活动。

1. 系统论维度

从哲学系统论角度,可以把创新看成是创新主体与创新环境相互作用的一个复杂的活动系统。创新主体和创新环境各自本身也是一个由多种因素构成的复杂系统。因此,成功的创新就是要着力培养好创新的主体系统和环境系统,促进这两个系统的良性互动。

2. 认识论维度

从哲学认识论的角度,可以把创新看成是人们为了适应生存发展挑战,在对认识对象和实践对象的本质、规律的深刻理解、全面把握的基础上,从新的角度、运用新的观点、采用新的方法在经济、政治、文化等一切活动领域,获得更有广度、更有深度地观察和思考这个世界的成果。创新首先需要在人的头脑里形成新的思想,是主体对变化的客观世界的客观规律和本质的主观反映。在这一过程中,不自觉地运用了辩证法,它包含了一种"怀疑"。但仅仅在主体的头脑里形成新的思想还不叫创新,这些新的思想、观念必须走出主体思想范围的圈子,在实践中,将创新性的认识作为一种日常习惯贯穿于生活、工作与学习的每一个细节中,对特定对象进行创造性的改造、整合、重组等进而提高其价值,由此获得有益的创新性成果,实现思想、理论的物质化或客观化,体现了创新活动的客观性。因此,创新是主体的主观性与客观性的统一,是主体的主观属性与客观属性间关系的辩证统一。换句话说,创新是真理性与价值性的统一,真理性体现了活动的客观性,价值性体现了活动的主观性。真理性、客观性是价值性的基础,价值性、主观性是真理性的趋向,任何创新都是二者的统一,创新是真理性与价值性、客观性与主观性的统一。

3. 过程论维度

创新是过程与结果的统一,既需要对两个方面分别阐释,又需要将两个方面整合起来加以研究。

从过程的角度来研究创新,主要着眼于"创"字,整个过程都具有创造性。亦即就过程来说,创新是一种创造性活动,是选择、试错和决定的过程,同时也是变革旧事物、创造新事物的过程;

从结果的角度来研究创新,主要着眼于"新"字,所创造的成果必须是新颖的。亦即就结果来说,创新是创造出新颖的、从未有过的事物,这些事物,既可以是物质产品,也可以是精神产品,还可以是人的新关系和新需求。

从不同的层次进行分析,创新中的"新",是一个相对的概念,它具有不同程度的差别。在最高层次上,"新"是相对于全人类、全世界范围而言的。例如,中国古代的四大发明、牛顿的经典力学、爱因斯坦的相对论,以及量子力学、控制论、信息论等等的创立,对于全人类、全世界来说,都是最新的,是第一次。显然,这类发明和创新,不是所有的人都有份的,也许只有少数天才人物才能实现的;第二类的"新",是相对于一个民族、国家、地区而言是最新的。尽管别的民族、国家和地区早已有了某种创新,但是,由于地区的隔绝,或信息的封闭和封锁,没有被传播开来,在其他民族、国家和地区同样独立地做出了类似的创新。这类创新也是不容易的,同样是少数天才人物的事业;第三类的"新",是相对于自我来说,创造出从来没有的、新颖的东西。例如,提出了一个新问题,产生了一种新观点,做出了一项小发明,想出了一个新点子,悟出了一种解题的新方法,创造了一种新产品,开拓了一个新市场,等等。只要是自己过去没有过的东西,现在独立自主把它创造出来了,对于自我来说,这同样是一种创新。这里的自我,可以是一个个体的人,也可以是一家企业,一所学校,一个单位。虽然相对于其他人、其他企业和单位来说,这些新产品不一定是新的,但对创新者自己来说,却是第一次做出了从来没有做出过的事情。因为这些新事物不是模仿得来的,而是自己独立地发现的。这类创新虽然也是不容易的,但它毕竟是人人都可以做得到的事情,因而每个人都可以成为创新者。

只有将两者综合起来,把创新既看成是过程,又看成是结果,才能获得对创新的全面认识。尽管创新的最终目的是要达到新的结果,但是,如果没有创新过程,结果也会落空的,它取决于创新的过程。所以,两者比较起来,研究创新的过程,比研究创新的结果更为重要。

总之,在不同的领域,从不同的角度,对创新有不同的理解。需要特别指出的是,本书中所理解的创新是着重于哲学层面上的创新。而且,随着时代的进步,创新概念的内涵和外延都在不断地发生着变化、发展。但不管创新概念怎样变化,人们对其有什么样的理解,学界都不否认创新既是超越历史和现实的活动,又是超越历史和现实的结果,它必须创造出历史和现存的事物中不曾存在过的事物。

二、创新的类型

创新的内容丰富多彩,形式与方法繁多,划分创新类型的角度和层次等方式方法也不尽相同,这必然导致创新的类型纷繁复杂。本书中,我们主要从创新的内容与创新的总体形式上对创新进行分类。

（一）创新的内容维度

从创新的内容上划分，创新大体有四种主要类型，即理论创新、技术创新、管理创新和制度创新。

1. 理论创新

理论创新是一切创新的先导。众所周知，创新的主体是有创新行为的人。人是由思想观念支配的，理论指导实践。因此，一切创新皆源于人的观念、理念的创新。

毛泽东在《实践论》中指出："通过实践而发现真理，又通过实践而证实真理和发展真理。从感性认识而能动地发展到理性认识，又从理性认识而能动地指导革命实践，改造主观世界和客观世界。实践、认识、再实践、再认识，这种形式，循环往复以至无穷，而实践和认识之每一循环的内容，都比较地进到了高一级的程度。这就是辩证唯物论的全部认识论，这就是辩证唯物论的知行统一观。"①

马克思、恩格斯、列宁、毛泽东和邓小平等同志都为我们作出了理论创新的光辉典范。马克思、恩格斯批判地继承了德国古典哲学，特别是黑格尔辩证法的"合理内核"和费尔巴哈哲学的基本内核，创立了辩证唯物主义和历史唯物主义；批判地继承了英国古典政治经济学，特别是亚当·斯密和大卫·李嘉图的合理思想，第一次明确指出政治经济学研究的不是物，而是物掩盖下的人与人的关系；第一次发现了劳动二重性，建立了科学的劳动价值论，并以此为基础，创立了剩余价值学说，彻底揭露了资本主义剥削的秘

---

① 中国社会科学院历史研究所编：《毛泽东选集》（合订本），人民出版社1971年版，第273页。

密,找到了资产阶级和无产阶级对立的根源;马克思、恩格斯批判地继承了空想社会主义,尤其继承了19世纪的亚当·斯密、傅立叶和欧文的科学社会主义学说,创立了科学社会主义,揭示了人类社会发展的一般规律,实现了人类思想史上的伟大变革,为无产阶级和全人类的解放运动提供了科学的指导思想。如果没有对前人的超越、创新,马克思、恩格斯就不会创立马克思主义。

列宁在20世纪新的历史条件下,把马克思主义基本原理同俄国的具体实践和时代特征相结合,科学地回答了一系列新课题,在无产阶级政党、无产阶级革命、无产阶级专政、民族殖民地问题、帝国主义的历史地位、社会主义建设等问题上提出了许多新观点、新论断。比如,马恩依据自由资本主义阶段的世界政治经济发展状况,曾经得出社会主义革命将首先在资本主义发达国家同时发生的结论。但列宁以实事求是的态度,深刻分析了19世纪末20世纪初世界历史条件的变化,认为资本主义发达国家已经发展到帝国主义阶段,出现了马恩生前不曾有的新变化、新特点,政治经济发展的不平衡已成为资本主义发展的绝对规律。由此,他提出了社会主义革命可能在一国或数国首先取得胜利的结论。并且领导俄国人民取得了十月社会主义革命的胜利,使科学社会主义理论开始变为现实。列宁还写了大量的哲学论著,丰富和发展了马克思主义的唯物史观、认识论和辩证法,从而创造性地把马克思主义发展到一个新的阶段——列宁主义阶段。

毛泽东同志把马克思主义基本原理同中国革命的具体实践相结合,创立了新民主主义理论,提出走不同于十月革命城市武装起义的由农村包围城市的武装斗争道路,指导中国革命取得了胜利。“文革”结束后,邓小平同志以非凡的理论勇气,指导我们党坚持解放思想、实事求是,充分肯定了毛泽东同志的历史功绩,同时坚决纠正以"阶级斗争为纲"的错误,提出实行改革开放和现代化建设的新理论。邓小平同志结合我国改革开放和建设的实际,不断进行理论创新,他提出的社会主义初级阶段理论、联产承包责任制、允许一部分人一部分地区先富起来、建立经济特区、计划和市场都是手段、"一国两制"等等一系列新思想,都是理论上的卓越创造,都是对马列主义、毛泽东思想的重大发展。江泽民同志和胡锦涛总书记在新世纪分别提出"三个代表"重要思想和科学发展观理论,进一步体现了马克思主义与时俱进的理论品质和理论创新精神。

马克思主义发展史告诉我们一个深刻的道理:社会实践是不断发展的,我们的思想认识也必须不断前进,不断根据实践的要求进行创新。解放思想、理论创新,是引导社会前进的强大力量。

21世纪科学技术突飞猛进,日新月异,我们更要推进理论创新,为科技创新提供科学的理论指导,提供有力的制度保障和良好的文化氛围。创新是科技的生命,每当科学技术大发展的时候,总是强烈呼唤理论创新,而每一次大的理论创新,总是带来科学技术的大发展。特别是在科技进步一日千里,社会变化日新月异的今天,我们更要面向未来,与时俱进,深刻关注科技发展变化的新趋势,不失时机地总结出新的理论。没有创新,科技就没有进步、没有未来、没有发展,就没有生命力。理论要创新,不能停留在口头上,必须要有创新行动,通过行动逐步形成新的理论,促进创新意识的积淀。

2. 技术创新

技术创新是创新的主要形态。何谓技术创新？从不同的角度看,有多种概括,但比较有代表性的有以下几种:

(1)美籍奥地利经济学家熊彼特认为,技术创新是"资源重新组合",他把发明看成是新产品、新工艺、新工具的开端,创新是结尾,与应用相联系。

（2）美国的学者曼斯尔德提出,当一次发明被首次应用时,可以称之为技术创新。

（3）英国学者 V·莫尔主张,技术创新就是技术制品的开始、演进和开发过程。

（4）英国教授弗里曼提出,技术创新是第一次引进某项新产品、新工艺的商业性过程,包括技术、设计、生产、财政、管理和市场诸活动。

（5）西方经济学者伊诺思主张,技术创新是几种行为的综合结果,包括发明的选择、资本投入保证、组织建立、制订计划、开辟市场等。

（6）国际经合组织认为:技术创新是指产品和工艺的创新,包括实现了技术上新的产品和工艺,以及技术上有重大改进的产品和工艺。它还特别强调产品和工艺被列入市场或应用生产。因此,技术创新包括科学、技术、组织、金融和商业一系列活动。

对"技术创新"概念的表述,比较全面和准确的是我国党中央和国务院1999年颁发的《关于加强技术创新,发展高科技,实现产业化的决定》中所表述的:"技术创新,是指企业应用创新的知识和新技术、新工艺,采用新的生产方式和经营管理模式,提高产品质量,开发出创新的产品,提供新的服务,占据市场并实现市场价值。"这个表述,同国内外其他表述相比,体现了两个特点:一是明确了技术创新必须以企业为载体,离开企业的组织实施,技术创新活动难以完成;二是明确表明了技术创新以实现市场价值为目标,反映了技术创新是对新技术的研究开发、生产直至首次商业化全过程的经济技术活动,其核心是科技与经济的结合。所以,我们国家对技术创新的这个界定,不仅更全面地反映了技术创新活动的全过程,而且更深刻地揭示了技术创新的内在规律和本质特征。

技术创新大体上可以分为三种类型:

第一种是跟随创新。所谓跟随创新就是在别人创新的基础上,发展新的东西。比如 CDMA 手机,韩国的 CDMA 技术是从美国引进的,到现在它的核心技术还是美国的。但是韩国近年来对 CDMA 手机的一些外围技术进行了很多创新,所以也掌握了这方面的很多专利。这样就等于是在别人的基础上,跟随着在外围作了很多创新,这种创新本身也有重要的意义。

第二种是集成创新。所谓集成创新,就是把现有技术组合起来而创造一种新的产品、新的东西。最典型的例子就是复印机。复印机在它创新出来之前,它的所有技术都是成熟的,但是要把它组合起来变成复印机这个技术是创新出来的,这就属于集成创新。

第三种是原始创新。原始创新是从一种发明开始,从一种全新的东西开始,进行创新。

技术创新与其他创新相比有以下特点:

第一,综合性。技术创新是技术和经济(以及教育和文化)相结合的综合性活动,技术创新不仅是一种技术能力,而且是技术与经济、教育、文化相结合的综合能力。

第二,系统性。技术创新是一个过程,一个系统工程,不是某一个单项活动或某一个环节。技术创新能力不仅包括技术能力,还包括决策能力、工程能力、生产能力和市场开拓能力。

第三,创造性。技术创新的整个过程是一个创造性过程。它是创新者通过创造性的思维、研究、发明、设计与创造,把各种资源重新组合,把技术潜能转变为现实产品或效益,并通过市场获得应用的过程。它或者表现为新工艺、新产品的第一次出现,即前所未有,或者表现为质量有了本质的提高,如增加全新功能,技术水平显著提高等。

第四,高投入。技术创新一般都要求较大的投入,否则难以获得预期效果。因此世界各发达国家仅在研究开发上的资金投入就很可观。

第五,高收益。技术创新一旦成功,收益是很大的。一方面保证了 GDP 的增长,另一方面也促进了对外贸易的扩大。根据澳大利亚的研究结果,这个国家在技术创新和销售及出口快速增长之间存在明显的相关关系。在 1991—1992 年度到 1993—1994 年度,有 29% 的技术创新企业的销售额增长超过了 50% ;同时,没有开展技术创新的企业仅有 15% 实现了这一增长。有 47% 的技术创新企业的出口增加了 50% 以上,而仅 32% 的未开展技术创新的企业实现了相同的增长率。技术创新和出口之间的相互关系在一些行业是相当明显的,例如食品、纺织、鞋袜和服装、机械和设备,以及其他的一些制造业。技术创新的成果也表现为技术出口的增加。1975—1985 年 10 年间,美、英、德、法、日五个发达国家的技术出口平均增长是 73.1% ,而 1985—1993 年 8 年间,技术出口平均增长速度达到 206.5% ,其中,日、法、美三国都超过 2 倍以上。

第六,高风险。技术创新是一种实验、创造过程,不确定性因素较多,风险较大,有时还会受到政治、经济等因素的直接干预,即使准备充分的创新项目,也不排除失败的可能。

技术创新在创新体系中占有非常重要的地位。首先,技术创新在一个国家的创新体系中处于中心地位。创新体系的建立主要基于知识创新和技术创新,而技术创新促使科学技术的知识形态向现实生产力转化,并使之成为国家的经济实力和综合国力。因此国家创新体系的形成,最根本的是取决于国家技术创新体系的形成。其次,技术创新在科技进步中处于核心地位。当今世界经济社会发展的主导力量是科技力量,"科学技术是第一生产力"。因此,技术创新既是科技进步的推动力,又是科技进步的最终体现。

3. 管理创新

管理创新是创新的关键。何谓管理创新?成思危认为:"管理创新是指把一种新思想、新方法、新手段或者新的组织形式引入企业(当然也包括政府的管理)并取得相应效果的过程。"①

管理创新与一般的工艺革新不同,有效的管理创新应该具有以下特征:

第一,目的性。就其目的来说,管理创新的目的不是一般地实现管理的目标和责任,而是发现"创新机会",它可以为企业带来潜在的利益。

第二,全程性。管理创新是全过程的,要求企业对企业战略实施的各个阶段及生产经营的各个环节均要创新。管理创新要求不断根据市场和环境的变化,重新整合人才、资本和技术等要素,适应、满足和创造市场需求,达到自身的经济效益目标,完成社会责任。

第三,范围广。管理创新是全方位、多层次的创新活动,它的范围很广,在各个环节都可以进行创新,如制度、组织、绩效、文化、考核、激励等,但从根本上来说,创新的目的是对管理资源或要素进行重新构建以获得创新效益。

第四,全员性。管理创新不仅仅是管理者和企业家的事情,而应该是全员的责任,人人都有责任去进行创新。海尔文化的精髓

---

① 成思危:《中国经济大讲堂》,辽宁人民出版社2006年版,第30页。

之一就是它的创新精神。从1984年引进德国利勃海尔公司一个212的电冰箱生产技术，经过16年的发展，到2000年，已形成了69大系列10800多个规格品种的产品。海尔现在平均每天可推出1.3个新品种，平均每天申请国家专利2.5个，海尔是中国拥有专利最多的企业。像海尔这么多的创新，绝不是几个工程师能搞成的，而是在于他们打造了一个创新型团队，鼓励人人创新。1998—2000年的三年间，海尔人共提出了三万多条合理化建议，被采纳了17000多条。海尔规定：工人一年提十条合理化建议，只要被采纳了7条，就可以从"合格员工"升为"优秀员工"，许多老工人一年可以提出十几条合理化建议。这就是海尔团队创新的特点。

"管理"有漫长的历史。可以说从有人类社会以来就有"管理"。但在前工业经济时代，管理总体来说是野蛮的、超经济的、强制性的。到19世纪末20世纪初，科学管理才开始兴起。然而，由于文化传统不同，东西方的管理不尽相同、各有特色。中国人民大学教授葛荣晋认为：从本质上讲，西方传统文化是一种崇尚科学主义的"工具理性"文化，是一种注重自我价值和追求法治的"智性"文化。而中国传统文化则是一种崇尚人文精神、伦理道德和中庸和谐的"价值理性"文化，是一种强调集体主义、"克己复礼"的"德性"文化。①

尽管东西方在管理中都把"以法治人"、"以情感人"、"以理服人"等作为主要的管理手段，但由于东西方传统文化的差异，各自的侧重点有所不同。众所周知，西方一贯具有法治的传统，故企业

---

① 参见葛荣晋：《中国哲学智慧与现代企业管理》，中国人民大学出版社2006年版。

家在企业管理过程中主张"法、理、情",将"法"放在首位,通过建立完整的法治体系和控制机制,来规范人的行为。他们强调的是管理的制度化、定量化和严格化,是一种刚性管理;而东方则不同,尤其中国,她是一个注重道德传统的国家,所以企业家在管理过程中提倡"情、理、法",把"情"放在首位,重视情感管理。他们强调的是管理的人性化、情感化,要求管理者尊重人、关心人、鼓励人,属于一种柔性管理。这种管理虽然也必须遵守规章,严格纪律,但更多的是对员工施以关怀,以合理化的制度和合理化的人情达到合理化的管理。

日本的企业管理既不同于西方,也不同于中国,他们在向西方学习科学管理的同时,还十分注重从传统文化中吸取精华。日本松下商学院在人才培养上,要求学员早晨列队长跑,以练意志;吃饭时祷告谢恩,以练恩德;还把《论语》、《大学》、《中庸》和《孙子兵法》等列为必修课程。在日本,索尼公司可以称之为是用人性、情感凝聚人的典范。索尼是驰名的世界品牌,它的创始人盛田昭夫是第二次世界大战后才开始创业的,把一家仅有20人的小作坊发展成为拥有10万人,年销售额达300亿美元的大型跨国公司。在日本,许多企业家创造的"家族主义",已为世界许多同行所熟知。在盛田昭夫的经营生涯中,为了培养职员的合作意识,强化大家的"家庭"观念,它经常与职员一起吃饭、聊天,与职工打成一片,努力与他们保持良好的关系,以实现情感交流、真情互动,从而在长期的接触中建立了一种同甘共苦、相互信任的情感。他们从不轻易解雇职工,而是用行动来感化不称职职工,使他们做得更好。

诚然,索尼的成功主要走的是依靠科技,不断创新之路,但是,如果没有其创始人盛田昭夫开拓的热爱员工、体恤员工、视员工为家人的优化管理之路,索尼也不可能有今天。

因此,中国的企业管理,必须运用辩证的否定观,对外国的管理模式,即不能全盘照搬,也不能全盘否定。要遵循"洋为中用,古为今用"的原则,走综合创新的建构之路,努力寻找西方文化、中国传统文化与现代企业管理的结合点,在管理的各个环节上进行创新,尽快构建适合于中国国情、民情的中国式管理模式。

4. 制度创新

制度创新是各类创新的保证。

关于制度创新,理论界有很多论述,概括起来,他们对制度创新含义的认识主要有以下几种:

(1)制度创新就是将一种新关系、新体制或新机制,引入人类社会的经济活动中,并推动社会和经济发展的过程。

(2)制度创新是指制度主体通过建立新的制度以获得追加利润的活动,它包括以下三个方面:第一,是反映特定组织行为的变化;第二,是指这一组织与其环境之间的相互关系的变化;第三,是指在一种组织的环境中支配行为与相互关系规则的变化。

(3)制度创新是指能使创新者获得追加利益而对现行制度进行变革的种种措施与对策。

(4)制度创新是在既定的宪法秩序和规范性行为准则下制度供给主体解决制度供给不足,从而扩大制度供给的获取潜在收益的行为。

(5)制度创新是由产权制度创新、组织制度创新、管理制度创新和约束制度创新四方面组成。

(6)制度创新既包括根本制度的变革,也包括在基本制度不变前提下具体运行体制模式的转换。

(7)制度创新是一个演进的过程,包括制度的替代、转化和交易过程。

　　制度创新和技术创新、管理创新是同样重要的,但是带有根本性的仍然是制度创新。制度创新能够创造更大的技术创新、管理创新余地。

　　制度创新是创新能力的核心,只有通过制度创新,才能更好地实现技术创新和管理创新。

　　制度创新的原动力在于:作为国家和社会主体的个人、社团和政府都企图在这一过程中减少实施成本和摩擦成本,从宏观上谋取经济、政治和社会的最大收益,从微观上对不同主体的行动空间及其权利、义务和具体责任进行界定,有效约束主体行为,缓解社会利益冲突。

　　美国经济学家戴维斯和诺斯于1971年出版《制度变革和美国经济增长》一书,对制度改革的原因和过程进行了深入研究。他们认为,制度创新需要有一个相当长的过程。因为制度创新存在着一定的时滞问题。他们把制度创新的全过程分为五个阶段:第一,形成"第一行动集团"阶段。所谓"第一行动集团"是指那些能预见到潜在市场经济利益,并认识到只要进行制度创新就能获得这种潜在利益的人。他们是制度创新的决策者、首创者和推动者。第二,"第一行动集团"提出制度创新方案的阶段。先提出制度创新方案,再进入下一阶段的创新活动。第三,"第一行动集团"对已提出的各种创新方案进行比较和选择的阶段。第四,形成"第二行动集团"阶段。所谓"第二行动集团"是指在制度创新过程中帮助"第一行动集团"获得经济利益的组织和个人。这个集团可以是政府机构,也可以是民间组织和个人。第五,"第一行动集团"和"第二行动集团"协作努力,实施制度创新并将制度创新变成现实的阶段。

戴维斯和诺斯认为,制度创新的过程是制度失衡与制度均衡的交替变化过程。在制度均衡状态下,对现存制度的改革,不会给从事改革者带来更大的利益,因此这时不会出现制度创新的动机和力量,但如果外界条件发生变化,或市场规模扩大,或生产技术发展,或一定利益集团对自己的收入预期有所改变等等,而出现了获取新的潜在利益的机会时,可能再次出现新的制度创新,由此又达到制度均衡。在制度经济学家看来,制度不断完善的过程,就是这样一种周而复始的动态变化与发展过程。

总之,制度创新在创新体系中居于基础和保证地位。无论在哪一种社会制度下,一切经济活动都是在一定的经济基础之上进行的。技术创新作为技术与经济联结,为促进经济发展而进行的新技术应用于商业化活动,更离不开制度的约束。因此,在知识经济时代,我们在认真搞好理论创新、技术创新和管理创新的同时,必须高度重视制度创新,把它放在十分突出的地位加以研究和推进。

(二)创新的总体形式维度

前面我们从创新内容上将创新分为理论创新、科技创新、管理创新、制度创新等四种创新类型,我们还可以从总体的创新形式上将一切创新活动归为两大类——认识创新和实践创新。理论创新、科技创新、管理创新、制度创新以及其他创新等一切创新活动,都可以从认识创新和实践创新两个方面加以研究。

1. 认识创新

创新首先意味着认识创新。在广义的认识论里,认识是一个重要概念。对客观事物及其规律的认识和把握需要发挥人的主观能动性。并不是所有的主观能动性均表现为创新,创新只是主观能动性的集中体现。即是说,创新是一种能动性、创造性的认识活动。这是创新之于认识的第一层意思。不仅如此,认识创新还有另一层含义:它是认识活动所指向的理想价值状态。认识创新活动内含一种创新的价值导向:即以求真为宗旨,认识的每一步都试图日益逼近事物及其规律本身,力得其真。

如果说认识创新活动可以分为发现式创新和发明式创新,那么马克思主义者对两者都很重视。发现式创新意指,创新精神体现在对客观事物及其规律的认识上,具体展现为三个层面:即认识起点的创新、认识过程的创新、认识结果的创新。发明式创新意指,创新精神主要体现在认识对实践的能动指导上。发现式创新往往是发明式创新的前提条件。"每一项发现都成了新的发明或生产方法的新的改进的基础。"①

2. 实践创新

认识源于实践,认识的目的也在于实践,认识创新必然要服务于实践创新并最终转化为实践创新。因此,创新不仅表现在对客观事物、现象及其规律的认识上,表现在对实践的能动指导上,而且表现在对认识规律的运用上,即表现在实践过程中。实践是马克思主义认识论的基本概念。马克思主义把实践理解为感性的、对象性的活动,理解为主体实际改变对象世界从而也改变自身的活动。用毛泽东的话来说:"在实践中实现主体和客体的辩证法的统一。改变外界,同时又改变自己。"②这种双重的改变本身就是一种创新活动。实践在本质上是批判的和革命的,是生成的、创

①　《马克思恩格斯全集》第47卷,人民出版社1979年版,第570页。
②　中共中央文献研究室编:《毛泽东哲学批注集》,中央文献出版社1988年版,第17页。

新的而不是因循守旧的。创新之于实践至少包含三层意思：第一，实践主体具有创新的需要和能力；第二，创新既是能动性的认识活动，又是创造性的实践活动；第三，创新是实践指向的理想价值之维。

认识创新和实践创新是相互依赖和相互渗透的。从实践是认识的基础来说，实践创新是认识创新的动力，实践创新决定认识创新；从认识对实践的能动反作用来说，认识创新必须走在实践创新的前面，成为实践创新的先导，从而规定实践创新的目的，推动实践创新的发展。在这种关系中，我们必须进一步回答的问题是：如果我们把认识创新的动力归结为实践创新，那么，实践创新的动力又来自何方？我们的回答是：它来自实践主体的本质追求和创新思维活动。不仅认识创新是由创新思维所推动，而且实践创新也同样是由创新思维所推动的。江泽民指出："历史上的科学发现和技术突破，无一不是创新的结果。二十世纪相对论、量子论、基因论、信息论的形成，都是创新思维的成果。"所以，创新活动关键是思维创新，因而它首先是一种脑力性的生产劳动，创新的产品则是这种脑力劳动的产物，一切物质创新产品也都是认识创新产品的外化、物化。

虽然说实践是认识的基础，但当实践上升到一定的层次，成为创新性实践的时候，实践就必须以认识创新为前提。因为实践是主观见诸客观的活动，对于创新的实践活动来说，这个见诸客观的"主观"，是认识创新的产物。任何创新，如技术的创新、产品的制造、管理方式的创新、制度的创新等等，在创新过程实施之前，都必须有新的思路、方法、设计和蓝图等。这些新思路、新方法、新设计、新蓝图等都是创新思维的产物。所以，我们对创新的研究，应该首先把它作为认识过程，人类的认识过程本能地包含着选择与重构等能动性。因此，即使在应用和开发的研究中，也必须依靠思维创新的先行，而且思维创新仍然贯穿于应用和开发研究过程的始终。而实践创新活动是精神创新成果外化、物化的过程，它是以精神创新活动为指导的物质性创新活动。

三、创新的意义

不言而喻，人是历史的第一个前提。人从诞生之日起就不是抽象、孤立的个体，而是在社会中存在的个体。特定的社会条件作为每一时代的人们存在的基础和前提，既促进了个体的发展，又制约着个体的发展。但人的发展又不是消极、被动的，而是自觉、能动的，每一时代的人们总是通过无数个体的创造性实践活动不断超越社会条件的制约和束缚，从而一方面使社会得到改造和发展，另一方面使人本身也得到发展。人的发展和社会的发展是同一过程的两个方面，所以关于创新的意义可以从创新对社会发展和对人的发展两方面来阐释。

（一）创新的社会作用
1. 创新是人类社会发展的动力

人类社会不断地由简单到复杂、由低级到高级，社会这种发展、进步，无论其形式是渐进的还是飞跃的，从本质上讲，主要不是通过量的变化和积累，而是通过质变，通过不断创新实现的，创新才是社会进步和民族振兴的不竭动力源泉。创新不仅使生产力在量上增加，而且推动了生产力要素的改进和革新，使其在质上发生飞跃，引导着全社会未来经济的生产方向，从而引起整个社会的经济基础和上层建筑的变革。

21世纪的突出特点之一是科学技术的迅猛发展。当代科学技术的发展有以下几个特征:

第一,科学技术知识增长异常迅速,不断引发新的科技革命。据统计,最近30年人类所取得的科学技术成果比过去两千年的总和还要多。

第二,科技成果的产业化周期不断缩短。我们知道,科学技术首先存在于人类的知识领域中,就这个特点来说,我们可以称之为一种潜在的生产力,马克思把它叫做"一般社会生产力"。一般社会生产力要转化成现实的、直接的社会生产力,运用于实际的生产过程,还必须和生产力的要素结合起来,一种创新学从发明到应用往往有一个过程。在现代,由于科学与生产技术的联系越来越紧密,"科学——技术——生产"的周期大为缩短,这使得科学这一潜在的生产力,迅速转化为现实的生产力,大大加速了经济的发展。

第三,科学理论的超前发展,引领新的技术和生产方向。过去,科学技术在经济发展过程中往往处于从属地位,一般是生产的需要刺激了技术的发展,而技术的发展又导致新的科学发现。但是20世纪以后,生产技术和科学的关系出现了逆转,科学理论不仅走在技术和生产的前面,而且为生产开辟了各种新的道路。

当代的科学技术往往是超前性的,它引领了技术和生产发展的方向。在全球化的背景下,资本、信息、技术和人才要素在全球范围内的流动和配置日益普遍,但是全球化并没有改变国家间竞争的本质,而仅仅是改变了竞争的形式,科学技术的竞争成为国家间竞争的焦点。而科学技术发展的核心在于创新。科技创新在创新体系中占有特殊的地位,是决定国家综合国力和竞争力的关键,因此,促进科技创新已成为世界发达国家的基本战略,并且采取了诸多战略举措来加强科技创新。

首先,把科技创新提升到国家战略的高度。美国政府提出美国的国家战略目标就是要保持美国在科学知识最前沿的领先地位。日本政府相继提出了科技创新立国和知识产权立国的国家战略。韩国提出必须在国家层次上制定和执行以科技为基础的政策,为国家探索新的发展道路。

其次,是把科技投资作为战略性投资。最近几年,美国、英国政府都提出了这些国家历史上最大的科技投资预算,欧盟提出到2010年要把科研开发经费占GDP的比重增加到3%,韩国提出要增加到4%。

再次,是超前部署和发展战略技术及战略产业。发达国家能够在航空、核能、汽车、微电子、软件等方面获得领先地位,在相当程度上都是这些国家超前的战略选择和实施的结果。

事实上,我国进入21世纪后面临的挑战更加严峻。因为,科技创新能力已经成为国家综合国力的竞争能力。在这场以提高科技创新能力为关键因素的综合国力竞争中,对发展中国家将带来两个可能:一是赶上去,缩短差距。这就要选择能实现"跨越式发展"的产业项目,通过技术跨越,实现突破性发展。二是差距拉大,越来越落后。由于技术创新能力强弱而形成的发展差距,绝对不同于当年计划经济和传统发展方式形成的相对距离式的落后差距,而是靠科技力量作用的、以市场为基础配置资源的新的发展方式所形成的产业间、特别是高新技术产业间的差距。这种差距一旦拉开,就是大跨度的,很难缩小。正因为如此,有的经济学家认为,进入21世纪初的30年,是我们中国国际竞争的危险期。其理由主要有两点:一是留给我们追赶的时间有限。20世纪末孕育的许多重大科技成果和关键技术将会转化成现实生产力,形成经济实力,在这期间,中国要倍加努力,稍有懈怠,就会被甩开并很难赶上。二是竞争留给我们的发展空间也有限。很多方面的前沿科技和关键技术,都已被发达国家捷足先登,挤占了制高点,我们必须在新世纪的前30年争分夺秒,缩短与发达国家的距离,争取更大的领地。正如胡锦涛总书记在2008年12月15日召开的纪念中国科协成立50周年大会上所指出:"当今世界,科技发展突飞猛进,科技竞争在综合国力竞争中的地位更加突出。党和国家事业发展,比以往任何时候都更加迫切地需要坚实的科学基础和有利的技术支撑,更加迫切地需要广大科技工作者不懈进行创造性实践。我们要把增强自主创新能力作为发展科学技术的战略基点、作为调整产业结构和转变发展方式的中心环节,把建设创新型国家作为面向未来的重大战略选择,更加自觉、更加坚定地走中国特色自主创新道路,更好更快地把我国科技事业推向前进。"

2. 创新是社会可持续发展的根本保证

党的十七大报告指出:"坚持节约资源和保护环境的基本国策,关系人民群众切身利益和中华民族生存发展。必须把建设资源节约型、环境友好型社会放在工业化、现代化发展战略的突出位置,落实到每个单位、每个家庭。要完善有利于节约能源、资源和保护生态环境的法律和政策,加快形成可持续发展体制机制。落实节能减排工作责任制。开发和推广节约、替代、循环利用和治理污染的先进适用技术,发展清洁能源和可再生能源,保护土地和水资源,建设科学合理的能源资源利用体系,提高能源资源利用效率。"改革开放以来,我国经济连续保持平均9%以上的快速增长,但同时却消耗着大量的资源和能源。要"建设生态文明,基本形成节约能源资源和保护生态环境的产业结构、增长方式、消费模式。循环经济形成较大规模,可再生能源比重显著上升。主要污染物排放得到有效控制,生态环境质量明显改善。"自然资源是人类赖以生存和发展的物质基础。随着人类文明的进步和社会的发展,人类对资源的消耗越来越多,有的甚至超过了自然界的再循环能力,造成资源枯竭、生物多样性锐减、环境恶化等严重后果。

人类只有一个地球。这个地球提供给人类使用的资源是有限的,并且很多资源是不可再生资源。为了让子孙后代也有资源使用,人类必须节约资源。其实,创新的"新"就其本质而言,应该是符合人类社会发展整体进程的。可持续发展的参照系是人,能否实现可持续发展首先在于人对可持续发展的认识,但这又不仅仅是一个认识问题,它还取决于人们解决可持续发展问题的手段和技术水平。创新由此成为社会经济发展乃至人类文明进化的最深厚的底蕴和基础。一方面,只有通过人们的创新才能提高生产力水平,创造出更多的高科技含量、高附加值、高回报率的商品,以适应人们的需要,从而降低能耗,以此来降低人们对于自然资源的依赖程度,减少对自然界的破坏,延缓资源的耗竭;另一方面,也是最重要的一方面,人们利用自身的智慧开拓新资源,以避免对某些资源的无限制开采。初露端倪的知识经济已显示了这种作用。以信息技术等高新技术为支柱、以创新为特征的知识经济不仅可以大量地节约原材料和能源,而且通过知识和信息资源的开发还可以用来弥补物质资源的不足,从而在很大程度上把人类的经济与社会活动从对稀缺资源的依赖与限制中解放出来,使人类经济生产的可能性边界大大地向外扩展。在当今,传统农业的比重逐渐下降,建筑业和以汽车、钢铁为支柱的现代工业体系在整个经济结构中的统治地位也正发生动摇,代之而起的是以计算机、新材料、新能源以及生物工程为支柱的知识产业的兴起和蓬勃发展。这些高科技产业不仅极大地促进了生产力的发展,而且提高了人民的生活水平和生活质量,节约了自然资源,改善了自然环境,促进了经济效益、社会效益、环境效益和发展效益的提高。如果生产还停留在依靠追加生产资料取得规模经济效益这个方面,那么实现社会的可持续发展是不可能的。

我国是一个人口众多、人均资源占有量低于世界平均水平的发展中大国,资源供给不足成为制约经济社会发展的重要因素。落实科学发展观,加快建设资源节约型社会已是当务之急。建设资源节约型社会就是统筹人与自然和谐发展、处理好经济建设、人口增长与资源利用、生态环境保护的关系,推动整个社会走上生产发展、生活富裕、资源高效利用、生态环境良好的文明发展道路。要实现资源节约型社会的目标,我们必须改变经济增长方式,提升自主创新能力,缓解经济增长与资源约束及环境的矛盾。要进一步加大研究开发投入,努力掌握拥有自主知识产权的核心技术和关键技术,推动经济增长由资源驱动、资本驱动向创新驱动的战略性转变。要实现经济增长方式从要素增长向创新增长的转变,实现科学发展,提升整个国家的自主创新能力;必须依靠技术进步和自主创新,实现由"资源——产品——废弃物"向"资源——产品——再生资源"的循环经济型流程转变,建立资源节约型的生产方式和消费方式,实现真正的可持续发展。

(二)创新的价值旨归
1. 创新是满足社会需求的唯一道路

生产和需要的关系历来是社会经济活动中的基本关系。生产就是为了满足需要,没有需要就没有生产。需要是无限多样的,又是有层次的,因而生产也是无限多样的、有层次的。不论这种层次是依马克思、恩格斯的生存需要、享受需要和发展需要来划分,还是依美国心理学家马斯洛的生理需要、安全需要、社会需要、自尊需要、自我实现的需要来划分,人们总是先满足低层次的基本需要,然后满足高层次的非基本需要。在还没有生产出新的消费对象时,就没有对于这种对象的需要,因此,需求的个性化和高层次化只有依靠创新来满足。

中国实行改革开放以来,大力发展商品经济,直至确立社会主义市场经济体制,市场繁荣,极大地丰富了物质生活。近年来,相当多数商品供过于求,以至于有些学者将其描述为"过剩经济"。其实不然,我国的经济"过剩"不像发达国家那样是由生产高度发达,有效供给真正过剩造成的,恰恰相反,中国经济改革与发展需要克服的"短缺"瓶颈并没有完全解决。它仍然具有作为"初级阶段"的初级性,是一种低水平的"过剩",是创新能力不足的充分体现。有些学者把"过剩"归因于有效需求不足,殊不知对于企业而言,实际是有效供给不足。不能提供创新的产品,以满足消费者日益提高的消费需求,就只能停留在低水平的"过剩"上。因此,这种"过剩"实际上反映出更为深刻的"短缺"——创新能力的短缺。因此,只有不断创新,才能从根本上解决我国市场竞争中日益尖锐的创新产品和服务的"短缺"现象。江泽民同志指出:"科学技术是生产力发展的重要动力,是人类社会进步的重要标志。""当今世界,科学技术迅速发展并向现实生产力迅速转化,愈益成为现代生产力中最活跃的因素和最主要的推动力量。"从"科学技术是生产力"到"科学技术是第一生产力",再到科技创新"是生产力发展的重要动力"和科学发展观,四者之间是一脉相承的,而且后者是对前者的拓展与深化。因而,创新不论是现在还是未来,对于我们提高生产力,满足社会需求都是极端重要的。

2. 创新促进了人的全面发展

人的自由而全面发展，是人类的理想追求和社会发展的必然趋势。促进人的自由而全面发展也是创新的价值追求，人"只有在现实的世界中并使用现实的手段才能实现真正的解放"。①

人的任何活动都是人与世界的关系，这种关系从总体上可以分为人与自然的关系、人与社会的关系和人与自我的关系（属于精神世界），人的创新活动也应该包括这三重关系在内。人们在创新过程中不仅形成了这种关系，而且不断地创造着这种关系，使人与世界的关系越来越丰富。同时，人通过创新活动认识必然，打破外在必然性的限制，从而在创新中感受到一种真正的自由。在这里，自由指主体运用自己能动的创造性活动打破外在必然性限制的活动，也就是说"自由是对必然的认识和对客观世界的改造。"②人越是从事创新活动，对必然性的认识越深刻，就越自由。

（1）人与自然的关系

创新对人与自然关系的调整、改善与发展，主要体现在以下三个方面：

首先，人的创新活动形成并丰富了人与自然的关系。自然界是运动发展、丰富多彩的，人们对自然规律的认识和掌握不可能一次完成。人们通过创新认知和创新实践，从宏观上来说，使更宽广的自然界进入人们的视野，成为人们认识和改造的对象，人们能够在认识和把握自然规律的基础上获得更大的自由；从微观上来说，使人们对事物的认识更深入，能够揭示事物更深一层的本质，创造

---

① 《马克思恩格斯全集》第 42 卷，人民出版社 1979 年版，第 368 页。
② 《毛泽东著作选读》（下），人民出版社 1986 年版，第 833 页。

出更多更好的产品以满足人的需要。

其次，人的创新活动提高了人认识和利用自然规律的手段和方法。制造和使用工具是人区别于动物的本质特征。从古代石器、近代蒸汽机到现在精密的计算机等，无不反映人们在创新工具方面的伟大力量。人们利用自己所创造的工具去进一步认识未知的自然界，获得对自然界的更深更广的认识，在此基础上，实现对自然界的改造，使客观世界更好地为自己服务。与此同时，人的思维能力也得到了锻炼和培养，掌握了越来越多的认识方法。

再次，创新改善了人与自然的关系，使人与自然的关系逐步达到和谐统一状态。创新的不断发展，反映了人的主体地位的加强，反映了人们对世界的认识程度和对自然把握程度的提高，即在人与自然的关系中，人在多大程度上居于主导地位。随着实践的深化和认识能力的提高，人类日益频繁地进行创新，会使人类摆脱大自然的盲目支配，逐渐由"必然王国"进入"自由王国"。但是这种关系的协调发展，需要一个很长的时期，这与人类长远的可持续发展要求是一致的。

（2）人与社会的关系

马克思在读詹姆斯·穆勒的《政治经济学原理》所做的笔记中阐发过这样的思想："因为人的本质是人的真正的社会联系，所以人在积极实现自己本质的过程中创造、生产人的社会联系、社会本质，而社会本质不是一种同单个人相对立的抽象的一般的力量，而是每一个单个人的本质，是他自己的活动，他自己的生活，他自己的享受，他自己的财富。"这种"真正的社会联系"并不产生于人的反思，它是"个人在积极实现其存在时的产物"。人应当承认自己是主体，并且"按照人的样子来组织世界"，否则"这种社会联系就以异化的形式出现"。①这说明社会关系是在人们的实践中形成和丰富起来的，而且是"个人在积极实现其存在时的产物"，强调了创新活动相对于一般实践活动在其中的重要意义。人的变化发展同人生活于其中社会关系的变化发展是相一致的。人创造社会关系的活动是向着全面性的方向发展的，人在创造全面的社会关系的历史过程中也使自身达到全面性。社会关系的全面性是历史的产物，人自身的全面性也只能是历史的产物。在日益丰富的社会关系中，人会获得多方面的社会规定性，成为日益全面性的人。

（3）人与自我的关系

"劳动的对象是人的类生活的对象化：人不仅象在意识中那样理智地复现自己，而且能动地、现实地复现自己，从而在他所创造的世界中直观自身"②。当主体把自己，把自身的行为当成观照的对象，主体就与自身发生了关系。在创新活动中，主体随时都在与自身发生关系，总要对自身的情感、能力、品性、状态、需要、价值取向等属性产生认识，作出评价，并把它运用到客体上去。而这种关系有时是不被人察觉的，它表现为对自身的调节、控制、激励和超越。

我们达到对自身的认识，是通过反思我们跟其他人一起的生活，通过反思我们的活动，尤其是创新活动这一途径来实现的。在创新活动中，人能够将自身作为意识的对象，认识自己的本性、需要和本质力量，将其作为内在的价值尺度外化到客观对象中去，改造客观世界以满足自身的需要，因而，创新的不断发展，不仅是在

---

① 《马克思恩格斯全集》第42卷，人民出版社1979年版，第24—25页。
② 《马克思恩格斯全集》第42卷，人民出版社1979年版，第97页。

既有实践基础上对不断变化的客体事物的结构、本质和规律的认识，也是对主体自身不断变化的需求、利益和能力的认识，创新的发展过程也是人不断提高对自身认识能力的过程。

创新能使人获得一种满足感，消除受挫感，因此给人提供一种对于自己以及对于生活的积极态度。人在创新活动中，面对的是新情况，不可避免地要遇到各种困难和阻力，这使得人们自我适应、自我控制、自我调整，适应各种变化了的和不可预测的情况，以期取得创新成果。这种自我调控既有生理方面的又有精神方面的，都是为了使创新的活动成果与创新的价值目标取得一致。

综上所述，人类在创新活动中，经历了"人的依赖关系"社会形态，必将跨越"物的依赖性"社会形态，最终走向"建立在个人全面发展和他们共同的社会生产能力成为他们的社会财富这一基础之上的自由个性"社会形态。人类终将依靠自己的主体力量，凭借创新活动走出生存困境，实现人的自由全面和谐发展，达到人与自然、人与人以及人与自身等各种关系的和谐统一。当然，要实现人的自由全面发展需要经历一个长期的过程，还有一段很漫长的路要走，但我们绝不能由此否定创新在此过程中的不可替代作用。不能忘记这个奋斗目标，这也是马克思主义者、共产主义者的共同理想。

第二章 创新结构

创新活动是一种具有高度目的性、效用性等功能的系统,它同物质生产实践系统一样,也包含劳动者、劳动资料和劳动对象这些基本要素,而且它的基本要素具体展现为其创新结构——创新主体、创新客体和创新手段——之中。马克思在分析生产劳动过程时指出:"如果整个过程从其结果的角度,从产品的角度加以考察,那么劳动资料和劳动对象表现为生产资料,劳动本身则必表现为生产劳动。""在劳动者方面曾以动的形式表现出来的东西,现在在产品方面作为静的属性,以存在的形式表现出来。劳动者纺纱,产品就是纺织品。"①从事创新活动的人,是创新活动的主体,即创新活动的承担者;创新活动的指向,是创新活动的客体,即创新活动的对象;联结创新活动主体和客体的,是创新活动的手段。创新主体运用各种创新手段,作用于创新客体,实现创新的目的,并把它转化为创新结果,由此构成创新活动的全过程。问题在于,这种创新活动系统功效的高低,创新成果价值的大小,必然取决于创新系统结构的存在状况与发展水平,取决于创新系统诸要素的存在状态,取决于创新系统各要素之间相互联系、相互作用、相互结合的方式。

---

① 《马克思恩格斯全集》第23卷,人民出版社1972年版,第205页。

一、创新主体

在由创新主体、创新客体和创新中介等构成创新结构的三大基本要素中,最重要的是创新主体。创新首先就表现为创新主体的一系列活动,表现为创新主体各种要素的状况及相互作用。创新主体决定着创新客体和创新手段的选择。

可以说,创新是主体在一定条件下,在可能拥有的物质、能量、信息与知识的前提下开展活动,形成具有新价值、新效用的思想与方法的活动,这种思想与方法必须是与主体的需求、欲望及目的等完全一致、高度吻合的。因此,创新活动从一开始到最终成果的产生,时刻都离不开创新主体的作用,而且创新主体对整个创新活动起着决定作用。只有具备了创新意识、创新精神、创新目的和创新能力的创新主体,才能形成创新选择、创新过程,最后形成创新成果。

(一)创新主体的定位

创新主体是在创新活动中居于主导地位并具有主动性、自主性和创造性等特点和功能的一方,它是创新系统中的首要因素。它对创新系统形成及其诸要素的结合方式起着决定性的作用。不管创新活动涉及的范围有多广,不管它涉及的是哪个领域,也不管它是哪种创新、如何复杂的创新,它们都必定还原成人的活动。人是一切创新的发起者和承担者,创新的主体只能是人或由人组成的群体。人人都可能成为创新主体或创新主体的构成成员,有些人可能不是现实的创新主体,但他们必定是或曾经是潜在的创新主体或潜在的创新主体的一部分。

1. 创新主体定位的依据

无疑,创新主体是人,但何以将人定位于创新主体? 其理论依据是什么? 我们从哲学的视角,通过对社会结构的解剖、对社会发展动力系统的分析、对社会发展的主体力量的挖掘来推论出人的创新主体地位。

人是复杂的存在物,从不同的角度来看有着不同的含义。我们不妨从逻辑层次上,将人分为个体存在、群体存在和类存在。

作为个体存在的每个人都具有自身的独特性、唯一性、不可重复性和不可取代性,这是每个人得以独立存在的根据。这一根据一方面来自物质分化的差异;另一方面出自社会影响的结果。正如马克思的著名论断所指出的:人的本质在其现实性上是一切社会关系的总和。个体的人在不同的社会关系、社会环境中越来越使得自己的个性特征显现了出来,这种社会环境对个体的影响不是仅仅存在于独立的一代人身上,而是存在于处于代际关系中的若干代人身上。每一代人的每个个体从社会环境的影响中获得的结果必然传承给其下一代。这样,遗传与代际关系中的环境影响共同决定着人的个性特征,当然这里的环境是很宽泛的范畴,它包括人的政治关系、经济关系、文化关系,也包括人的劳动等等"一切社会关系"。人作为个体存在,具有其独一无二性,同时又存在着与其他个体之间的共性。这种共性往往起到一种纽带的作用,将个体的人连接成为群体存在或类存在。

人作为群体存在包括一个家庭或家族、一个单位、一个社区、一个团体、一个组织、一个党派、一个社会、一个国家等等。因为他们有着共同的利益、认识上的共同视角等,往往有着意识和行为上的一致性。这与前述的个体存在的人有着密切相关性,二者都是现实的存在,如果说个体存在的人有着生物学意义的一面,那么人在作为群体存在时更具有社会学意义了。人在社会群体中从事各种一定程度相同性的劳动、承担各种一定程度相似性的角色与职能,受特定的社会关系制约和规定。

人作为类存在,指的是在类内的最大共性,任何人作为"人"类的一员,不论其社会地位、身份、职业、民族、国籍和肤色多么不同,他们之间都具有"人"的内涵。每一个不同个体的人之所以都是人,就是因为有着这种人之为人的共同特性。这种共同性既包含着在更大范围上与其他物种有着相同性,又包含着与其他物种(特别指其他动物)的差异性。所以,我们在探讨人之为人的共同性的问题上,不应该只看人与动物差异的方面,而应该从人之为人的全部共同性上来探究,包括人与其他物种共有的内涵。因为人首先是物质的一种存在形式,是一种存在,进而是生物的存在和动物的存在,然后才是人这个类的存在。其实马克思在批评费尔巴哈关于人学研究的问题时,并没有否认生物学意义上的人,而是说:"费尔巴哈只是在生物学意义上研究人"。只在生物学意义研究人是不够全面的,若要使这种研究趋向完善,还需要补足社会学意义上的研究。既然人是一种生物的存在、一种动物性的存在,那么人必然具有作为生物或动物必须具有的实质性内容,这种内容是任何生物或动物不能摆脱的,若脱离了它,生物或动物就不存在了。因此,只有从人的全部共同性上来探究人之为人的共性,才能对作为类的人有个全面的把握。

作为类存在的人是不能独立存在的,必须通过群体存在特别是个体存在体现出来。据此,类存在的主体存在必然寓于群体主体的存在特别是个体主体的存在中,前者通过后者体现出来。作为类存在的人的主体地位是指:作为类存在的人与自然、与其他物种相比居于主体地位而非客体地位;作为群体存在的人的主体地

位是指：作为群体存在的人不仅与自然、与其他物种相比居于主体
地位，还与其他群体以及人类社会相比，在一定范围、一定程度、一
定视角上居于主体地位；作为个体存在的人的主体地位是指：作为
个体存在的人不仅与自然、其他物种、类存在的人、群体存在的人、
人类社会相比居于主体地位，还与其他个体的人相比，在一定范
围、一定程度、一定视角上居于主体地位。不管哪个层面上的人，
都是能够进行创造性活动的创新主体，是有意识、有目的、有主动
性、有能动性的存在，然而作为类存在的人的创造性或创新活动和
作为群体存在的人的创造性或创新活动最终必须通过个体存在的
人的活动或创新来完成。

　　为了更加清晰地对人在创新过程中的主体地位进行透视，我
们把人还原到社会系统中，通过对社会结构的解剖以及对社会发
展动力系统的分析，阐明社会发展的主体力量，最终揭示出人作为
创新主体的理论依据。

　　社会发展的动力系统主要包括经济、政治、文化三个子系统，
而且这三个子系统之间相互联系、密切作用、交互促进，形成了永
不间断的运行曲线，用图表表示如下：

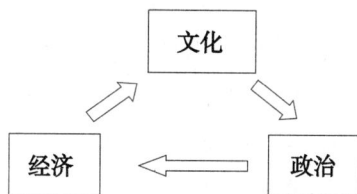

　　社会历史事实证明，社会经济的发展是基础。经济发展了，人
们便有精力与物力追求文化生活，文化素质提高了，思想意识水平
便相应提高，表征其精华的哲学、政治、法律思想更具科学现实性，
由此导引我们的制度向更正确、更合理的方向发展，更完善的制度

为既定的经济的进一步发展提供了更广阔的空间。这是一个相对完整的过程,是一个终止点似乎回到起始点却高于起始点的圆,并且这个终止点又是下一过程的起始点,由此继续三个子系统之间的交互推进作用。事实上,整条运行曲线上的每个点都可以看作任意一个相对完整过程的起始点或终止点。这正是辩证法的三大规律之一——否定之否定规律的具体体现。否定之否定规律表明,事物的发展不是一条直线,而是一条曲线,是螺旋状不断上升的曲线,这条曲线无始无终,并由无限多个环形构成。每一个环形都接近圆,是其终点似乎回到原出发点而高于原出发点的接近圆的环,它表征着事物发展的一个相对完整的过程。曲线上的任何一点都可以看作一个环形的终点或另一个环形的起点。

经济、政治、文化三个子系统又都是相对独立的系统,这样,它们就必然各自具有自己的功能与结构,它们不是封闭的,而是敞开着,不断接受外来信息和释放自己的能量,一直处于开放状态。唯有如此,它们才交互作用,使整个社会成为有机整体。这就像人体一样,人体系统中的心脏、肝脏等各个部件独成系统,但又只有在人体这个整体系统中才能够发挥各自特有的功能、释放自己的能量。人的心脏离开人体不再成为心脏,人体没了心脏,人体也就不能再维持。经济、文化、政治与社会整体系统的关系亦如此。并且经过仔细研究和分析,不难看出,贯穿于经济、文化、政治与社会整体系统之间的整个交互作用过程中,人在信息与能量的传输中居于核心地位,起着极其重要的作用。

(1)经济系统

从社会内涵上讲,社会包括物质方面和非物质方面。物质方面是社会存在的基础,它主要由地理环境、人口因素、生产方式构成。生产方式是人们从事劳动(实践)的方式、方法,这种方法实际上是生产力与生产关系的结合方式,所以,生产方式是生产力与生产关系的统一。而生产力中的主体力量只能来自于人口因素。生产力中劳动资料与劳动对象只能来源于地理环境。生产关系不仅涉及人与人(人口因素)的关系,还必然涉及人与生产资料(地理环境)之间的关系。由此可见,生产方式与地理环境和人口因素基本上有一种包含与被包含的关系。地理环境与人口因素是生产方式得以形成的基础,在此基础上,是人们的实践使得生产成为可能,所以,生产方式也可以理解为实践的方式。实践是人之区别于其他物种的本质特征,社会(人类的生存环境)之所以有别于其他物种的生存环境就在于实践,实践是人类社会的本质特征。从这个意义上讲,通过人们的实践构成的生产力与生产关系的统一(生产方式)是社会发展的决定力量。然而,从上述人口因素和地理环境是生产方式的基础上看,人口因素和地理环境又是必不可少的,而且在社会发展的某些阶段会成为最主要的因素,如目前有些国家或地区的人口数量膨胀、人口结构失调、资源缺失与破坏等问题都会对生产与社会的发展带来严重障碍。

　　归结起来说,经济系统主要包括生产力、生产关系和经济基础几个更小的系统,而且生产力与生产关系之间是一种决定与被决定关系。

　　生产力决定生产关系,而且这种决定一定是一个自然而然的过程,是客观的过程。在社会系统整体运转过程中,当衡量生产力水平的劳动资料随着社会的发展特别是科技的发展而发展到一定程度的时候,作为社会主体的人们会在当时一定的社会政治、法律制度的约束下,自由、自主、自觉、自愿地调节自己的角色,更换自己的位置,以使自己更好地生存。当某几种社会的主要角色普遍得以调整的时候,便带来生产关系的变革。

经济基础,作为社会发展到一定阶段占统治地位的生产关系各方面的总和,必然随着生产关系的变化而变化。实际上,一定社会的经济基础与生产关系之间的关系是被包含与包含的关系,它总是社会各种生产关系中的某一类型,只是总占据统治地位而已,而其实质是社会财富由谁拥有、掌控的问题。从这个层面上讲,生产力间接地决定了经济基础,所以,由经济基础(占统治地位的生产关系)决定的上层建筑对社会的反作用直接取决于它所服务的经济基础是否符合生产力状况。一定性质的经济基础必然以暴力或非暴力的形式建立自己的上层建筑,以巩固和服务于自己的生产资料所有权和社会统治地位。不难理解,经济基础首先决定的是观念上层建筑,在观念的导向下,确立政治、法律制度,为了保障制度的顺利运行和实施,必须建立政治、法律的组织和设施,这是一脉相承的过程。

(2)文化系统

狭义上讲,文化系统是社会非物质方面的重要组成部分。广义的文化是指人类在实践中所展现出来的人的本质、力量、尺度方面,它体现在一切打上人类活动印记的事物或者说所有被"人化"的事物上面,包括物质文化、政治文化和精神文化。我们所谈的文化系统只是指精神文化,即观念形态的文化。

文化在本质上是实践的成果,观念形态的文化实质上是人类的社会意识,这是一个内涵很宽泛的概念,它包括社会意识形式和社会心理。社会意识形式又有意识形态和非意识形态之分。意识形态是指反映着一定社会集团的利益和要求的社会意识形式;非意识形态是指不反映任何社会集团的利益和要求的社会意识形式,如自然科学、语言学、形式逻辑等。非意识形态是文化系统中的重要组成部分,它不仅是生产力发展的基础,也是各门社会科学以及意识形态发展的基础和工具。

社会意识形态是由艺术、道德、宗教、哲学、政治法律思想等多种要素组成的复杂系统,这些要素有着不同的特点和功能,但又相互联系、相互渗透、相互作用、相互影响,形成文化系统中的重要组成部分。社会意识形态不仅以非意识形态为基础和工具,而且还以社会心理为前提,并反过来对社会心理起导向作用。

社会意识形态反映着一定社会集团的利益和要求,所以不同社会地位的社会集团各自拥有自己的意识形态。而社会集团的社会地位与其在生产关系中的地位是紧密相关的,所以,只有在社会上特别是在经济关系中占统治地位的社会集团的意识形态才是观念上层建筑,这样的意识形态以理性的形式影响着整个社会。以上表述可以用图表表示如下:

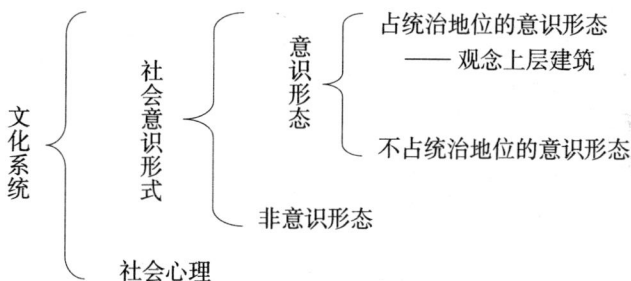

在观念上层建筑里,政治法律思想处于核心地位,它受宗教、艺术、道德、特别是哲学的影响,但又反过来强有力地制约着后者的发展方向。

(3)政治系统

上层建筑对经济基础的反作用,不只体现在它对经济基础起促进或阻碍的作用,更体现为它对生产力的反作用。当上层建筑所服务的经济基础适合生产力状况时,上层建筑就促进生产力和社会的发展。这里明显包含着双层"适合"，一是经济基础适合生产力；二是上层建筑适合经济基础(上层建筑与自己所服务的经济基础在绝大多数时间内必定是适合的)，只有双重适合，上层建筑对社会的发展才起着积极的作用。无疑，在上层建筑诸要素(制度、设施、组织)中，制度处于核心地位，它在后盾"设施"的保障下由"组织"予以实施，创设一种环境，一种公平合理、能充分展示人的个性自由、给人以充分自主权的环境，一种切实保障以人为本的环境。这样的环境只能由具备双重"适合"的上层建筑来保障，因为这里的"自由"不是为所欲为，而是一种受政治法律制度规范的自主权。由此，制度的约束是至关重要的，并且这样的制度一定是维护平等的制度。试想，在人类社会上，若有任何一个人可以为所欲为，那么其他人便无任何自由可言。所以，"自由"离不开"平等"，这是一种机会的平等，一种守法的平等。劳动群众在一种宽松的环境中自然会充分展示自我，充分调动自我的积极性、创造性，因为人是一种追求美好而又能够实现美好目标的存在。每个个体的人在自我的追求中创造出新的高水平的劳动资料，拓宽了高质量的劳动对象。与此同时，劳动者本身进行着自觉不自觉的自我深化、自我提高，随之，外化于人的力量的科学技术、管理水平、教育理念等也必然得到提高。这便是生产力整体水平提高的过程。可见，环境对生产力水平的提高是至关重要的，即生产力的发展是由生产力中唯一活的因素——劳动者的发展及其实践活动带动的，这就需要挖掘人的潜能，而人的潜能的挖掘需要和谐、健康、有序的环境，这样的环境必须由适合生产力状况的经济基础决定的上层建筑来保障。

(4)社会系统

社会发展的动力系统内部各要素之间形成了一条运行路线，

用图表表示如下：

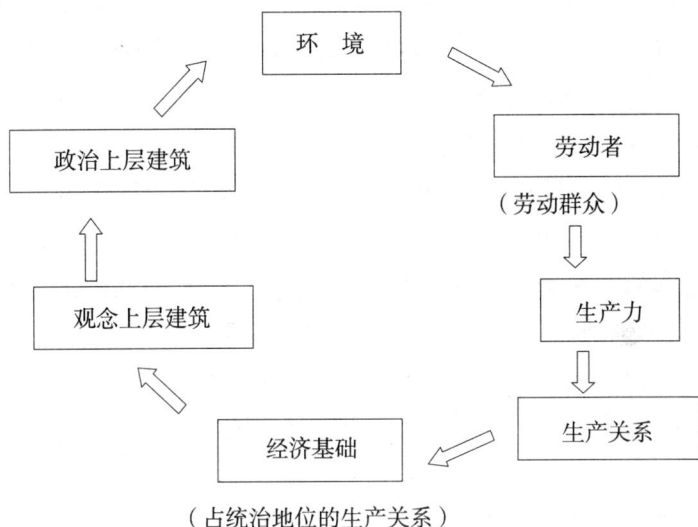

```
                    ┌─────────┐
                    │  环  境  │
                    └─────────┘
              ↗                    ↘
   ┌──────────────┐          ┌──────────────┐
   │  政治上层建筑  │          │   劳动者      │
   └──────────────┘          └──────────────┘
         ↑                    （劳动群众）
   ┌──────────────┐                ↓
   │  观念上层建筑  │          ┌──────────────┐
   └──────────────┘          │   生产力      │
         ↖                    └──────────────┘
                                    ↓
              ┌──────────┐    ┌──────────────┐
              │ 经济基础  │ ←  │   生产关系     │
              └──────────┘    └──────────────┘
```

（占统治地位的生产关系）

从这个图表中可以看出以下几点：

①社会这个系统可以分解为劳动者、生产力、生产关系（经济基础）、政治上层建筑、观念上层建筑（社会意识形态）等重要组成部分（要素）。这些要素之间交互推动、彼此连接，形成相对完整的过程，这是一个不会有接合点的圈，是其终点总是高于起点的接近圆的环，其中的任何一个环节都既可以看成一个环形（社会的一个发展阶段）的终点，又可以看作另一个环形（社会的另一个发展阶段）的起点，由此形成无限延伸的螺旋状的曲线。

②生产关系对生产力的反作用并非生产关系直接反作用于生产力，而是必须经过上层建筑这个中间环节，依靠制度的制约，创设、维护一种环境——一种激励或者抑制人的发展的环境。顺应适合生产力状况的生产关系（经济基础）形成的观念上层建筑必然会导引出较合理的政治、法律制度，由此创设一种宽松的、有利

于人的发展、有利于人的创造的环境,因而推动生产力的发展;反之,维护不适合生产力状况的生产关系的观念上层建筑便会导引欠合理的制度,形成不利于人的发展的、难以调动人的积极性和创造性的环境,因而阻碍生产力的发展。

③上层建筑对经济基础的反作用亦不是上层建筑直接反作用于经济基础(生产关系),而是经过生产力,特别是劳动群众(人民群众或劳动者)这个中间环节。当上层建筑创设、维护的环境有利于人的发展时,人的发展带动了生产力的发展,由此促进生产关系(经济基础)的变革;反之,当上层建筑固守的环境不利于人的发展时,便会阻碍经济基础(生产关系)的发展。

④实质上,有一个因素贯穿于整个图表,这就是劳动群众——劳动者(人民群众)。

第一,没有劳动者就没有生产力。关于什么是生产力以及怎样衡量它的大小或水平的高低,马克思、恩格斯虽然没有明确做出专门定义,但作过许多重要提示。他们所指的"生产力",就是人们的劳动、生产能力,是个人或群体从事物质生产的力量。这里需要特别指出的是,传统哲学中虽然表述了生产力是"人生产的能力,是人征服自然的能力",但在表述生产力构成要素时,却与此产生了逻辑上的矛盾。生产力不应是包括劳动者在内的"两要素"或"三要素"组成的合成物,而应是劳动者个人或群体在生产过程中运用多种要素制造产品的能力或力量。在个体或群体的劳动者运用的多种要素中,作为劳动资料的生产工具固然是一个重要因素,但它只是劳动者为了提高自己的劳动效率而制造出来的物件,只是劳动者为延伸自己用于劳动的自然肢体而制作出来的人工肢体。把生产力的组成要素等同于劳动过程的组成要素,就使生产力不可测度了。而且,把作为生产主体的人同受人支配的、作为劳动资料的生产工具并列起来,实际上就会削弱甚至抹煞人的主体地位,这就从根本上偏离了马克思的本意。实质上,生产力本身就是人的本质力量的一种体现。没有人,生产力便无从谈起。

第二,没有劳动者就没有生产关系。生产关系是人与人在劳动中形成的关系,其核心内容是生产资料(社会财富)归属谁的问题,没有人,即使物质财富再庞大,也无所谓生产关系。从生产的动态过程来看更见分晓,生产、分配、交换、消费中所体现的生产关系都离不开人的力量。

第三,没有劳动者就没有观念上层建筑。所谓"观念"是人的观念,作为社会意识形式的观念上层建筑属于人的文化产品。很显然,没有人,便不会有观念上层建筑。

第四,没有劳动者就没有政治上层建筑。政治上层建筑的核心是制度,而制度中的任一条文都是由人制定的,实施制度的政治、法律组织是由人组成的,保障制度实施的一系列设施也是由人创建、筑造的。没有人,自然没有政治上层建筑。

总之,社会是人的社会,没有人无所谓"社会",社会的发展自然离不开人的发展,离不开人的活动和创造,正所谓社会的本质特征在于人的实践。社会存在本身是人的本质力量和自然结合的体现。所以,如果在社会内部各要素的相互作用、相互促进中有一种根本性的决定力量的话,那么,这种力量应该是劳动大众,正如唯物史观一直坚持的"人民群众是社会发展的决定性力量"。人是生产力中唯一活的因素,是生产力的主体。由此推论,人是社会的主体,在劳动者、生产力、生产关系、经济基础、政治上层建筑、观念上层建筑、社会意识形态等社会诸要素中,人是贯穿其中的主线,是这些要素存在的根源,也是这些要素交互作用的依据。所以,人的全面发展是生产力发展乃至整个社会发展的内在动力和价值尺度。

人类社会的不断进步与提升之所以是一种必然,最根本的原因就是作为社会主体的人具有创造性特征,总能不断超越自己和自己的活动,创造出新的事物。只是人们在哪个阶段创造得多些,在那个阶段创造得少些;哪些区域的人或哪些群体的人创造得多些,哪些区域的人或哪些群体的人创造得少些罢了。

2. 创新主体与一般社会主体的关系

创新主体是从事创造性活动的人,是社会主体的一部分。可以说,每个正常的人都是潜在的创新主体或曾经是潜在的创新主体。但是从潜在的创新主体转化为现实的创新主体是需要很多条件的,只有当条件具备时,他才能转化为现实的创新主体。我们的研究就是要找到创新主体进行创新活动的规律和特点,使潜在的创新主体转化为现实的创新主体,使创新主体的创新能量最大限度地被挖掘出来。只要是创新主体有意识地进行创新了,在有意识的创新活动中自然会发生或多或少的无意识的创新。

若使作为社会主体的人由潜在性的创新主体转化为现实性的创新主体,必须首先了解创新主体与一般社会主体的区别,从创新主体的独特性上来把握创新所需要的条件。具体来说,创新主体的独特性主要表现在以下三个方面:

(1)创新主体必须具有能动性,即具有自主性、主动性与创造性。这是创新主体的根本特征。创新主体有别于一般的哲学意义上的认识主体、实践主体,创新主体是特殊的认识主体、实践主体,他或者他们已经具有一定的知识、技术与管理经验,并能在拥有一定的物质前提下开展活动。创新主体同时具有强烈的目的指向性,创新的成果从开始就已经蕴藏在"他"的头脑中了,创新的过程实质上就是"他"凭借自己的能力依托外界的物质条件逐步把目的加以实现的过程。

（2）创新主体必须参与特定的创新活动之中。创新主体一方面要具有能动性，另一方面必须把自身的目的在具体的创新活动过程中加以实现。只是"想法"而未能付诸行动的主体还不能称之为创新主体。创新主体的目的带有一定的主观性，这种主观的东西要通过一系列的创新活动知识与资源的重组得以展现出来，而且实现创新活动的成果（即目的的承载物）是不是满足社会的需求，是不是满足创新主体自身的愿望，还要接受实践的检验。只有那些真正满足市场与社会的需要，又与创新主体的内在价值相符合的创新过程与成果才是真正意义上的成功的创新。

（3）创新主体必须具有产生新成果的功能。有了目的与需求，而且也有了客观实在的活动，如果没有产生出新的成果，那么，这样的活动是失败的，整个活动过程还不能叫创新。只有主体产生强烈的创新动机，汇入了活生生的、内容丰富多彩的活动过程之中，通过不懈努力，产生了具有新价值、高效用的思想与方法，而且这种新思想与新方法为社会所接纳并产生预期的效益，这时的活动才是真正意义上的创新活动，这时的主体才是创新主体。

创新主体与一般的实践主体既有区别又有联系。人的创造性认识和实践活动与传统的认识活动及重复性的实践活动很难截然分开，它们往往是交互进行的，因而在创新主体与一般的认识和实践主体之间也很难找到明显的分界线。当一般的活动主体准备或正在进行创新活动时，它就可以发展成为创新主体；当创新主体完成或终止某项创新活动后，创新主体又可以转化为从事重复性活动的活动主体。因此，创新主体与一般的实践活动主体是相互转化、相互渗透，不可截然分开的。事实上，如前所述，每一个身心健康的人都可以成为创新主体，而这一点是最重要的，这也是我们研究创新之必要性的前提条件。

(二)创新主体的分类

创新主体是个非常复杂的概念,对其进行分类有多种方法,选择的角度不同,分类的结果就不一样。比如,按创新的类别来划分,创新主体可以分为理论创新主体、制度创新主体、科技创新主体、教育创新主体、转化应用创新主体等;再如,按照组织形态划分,有党派创新主体、政权组织创新主体、团体创新主体、事业单位创新主体与企业单位创新主体等等。

本书中,我们从创新形式和创新主体的组织层次这两个视角对创新主体进行分类。

1. 从创新形式角度的划分

从创新形式的角度划分,创新主体可以分为认识创新主体、决策创新主体和实践创新主体。

人的创造性活动不计其数、丰富多彩,但根据不同的创新形式可以将人的创造性活动分为创造性认识活动、创造性决策活动和创造性实践活动。所以,创新活动也就可以划分为认识创新活动、决策创新活动和实践创新活动。相应地,创新主体也可以分为认识创新主体、决策创新主体和实践创新主体。认识创新主体以对客观事物的新的发现为主要任务,形成新的原理、理论,做出新的结论;决策创新主体则在创新认识的基础上,创造出新的方式、方法,做出新的策略部署;而实践创新主体更注重把某一理论、原理、方法以新的方式来进行贯彻和实施,创造出新的精神实体或物质实体。

正如创造性认识活动、创造性决策活动和创造性实践活动的实施者可以是同一个人也可以是不同的人,认识创新主体、决策创新主体和实践创新主体既可以是不同的主体,也可以是同一主体。一个人可以只做新的理论、原理的发现者或新的策略、方法的制定者或新的理论、原理、方式的实施者,也可以既做新的理论、原理的发现者又做新的策略、方法的制定者及新的理论、原理、方式的实施者。但是,不管是认识创新主体、决策创新主体,还是实践创新主体,他们都只能是作为创造性活动主体的人。这些人因所在的领域不同、从事创新活动的具体内容、形式和要求不同,又可以具体区分为很多不同的种类。

2. 从创新主体组织层次的划分

从创新主体组织层次上划分,创新主体可以分为个体主体和群体主体。

由于人在进行创新活动时主要采取两种组织方式进行:一种是以个体组织方式独立进行,另一种是以群体组织方式协作完成。单个的人进行创新活动与群体的人进行创新活动是有很大区别的。因此,从创新过程中的主体协作方式进行划分,我们可以把创新主体分为个体主体和群体主体两大类,对创新主体的研究分别从个体创新主体和群体创新主体两个层面来进行。

(1)个体创新主体

所谓个体创新主体就是指相对独立地从事创新活动的单个人。单个人进行创新活动有时候是有意识的,有时候是无意识的。科学家为了研究某个课题,在有目的的专门研究中进行的创新是有意识的创新;在有目的的专门研究之外、偶然地意外地做出的创新则是无意识的创新。无意识的创新仅仅是一种改变现状的自发行为,创新者并不一定意识到了自己活动的创新性质,他并不是为了刻意去追求某种创新才实施某些行为活动的。因此,可以把有目的、有意识地进行创新的个体主体叫做的自觉的创新主体,把无意识地进行创新活动的主体叫做自发的创新主体。我们只研究有目的、有意识地进行自觉创新活动的主体,因为人是有意识的动物,人的意识具有创造性,所以从理论上讲,只要是一个正常的人他就具有创造性,就具有创新能力,能进行创新活动。

(2)群体创新主体

群体创新主体是指由多个个体主体按一定的原则组织起来的,围绕着特定目标而进行创新活动的具有一定结构的人群。这个人群可以是组织、团体、协会、学校、企业、科研院所或实验室等等,甚至还可以是一个国家、民族、阶级、政党等等,根据不同的需要给予不同的称谓。同时,群体主体又可根据不同的标准分为不同的种类:如根据创新群体人数的多少,可以分为大群体和小群体;根据创新群体是否实际存在可分为假设群体和真实(实际)群体;根据有无正式规章制度或其存在是否通过了有关部门的批准,可分为正式和非正式群体等等。但是,不管怎么称谓、如何划分,作为创新的群体主体,都必须具有创新功能并进行创新活动。可以说,群体创新主体首先必须是一个群体,具有一般群体具有的基本特征和功能,同时,群体创新主体还必须要有鲜明的群体创新目标,具备创新的功能,进行创新活动。创新群体也可以根据不同的标准划分出许多不同的种类来。在当今大科学大技术条件下,群体创新主体是主要的创新主体。

(3)个体主体与群体主体的关系

个体主体有些是游离在群体之外的"自由分子",独自地进行创新的;有些是隶属于一定的群体,是作为群体内的一个要素而存在,在群体中与其他成员一起进行创新的。因此,个体主体与群体主体的关系可分为两种:一种是作为群体之外的"自由分子"的个体主体与群体主体的关系;另一种是在群体之内作为群体的要素、成分的个体主体与群体主体的关系。在第一种关系中,个体主体与群体主体互不相干,各自都相对独立,它们的关系可以说是一种平行的关系。在后一种关系中,个体主体隶属于群体主体,它们的关系可以说是部分与整体的关系。个体主体作为群体主体的基本构成要素,个体主体的活动都对作为整体的群体主体产生影响,同样,群体主体对个体主体也具有很大的影响作用。由于在前一种关系中,个体主体与群体主体彼此之间的关系是比较松散的,所以二者之间的相互影响比较小;而在后一种关系中,个体主体与群体主体彼此都有较大的影响。我们这里所要讨论的个体主体与群体主体之间的关系更多的是指后一种关系。

从某种意义上说,个体主体与群体主体之间的关系是系统与要素的关系。个体是作为群体系统的一个要素而存在和发挥作用的,群体是由若干个体要素组成的。从性质上来说,这种关系有积极和消极之分,当两者相互促进时就是积极的;当它们互相阻碍、彼此制约时就是消极的。对进行创新的单个人及其创新活动进行分析和研究,将有利于促进创新型人才个体的培养,有利于创新人才更好地、更充分地发挥其创新能力;对进行创新的群体及其创新活动进行分析和研究,将有利于各种创新型人才群体和创新型组织的培养,有利于各个创新群体和组织积极有效地进行创新活动。而且,从个体和群体两个方面来研究创新主体,有利于协调好个体主体和群体主体之间的关系,从而更好地促进主体进行创新。因此,我们不去讨论从事各种具体创新活动的人,而是从理论的层面把创新主体划分为个体创新主体和群体创新主体。

（三）创新主体的特点

前面我们已经将创新主体分为个体和群体两个层次。据此，我们从个体主体和群体主体两个层面来对创新主体的特点进行具体分析。

1. 个体主体的特点

能够成功地完成创新的个体主体，较一般的活动主体来说，在理性与非理性方面都必然具有独特性。

（1）在理性方面：意志品质出众，能排除外界干扰，长时间地专注于某个感兴趣的问题；在工作和生活中，能趋向于制订长期的计划，有远大的理想和抱负；效率意识强，力求以最小的代价去获取最大的成果而不是拼消耗、拼时间、拼体力、耗精力；独立性强，善于独立思考，不盲目地接受别人的意见，不轻附众议，不肯雷同，对各种意见和态度都有所理解，头脑开通并富于弹性；知识积累丰富，善于根据自己的主客观条件建立合理的知识结构，等等。

（2）在非理性方面：想象力丰富、思维敏捷、直觉敏锐、观察力强，对智力活动与游戏有广泛兴趣；好奇心强烈、善于探索未知领域，对事物的运动机理有深究的动机，积极寻求新的事实、获取新的知识；开拓性强，不拘泥于传统和过去，乐于面对现实和预测未来，乐于接受新的生活经验、新的思想观念、新的行为方式，乐于接受社会的改革和变化，能有效地利用前人的成果去创造未来的新生活，等等。

2. 群体主体的特点

一个创新群体要想保证其创新功能，它一般需具备互补性、协调性、高效性三个特点。

（1）互补性

每个个体的智力结构都有其所长与所短，优良的创新群体要求群体中的各个个体能够取长补短,形成合理的结构,相互补充,相互促进。

(2)协调性

各个个体能够相互协调,团结合作,作为创新群体,尤其强调其成员之间的团结与合作。

(3)高效性

通过群体成员之间的优势互补,从而使群体的整体功能得到放大,追求高效是创新群体主体一个非常重要的特点。

上述三个特点是每个正常的创新群体都应该具备的基本特点。

同时,从系统论的角度看,每个创新群体在某种程度上都可以看作是一个创新人才的组织系统。作为一个组织系统,它也具有一般组织系统的特点:整体性,结构性,开放性,层次性。整体性是指群体或组织的整体性创新功能。它存在于各个组成群体或组织的个体的相互联系、相互作用之中,群体或组织的整体创新功能并不是各个孤立个体的创新之总和,而是各个个体相互影响、相互作用的结果。各个个体的创新功能相互影响、相互作用构成群体或组织的整体创新功能,同时各个个体的创新也要受到整个群体或组织的影响和制约。结构性是指作为具有创新功能的群体或组织,其群体或组织成员之间必须保持一种良好的联系和作用方式,只有这样才能保证整个群体或组织的整体创新功能。所谓开放性是指作为一个创新群体或组织,它必须经常与其周围的环境或其他群体组织保持物质、能量和信息的交流和传递。只有这样,这个创新群体才能得以生存和发展,才能不断发挥其创新的功能。层次性是指群体或组织中又有小群体或小组织,各个层次的群体组织之间有隶属关系。有效而宽松的隶属管理关系有利于各个层次群体主体积极性的发挥。

(四)创新主体的构成要素

创新主体是人,但人要真正成为创新主体,首先必须具备一系列相应的创新主体要素。

因为创新主体具有不同的组织层次,所以我们分别从创新主体的各个组织层次上来分析创新主体的基本构成要素。

1. 各组织层面共同性上的分析

不管什么层次的创新主体都具有共同性,这种共同性是创新意识、创新精神、创新目的、创新能力和创新方法等。各层次的创新主体只有具备了这些基本要素,才有可能使自己的活动成为创新活动,达到预期的创新目的。

(1)创新意识

创新意识是关于创新的内涵、价值、特点和规律的认识。它的思想内容有:第一,创新内涵的意识。从事创新活动,最基本的要求是必须了解什么是创新,怎样去创新,即应该知道如何通过创新思维活动,生产出新颖的产品,满足社会和创新主体自身发展的需要。第二,创新价值的意识。为了推动创新活动,必须充分认识创新的价值和意义,既能认识到创新对于创新主体自我的价值、意义,又能认识到创新对于社会的价值、意义,了解"创新是一个民族进步的灵魂,是国家兴旺发达的不竭动力,也是一个政党永葆生机的源泉"①从而为创新活动提供内在的精神动力。第三,创新特点的意识。创新活动具有不同于常规活动的特点,它的基本特点

---

① 江泽民:《全面建设小康社会,开创中国特色社会主义事业新局面》,人民出版社2002年版,第11页。

是,创新活动是思维的自由创造活动,它依靠的主要是想象力和好奇心,而不是清晰的逻辑推导。第四,创新规律的意识。创新的实现有其确定性的一面,又有其不确定性的一面,具有自己特殊的规律。因而要求正确认识和处理理论与实践、创新与继承、创新与机遇、创新与积累等各方面、各层次的关系,把握创新的不确定性特点,使创新活动的开展更加顺利,成功的几率更大。

(2)创新精神

创新精神是在创新过程中表现出来的把创新目的转化为创新结果的情感和意志。创新精神的内容包括:第一,实事求是、求真务实的精神。这既是一种科学精神,又是一种道德要求。它要求在创新过程中自觉遵守道德规范,不能弄虚作假,不能抄袭别人的成果,因而它也是伦理学范畴。第二,勇于探索、敢为人先、不怕风险的精神。邓小平说:"胆子要大一些","大胆地试,大胆地闯"。"没有一点闯的精神,没有一点'冒'的精神,没有一股气呀、劲呀,就走不出一条好路,走不出一条新路,就干不出新的事业。不冒点风险,办什么事情都有百分之百的把握,万无一失,谁敢说这样的话?"①无论是精神创新,还是实践创新,都要有敢于做第一个吃螃蟹的人的勇敢精神。第三,艰苦奋斗、甘于登峰的精神。马克思说:"在科学上没有平坦的大道,只有不畏劳苦沿着陡峭山路攀登的人,才有希望达到光辉的顶点。"②只有具备甘于登峰的吃苦精神,坚持不懈的努力,克服各种艰难险阻,才有可能获得创新的结果。第四,献身于科学的精神。科学是全人类的事业,只有热爱科学,献身科学,为人类谋利益,才能在科学上有所成就,有所创造,

---

① 《邓小平文选》第3卷,人民出版社1993年版,第372页。

② 《马克思恩格斯全集》第23卷,人民出版社1972年版,第26页。

做出新的发现。第五,爱国主义精神。科学是没有国界的,但是,科学家是有祖国的,只有为祖国、为民族而献身于科学的精神,才会百折不挠地在科学征途上,奋勇直前,义无反顾。

（3）创新目的

在创新活动中所要解决的问题,就是创新的目的。无论创新采取何种方法,都是由它所要实现的这个目的所决定的。马克思说:"劳动过程结束时得到的结果,在这个过程开始时就已经在劳动者的表象中存在着,即已经观念地存在着。他不仅使自然物发生形式变化,同时他还在自然物中实现自己的目的,这个目的是他所知道的,是作为规律决定着他的活动的方式和方法的,他必须使他的意志服从这个目的。"①创新活动中的目的,也应该在创新活动开始时就已经存在于创新者的表象中,但是,这个目的并不是立即清晰的,而是在创新的过程中逐步明确起来的。爱因斯坦在回忆探索狭义相对论的经历时说:"渐渐地我对那种根据已知事实用构造性的努力去发现真实定律的可能性感到绝望了。我努力愈久,就愈加绝望,也就愈加确信,只有发现一个普遍的形式原理,才能使我们得到可靠的结果。"②在物质生产过程中,最终要得到的产品,是已经清清楚楚地用图纸设计出来的。同物质生产过程中的目的不同,精神创新目的不是一开始就十分明确的,而要经历不断演进的过程:第一,抽象目的。在思维创新的开始,只有一种回答的意图——一种回答在认识和实践中提出新问题的意图,至于如何具体回答这个问题? 还是不清楚的。这就是抽象目的。第

---

① 《马克思恩格斯全集》第23卷,人民出版社1972年版,第202页。

② ［德］爱因斯坦:《爱因斯坦文集》第1卷,许良英等编译,商务印书馆1976年版,第23页。

二,模糊目的。随着过程的推进,逐步地确定这个创新目的,是去发现一个"普遍的形式原理"。可是,这个普遍形式是怎样的?却仍然是模糊的。这就是模糊目的。第三,清晰目的。创新过程的进一步延续,使得这个目的逐渐清晰起来,在过程完成时,创新者才能得到清晰的结果,这就是清晰目的。创新的目的经历了逐步明确的过程:从抽象目的到模糊目的,再到清晰目的。在这些不同阶段上,这些目的同样是作为规律决定创新活动的方式和方法,使自己的创新意志服从这个目的。

(4)创新能力

创新能力是创新主体进行创新活动所必须具备的各种技能之总和,是主体所具备的各种创新素质外化的具体表现,是主体创新素质的核心。它是创新主体在创新过程中,经过一系列自由选择、反复试错和最后决定如何创作的过程,最后获得新成果的能力,这种能力也可以叫创造力。《辞海》对创造力的释义是:"对已积累的知识和经验进行科学的加工和制造,产生新概念、新知识、新思想的能力。"[1]这种创造力可分为创新思维能力和创新实施能力。

①创新思维能力

创新思维能力就是形成创意的能力,它主要包括五个方面,即:发现问题的能力、明确问题的能力、阐述问题的能力、组织问题的能力和输出解决方案的能力。[2] 这五个方面能力的产生需以理性思维能力和非理性思维能力两个方面为基础。

就理性思维能力来说,主要是指:第一,感知能力。感知能力是感与知的统一,在对现象考察中的敏感力,能够机灵地发现异常

① 《辞海》,上海辞书出版社1999年版,第220页。

② 俞国良:《创造力心理学》,浙江人民出版社1996年版,第23页。

现象,并善于从这种异常现象中领悟未知领域的研究方向。第二,辩证分析能力。善于辩证地思考问题,能够从两极的对立中,发现相通的要素,提出新问题,开拓新的研究领域和研究方向。爱因斯坦在创立广义相对论后,提出了引力和电磁力两种不同的相互作用之间的统一问题,开拓了统一场论的研究新领域,在宇宙学上写下了光辉的一笔;普里戈金发现了近代科学中进化论与热力学之间的矛盾,创立了将两者统一起来的耗散结构理论;等等。这些都是辩证分析能力的表现。在一切创新活动中,都需要有在对立中把握统一的这种高超的辩证思维才能。第三,逻辑推理能力。既能在创新活动开始善于发现逻辑矛盾,又能在创新活动后期善于从新创造的基本假设中推导出新的结论。理性思维的这种能力,既不能取代非理性思维,又是非理性思维的基础。

就非理性思维能力来说,第一,敢于怀疑、善于发现矛盾的能力;第二,富有幻想、具有独特的好奇心和想象力,在反思中构造意象的能力;第三,善于捕捉灵感、直觉和梦境求索的模糊成果,并努力把它清晰化、明朗化,并为建构新原理奠定理论基础的能力。这些能力构成了创新过程中的思维自由创造。在各种科学家传记和科学史的著作中,都大量地叙述了科学家依靠这类思维自由的形式,做出了伟大的科学发现。日本著名科学家汤川秀树对科学创新过程,做了这样的叙述,他说:"这个人心里有某个地方是黑暗的、朦胧的、模糊的和迷惑的,因而他就努力在其中寻找光明。于是,一旦当他找到了一线光明,他就努力一点一点地扩大它,逐步驱散黑暗。我认为,这就是创造力显示的典型过程。"①在旧的理

---

① ［日］汤川秀树:《创造力和直觉》,周林东译,复旦大学出版社1987年版,第103页。

论框架内,对新事物的认识是一片黑暗,因为它不能提供认识新事物的逻辑通道。只有思维自由,超越旧有的理论框架,才能为问题的解决带来一线光明。

可以说,创新思维能力不仅取决于创新主体的知识,更取决于创新主体所具有的智慧。

② 实施能力

实施能力是指创新主体将自己所产生的创意付诸实践的能力,它主要包括运用具体的创新方法和原则的各种技能。作为创新主体不仅要具备创新思维能力,能够提出各种创意,还必须具备实施能力,善于将这些创意付诸实践。

(5)创新方法

创新方法作为一种创新的主体素质要素,是指主体在创新活动中完成创新任务、达到创新目的所采用的途径和手段。从事任何活动都离不开方法的指导,创新作为主体的一种创造性活动,同样需要方法的指导。因为良好恰当的方法可以充分地发挥主体的创新能力,使创新取得更好的效果。创新方法多种多样,作为创新主体要尽可能多地掌握一些创新方法和技巧,掌握一定的创新方法和技巧是主体进行创新必不可少的一个素质要求。

总之,创新主体必须具备多方面的素质。不管是作为一个个体的人,还是作为一个民族、一个国家、一个企业、一个学校、一个团体的人,只有具备创新意识、创新精神、创新目的、创新能力和创新方法等等,才有可能成为创新主体。不然,就不是创新主体,只能是一个人或一群人。创新主体所具备的创新要素是一个逐步形成的过程,因而创新主体也是逐步生成的。

2. 各组织层面差异性上的分析

前面我们已将创新主体分为个体主体和群体主体两个层次,

这两个层面的创新主体不仅各有特点,而且分别有自己独特的构成要素。

(1)个体主体的构成要素

每个创新的个体主体都是由若干个相应的主体素质要素组成的活动主体。

个体创新主体素质的要素可以从不同的角度进行分析。如有的学者把个体创新主体素质的要素分为创新思维和创新人格,着重从创新思维和创新人格这两个方面来讨论创新主体,认为创新思维是创新的基础,创新人格是创新的保证;[①]有的学者从理性和非理性对创新的不同影响出发,把个体创新主体素质的要素分为理性因素和非理性因素,并强调主体的非理性因素在创新中的重要作用,认为"人的非理性是人的创造性发挥的酵母和催化剂。""人的非理性因素是发挥人的创造性的触机、激素和试剂。如果没有非理性因素的推动和引发,人即使有再大的创造能力,也难以发挥出来。"[②]还有的学者把个体创新主体素质的要素分为基本理论、基本能力、基本知识、基本素质等,认为创新主体的智能结构主要是由以上这些要素组成。[③]

我们认为以上这些观点都有道理,只是各执一方。对个体创新主体素质要素的考察应是全方位的、由外入里及由浅到深的。创新思维和创新人格应源于基本理论、基本能力、基本知识、基本素质的积累与它们的有机结合,而基本理论、基本能力、基本知识、

---

①　参见傅世侠等:《科学创造方法论》,中国经济出版社2000年版。

②　胡敏中:《理性的彼岸——人的非理性因素研究》,北京师范大学出版社1994年版。

③　参见袁伯伟:《创造与创造技法》,湖北教育出版社1990年版。

基本素质的积累与培养,既离不开理性因素,又离不开非理性因素。具体地说,个体创新主体素质的要素应包括以下几个方面:

①智力

心理学上的智力是一个范围很广的概念,但作为个体创新主体特殊主体要素的一种,我们主要考察它的三个方面,即:敏锐的观察力、丰富的想象力以及良好的记忆力。

敏锐的观察力是发现问题的关键,没有敏锐的观察力就会对很多现象和问题熟视无睹,而发现问题是创新的第一步,敏锐的观察力是进行创新的前提。想象力是人们在过去经验和知识的基础上通过思维产生新的设想的能力。

丰富的想象力是创新活动的必要条件,一个没有想象力的人是肯定不会有创新的。爱因斯坦曾经说过,想象力比知识更重要,因为它能成为知识进化的源泉,能概括世界的一切,推动着世界的进步。因此,想象力是创新主体必须具备的一个素质要素。

记忆力是人进行思维活动的基础,任何思维活动都离不开记忆的作用,没有记忆就不可能进行思维活动,同样,创新思维活动也需要良好的记忆力。具有良好的记忆力是创新主体的一个基本的素质。这三种能力是创新主体进行创新活动的基本智力因素,是创新主体不可缺少的三种主体要素。

②个性

个性通常是指比较稳定的、有一定倾向性的心理特征的总和,包括性格、动机、兴趣、意志、情绪等等。它对于创新活动而言,是不可缺少的。下面对个性的各个方面分别进行论述:

第一,性格。关于性格的本质有多种说法,较常见的说法是认为性格是一个人对现实的稳定态度以及与之相适应的习惯化了的行为方式,它是人的个性心理特征的重要方面,包括两方面内容:

一是行为的现实方式(包括思维方式、情感方式、实践活动方式等等),二是行为的动机和内容。性格作为一种复杂的个性心理特征,对个体进行创新的影响力是很大的。

作为创新主体一般都具有良好的性格特征。良好的性格特征主要表现为勤奋、谦逊、自我批评等方面:勤奋是创新主体培养和提高观察能力、记忆能力、思维能力、想象能力、操作能力的重要途径;谦逊的性格使得主体在知识面前永葆"自卑感",激起其强烈的内部动机,在事业上加倍努力,推动其取得伟大的成就;自我批评有助于提高主体的思维批判性和精确性,纠正其思维中不符合实际创造的情况,有助于主体敢于接受别人的批评,保证其思维的正确性,有助于他正确评价自己,激发其永不满足的求知欲和上进心,不断激发创新意识。

性格可以分为独立型和顺从型。一般而言,独立型的性格表现为喜欢独立地去发现问题、分析问题和解决问题,这种性格往往有利于创新;顺从型的性格往往容易接受他人的暗示和支配,不利于创新。

第二,动机。创造动机是推动创造者进行创新活动的动力,直接决定个体从事创造活动的期待、对结果的评价和体验,并进而影响其从事创新活动的积极性和创造力的发展。创造动机在创造活动中具有三种功能:

一是激发功能。动机是人的积极性的一个重要方面,它的主要功能是激发、推动个体产生创新活动意念;

二是导向功能。动机总是使被它推动的创新活动指向一定的目标或对象;

三是维持和调整功能。创新活动开始后,个体是否坚持下去以及在以后的创造活动中作何调节和改变,同样受创新动机的调整和支配。

创新主体进行创新活动总是在一定动机支配下进行的。越是创新动机明确且强烈的人,就越喜欢创新,并且他创新成功的可能性越大。作为创新主体一般都具备明确而强烈的创新动机,没有明确的创新动机或者创新动机不强烈的人,是不可能成为创新主体的。

第三,兴趣。兴趣是人对于事物的特殊的认知倾向。这种认知倾向的特殊性在于认识的主体总是带有满意的情绪色彩和向往的心情,积极而主动地去认识事物。兴趣作为一种认知倾向,通过其广度、中心和稳定性等特征影响创造者创造力的发挥。

所谓兴趣广度是指兴趣的范围,它对主体进行创新很有意义。兴趣广泛使个体眼界开阔,获得多方面的知识和广泛的创造信息,为创造中联想思维活动提供有利条件,使得思维富有广度,想象丰富。

兴趣中心是指在广泛的兴趣基础上,对某一方面具有相对较深的和集中的兴趣。兴趣中心可以使个体在这一方面进行深入的探讨,促使思维深度和想象强度的发展,为个体在某一方面充分发挥其创造力提供条件。

兴趣的稳定性指的是人对某事物认知倾向所持续的时间长短。凡是在某个领域有所成就的科学家,对自己的研究课题的兴趣都非常稳定、专一和持久。

兴趣是主体进行创新活动的自发推动力,怪不得有人说,兴趣是创新最好的老师。一般而言,创新主体都是对创新有着浓厚的兴趣,没有创新兴趣的人是不会自觉创新的。

第四,意志。意志是人自觉地确定目的,并根据目的调节支配自身的行动,克服困难,实现预定目的的心理过程,是人类特有的心理现象。良好的意志是个体取得创新成功的决定性因素。良好的意志具有自觉性、果断性、坚毅性、自制力等品质,这些品质与创造力水平的发挥有着密切的联系。

意志的自觉性是指一个人对行动的目的和意义有着正确的认识,并能自觉地支配自己的行动,实现预定目标。意志自觉性越高,采取行动的积极性程度也越高,越有助于把创造的注意力集中于预定目标上,充分调动智力因素,发挥创造力,加速实现预定的创造目标。

意志的果断性是指一个人适时而当机立断地采取决定,并且坚决执行决定。意志果断性使创造者根据社会的经济科技发展和自己的创造水平,适时地选定创造目标,并保证目标的实现。

意志的坚毅性是指个体在执行意志决定过程中,精力充沛,坚持不懈地克服一切困难和障碍,完成预定目标。意志顽强是个体充分发挥其创造力的心理条件,只有具备充沛的精力和坚韧的毅力,才能不畏艰难,敢于攀登,结出创新之果。

意志自制力是指一个人在执行意志行为中善于控制自己的情绪,约束自己的言行。意志的自制力表现为两个方面:一方面,善于促使自己坚定地执行决定,努力克服妨碍执行决定的不利因素,如懒惰、困难等;另一方面,善于在执行决定中克制自己,抑制冲动行为。意志的自制力使个体不管面对成功还是面对挫折都始终保持稳定的情绪,以充分发挥其创造力。

意志为创造活动的顺利进行提供了心理保障,是影响个体创新能力的发展和发挥的重要因素。

第五,情绪。情绪是人对客观事物的一种特殊反映形式,它包括三个层次:心境、激情和热情。

心境是一种比较微弱、平静而持续的情绪体验,它具有持续和迁移的特点。良好的心境可以提高创造敏感性,联想活跃,思维敏捷,提高创造效率,同时良好的心境还是灵感发生的重要情绪条件。

激情是一种强烈的、短暂的、高能量的情绪体验。积极的激情能极大地激发创新意识和敏感性,充分调动创造力,提高创造效率。

热情是一种强有力、稳定而深厚的情绪体验,它具有持续性与行动性的特点。热情是进行创新活动的心理动力,使创造者的注意力集中于创新活动的目标,使创造者迷恋于创新活动,充分调动和有效组织创造者的智力因素。

情绪还有积极和消极之分,一般来说,积极的情绪如快乐、幸福、愉悦等有利于主体进行创新;而消极的情绪,如哀怨、厌恶、恐惧、悲观等,则会对人的创新活动产生一定的骚扰和阻碍作用。

总之,主体的个性因素对创新活动有着非常重要的作用:良好的个性往往会催化和促进创新,而消极的个性却常常压抑和摧残主体的创新精神和创新意识,阻碍着其创新能力的形成和发挥。历史上的杰出人物之所以能对人类发展做出创新贡献,不仅在于他们有非凡的才能和超群的智慧,而且因为他们都具有崇高、独立、良好的个性。个性因素是创新的关键因素,它对个体进行创新有着重要的作用。创新型个性是创新主体必须具备的主体素质要素,是创新进行的重要前提,也是完成创新的根本保证。

③思维方式

思维方式是个体主体的一种非常重要的主体要素,作为创新主体应该具备优良的思维方式。在各种思维方式中,有如下几种对主体创新具有极为重要的意义,它们是构成创新主体必需的主体要素:

首先是"发散性思维方式"或"多维性思维方式"。这种思维方式的特点是:思维活动从某一点发生,虽有隐约的总体目标却没有固定指向,可以根据直接或间接经验,作任意方向的发射,而且这种思维"射线"没有层面限制(跨越学科领域),具有所谓全方位的立体性,其基本性质是形象思维,其思维基础是想象和联想能力;与线性的、单维的逻辑思维相比,发散性思维(多维性思维)因为有极大的驰骋空间,因而更有利于主体进行创新活动。

其次是"直觉思维"。这种思维方式也是一种形象思维。它的特点是,逻辑思维的参与性极小,依赖经验而进行,思维效率高。它是一种非逻辑思维性质的跳跃性思维,学者们通常将它与灵感、顿悟、自由联想等思维形式划为同一个范畴。

再次是"批判性思维"。这是一种有利于激发创新的个性化的思维方式,它的基础是怀疑、观察和实验。面对"思维定势"敢于"反向思维"。其特点是不易受他人的暗示,敢于向传统说教挑战。①

思维方式是主体进行创新的关键因素,总体来说,作为创新主体,一般都具备上述思维方式中的一种或几种。

另外,主体的知识理论、实践经验、道德等因素也对其进行创新产生重大影响,也是创新的个体主体的重要主体要素。创新的知识理论因素主要是指创新主体所拥有的知识理论的深度和广度以及主体的知识结构等,它是创新得以进行的重要条件。创新的实践经验因素是指创新主体进行创新活动所必须具备的实践准备、经验积累。创新主体只有通过实践才能把握主体的主体因素

---

① 参见黄华新等:《试论创新思维的基本构成与测试方法》,人大复印资料《哲学原理》2000年第12期。

与客体的相互关系,才能优化主体因素的结构,提高主体的创新素质。创新的道德因素指创新主体的社会责任感、崇高的价值观和奉献精神等,它是保证创新朝着有利于人类进步和人类文明方向发展的根本保障。

以上只是从一般、普遍意义上阐述创新主体所应该具备的特殊主体素质要素,每个主体素质要素都是主体创新基本素质的一个方面,这些特殊要素相互联系、共同作用,构成个体主体系统。一般说来,作为创新的个体主体,应该具备以上这些主体素质要素。要特别说明的是,并不是每一个创新主体都必须具备所有这些特殊的主体要素,不同的创新主体在这些主体要素方面各有不同。事实上,内容不同的创新活动对主体的要求是不同的,从事不同创新活动的主体所具备的特殊要素肯定也是各有侧重的。

(2)群体主体的基本构成要素

创新的群体主体也是由一系列要素构成,一般来说,群体主体的基本构成要素主要包括以下六个方面:

①个体主体

个体主体是构成群体主体的最基本的要素,任何群体主体都是由一定数量的个体主体所构成。作为群体主体的基本构成要素的个体主体,不同于普通的个体。他们具有如下特殊之处:个体成员有着共同的目标,是为实现共同的目标而结合在一起的;他们之间是相互依赖、相互作用的,每个群体成员都需要其他成员的帮助同时又要帮助其他成员,每个成员的行为对其他成员都产生一定的影响;他们之所以形成一个群体,主要是想通过群体来满足他们的物质和精神需要。由于组成创新群体的各个个体之间的关系及其相互作用对群体整体的创新活动有很大的影响,群体能否顺利地开始创新活动以及创新活动能否取得成功,不仅取决于各个个体创新素质的高低,而且还取决于群体内人际关系的好坏。因此,作为创新群体最基本的构成要素的个体主体,除了要具备作为完整的创新个体主体所应该具备的前述诸要素之外,还应该具有人才观念、团结协作精神、人际协调能力等主体要素。

②群体结构

群体结构是指群体成员之间比较稳定的关系框架或关系模式。① 它包括群体成员之间的年龄结构、性格结构、专业结构、能力结构、知识结构、信念结构等。群体成员之间上述结构合理与否对群体的创新功能很有影响。为了保证群体的创新功能,必须保持一个良好合理的群体结构。保持良好合理的群体结构就是要求尽量使群体中的每个个体创新主体都处于合适的位置、担任着恰当的角色,都对群体有满意感和自豪感,愿意为群体的创新活动尽自己最大的努力。良好合理的群体结构是群体创新主体的一个重要的要素。

③群体目标

群体目标是指群体中的全体成员共同努力争取达到和所希望的未来状态,它是群体开展活动的依据和动力,是群体创新主体的灵魂。群体的一切活动都是围绕着这个目标来进行的,也正是由于有这个共同的目标,全体成员才有努力奋斗的动力。群体目标多种多样,不同的群体有不同的群体目标;同一群体在不同时期,其群体目标也是不同的。作为创新的群体主体,创新是其主要的群体目标,不管是什么创新的群体主体,也不管它处于什么时期,创新始终是其最主要的群体目标。群体的创新目标越明确具体,成员进行创新的动力就越大,群体的创新功能就

① 于显洋:《组织社会学》,中国人民大学出版社 2001 年版,第 170 页。

越强。

④群体规范

群体规范是用来规定群体成员及其行为的各种明确的规章制度。每个正式的创新群体都有明确的群体规范。群体规范对主体创新有两重作用：它既可以促进群体创新，又可以阻碍群体创新。当群体规范合理有序，每个群体成员都感到轻松满意时，它就促进群体创新；当群体规范成为制约和束缚群体成员积极性、主动性和创造性发挥的障碍时，它就阻碍群体的创新活动。作为一个创新群体，合理良好的群体规范是非常必要的。

⑤群体意识

群体意识就是组成群体的个体对群体的归属感、满足感和自豪感。群体意识的强弱对群体主体的创新功能有很大影响：在一个群体意识强的群体中，各个个体对自己作为群体中的一员而感到自豪、满足，不愿意脱离群体，并能自觉地团结协作，积极地完成群体的目标；相反，如果一个群体的群体意识不强，群体成员就会一盘散沙，离心离德，群体成员感觉不到群体的温暖，他们就不会以自己是群体中的一员而感到高兴、满足，而是尽力摆脱这个群体。一个创新群体必须具备良好的群体意识。良好的群体意识取决于以下这些因素：群体成员之间的互助友爱，群体规范的合理有序，群体的共同利益和共同目标等。良好的群体意识是最能加强群体主体凝聚力的因素。

⑥群体领导

群体领导是在群体内部关系网中处于中心位置，并能对群体其他成员进行引导和施加影响的角色。群体领导有三种基本形式：专制型、民主型和放任型。不同的领导形式，对群体的创新功能有不同的影响。专制型领导在群体中总是单纯地发号施令，一个人独自决定群体中的重大事情,这样必然造成对群体成员的创造性、积极性的压抑,不利于群体的创新;民主型领导乐于与群体成员讨论交流,以协商的方式决定群体中的重大事情,这样有利于激发群体成员的积极性和责任感,对群体创新很有好处;放任型领导对群体成员放任不管,对群体中的事情漠不关心,这样使得群体一盘散沙,没有凝聚力,这样的群体领导也是不利于群体创新的。

对群体主体的基本构成要素,我们从以上六个方面进行了分析和阐述。不管群体主体如何复杂多样,如何变化多端,也不管它还有多少其他构成要素,要进行有效的创新,群体主体必须具备以上六个方面的要素,这六个方面要素是一个群体成为创新群体必须具备的最基本的条件。

综上,创新主体是人,人是社会发展的主体性力量。创新主体的特征和要素是创新活动得以发生和完成的主要条件。创新主体对整个创新活动起着决定作用。

二、创新客体

在创新的系统结构中,创新客体是与创新主体相对应的另一基本要素,创新主体与创新客体具有相互依存的关系。创新客体依赖于创新主体,一种存在,如果不能成为创新主体进行创新活动的对象,它就不能成为创新客体;同样,创新主体依赖于创新客体,没有创新客体,任何人都不可能成为创新主体。因为,一个人再有创新能力,如果没有创新活动的指向,也只能是无的放矢、无米之炊,不可能产生创新成果。所以,创新客体是创新活动中不可缺少的要素。

（一）创新客体的含义

创新客体是创新活动中居于被动地位的一方，是创新主体所指向的对象。创新客体首先必须是某种客观实在，这种客观实在可以是物，也可以是人，可以是精神现象，也可以是社会现象等等，任何现实的存在都具有成为创新客体的潜在性，问题在于是否有创新主体对其进行选择。只有创新主体选择了某种客观存在作为创新主体活动所指向的对象，使这种客观存在成为创新对象的存在，这种客观存在才成为创新客体，并与创新主体形成对象性关系，只有在这种关系中，创新主体才能进行创新活动。所以，创新主体和创新客体是逐渐生成的，而且它们的生成具有同步性，并在创新过程中，沿着特定的程序逐步演进。这样，从认识论的视角看，创新客体应是由创新主体运用一定的经验、知识、技术与管理方法等在创新活动中选定、指向的对象性客观存在。对创新客体的认识，需要了解以下两层含义：

1. 从创新主体的指向上的分析

创新客体是创新主体活动所指向的对象，没有创新主体就没有创新客体。创新客体是依赖于创新主体的活动而产生、存在与发展的，创新主体的创新能力、创新水平直接决定着创新客体功能的优劣程度。创新主体依据自己的经验、知识及价值标准等，在既定的客观存在中进行创新活动对象的选择，并在创新价值观的驱动下将有关物质、能量与信息重新组合、创造，最终凝结、转化为创新客体的新内容和新的表现形式。创新客体最后的表现形式既是创新主体整个创新活动的最终产物，同时也是创新主体的整体创新价值观的终极体现。所以说，创新客体的产生、存在、发展、变化，都是创新主体一系列复杂活动的结果。

2. 创新客体与客观事物的区别

创新客体具有客观性，是具有客观存在性的事物，因而可以说创新客体是客观事物。但客观事物不一定就是创新客体，因为只有进入创新活动领域，被创新主体选中、改造、重组，最后转换成具有新内容和新形式的客观事物才属于创新客体。所以，创新客体既不是已有的客观事物，又不是已有客观事物的机械位移、复制、拆分和组装，而是原来的客观事物融入了创新主体的认知、选定、能量、经验与价值，并能够改变原有的形态，形成具有新价值、新功效的客观存在。创新客体是认识客体和实践客体的一部分。当认识活动和实践活动成为创新活动，认识对象和实践对象成为创新研究的对象时，这个对象才成为创新客体，成为创新活动指向的对象。

（二）创新客体的分类

创新客体有着复杂的结构，所以，创新客体的分类方法多种多样。分类的标准不同，其结果也不同。

依照客体的基本形态划分，创新客体有物质创新客体与精神创新客体两大类。物质创新客体是具有新价值、新效用的物质方面的客观存在，是创新主体开展物质创新活动所指向的对象，常表现为新材料、新工具、新产品等具有实物形态存在。精神创新客体是指具有新价值、新效用的新思想、新观点、新策略等精神方面的素材和产品，是创新主体进行思维活动的指向，常表现为概念、原理、章程、规则和思想体系等理论形态。

依照创新活动所涉及的领域不同来划分，创新客体可划分为科研创新客体、技术创新客体、教育创新客体、制度创新客体等等。

还有很多其他划分的角度和方法。这里着重依据创新过程中的阶段性指向进行划分,将创新客体划分为材料客体、问题客体和结果客体。

1. 材料客体

创新过程同生产过程一样,首先是占有材料。这里的材料包括现实的感性材料和理性材料。感性材料是从感性认识中获得的,例如,从实验的观察中获得;理性材料则是从审查以往的理论中获取的。作为一个新的认识过程,在一开始接触材料的时候,不可能提出所要研究的问题。但是,当人们观察到奇异和反常的感性材料时,可能会导致对原有理论的怀疑;或者从原有的理性材料中发现逻辑矛盾时,也可能会产生解决矛盾的意图。在这个过程中,感性材料和理性材料都成为进一步研究的对象,因而也就成为创新客体。创新客体在最初的表现形式是材料客体,因为创新过程的初始阶段是认识、研究材料。正如毛泽东所说的:"将丰富的感性材料加以去粗取精、去伪存真、由此及彼、由表及里的改造制作工夫,造成概念和理论的体系。"[1]指的就是感性材料成为思维加工的对象。这时的创新客体,采取了材料客体的形式。当进化论和热力学之间的矛盾成为普里戈金发现耗散结构理论的起点时,进化论和热力学的理论原理就成为创新活动的思想材料,这时的理性材料便是以材料客体的形式存在的创新客体。

2. 问题客体

在对材料的研究中,提出需要研究和解决的问题,创新客体就进入问题客体的形式。

从无意识的观察,到有意识的自觉研究,形成了创新的课题,这相当于科学研究中的提出问题。同样,创新也必须提出所要解

---

① 《毛泽东选集》第 1 卷,人民出版社 1991 年版,第 291 页。

决的问题。爱因斯坦、英费尔德指出："提出一个问题往往比解决一个问题更重要，因为解决一个问题也许仅是一个数学上的或实验上的技能而已。而提出新的问题，新的可能，从新的角度去看旧的问题，却需要创造性的想象力，而且标志着科学的真正进步。"①研究是从问题开始的，而问题又是研究的结果。从材料客体到问题客体的演进，本身就是一个研究和创新的过程，它是对材料客体进行思维加工的阶段。问题采取什么形式，这既同如何提出问题有关，也同研究不同领域的具体内容有关。从实践中产生的新问题，不能用原有的理论加以解释，不仅需要建立新的理论，而且首先要有新观念。实行观念创新，便形成观念问题；观念创新必然要求理论创新，这就形成理论问题。各种不同理论之间的矛盾和冲突形成的新问题，要求实现理论创新，同样包含观念问题和理论问题；经济、技术发展提出的新需要，要求开拓新领域，例如新产品、新市场等，既有理论问题，也有技术问题。在提出创新问题后，创新活动就进入到了分析问题和解决问题的阶段。

3. 结果客体

问题提出后，随着创新过程的深入，问题有可能得到解决，当问题得到解决时，就达到了创新的结果，这便是客体的结果形式。理论问题的解决所得到的结果，是新的理论形式，即新原理、定律或理论体系。技术创新所得到的结果，申请专利，就采取了专利的形式。这些精神形态的创新结果，其内容和形式都是主观和客观的统一。这种统一，既具有主体性，又具有客体性，是创新主体的"意"和创新客体的"象"的结合。这种结合，是创新主体想象力的

---

① ［德］爱因斯坦、［波］英费尔德：《物理学的进化》，周肇威译，上海科学技术出版社1962年版，第59页。

产物,它所产生的结果就是意象。意象所表达的,是不在场的对象,因而是不能直觉感知的。例如,对各种不同实验材料的分析研究,想象了原子结构的各种不同模型。这种关于原子结构模型的想象性意识,就是关于原子结构的意象。构造这种意象,是精神创新活动所要达到的结果。而且这个结果的获得,标志着精神创新活动的终结和实践创新活动的开始,象征着精神创新活动向实践创新活动的转化。技术创新向生产过程创新的转化,实现生产要素的新组合,它所得到的结果,就像熊彼特所提出的五种形式:(1)采用一种新的产品或提供一种产品的一种新的特性;(2)采用一种新的生产方法;(3)开辟一个新的市场;(4)掠取或控制原材料或半制成品的一种新的供给来源;(5)实现任何一种工业的新的组织形式,比如,造成一种垄断地位,或打破一种垄断地位。①

　　总之,创新过程必须经过认识材料的初始阶段,这一阶段上的创新客体就表现为材料客体的形式;在对材料的研究中,提出需要研究和解决的问题,创新客体就进入问题客体的形式;如果问题得到了解决,就达到了研究的结果,这就是客体的结果形式。马克思说:"研究必须充分地占有材料,分析它的各种发展形式,探寻这些形式的内在联系。只有这项工作完成以后,现实的活动才能适当地叙述出来。"②爱因斯坦同样指出:"科学家必须在庞杂的经验事实中间抓住某些可用精密公式来表示的普遍特征,由此探求自然界的普遍原理。"③这些分析,都揭示了创新客体从材料客体到

---

　　①　[美]约瑟夫·熊彼特:《经济发展理论》,何畏等译校,商务印书馆1990年版,第73—74页。
　　②　《马克思恩格斯全集》第23卷,人民出版社1972年版,第23页。
　　③　《爱因斯坦文集》第1卷,许良英等编译,商务印书馆1976年版,第76页。

结果客体的运动过程。

(三)创新客体的特点

创新客体特别是结果形式的创新客体除了普遍具有新颖性、效用性、继承性、时代性与社会性等特点外,创新客体整体上还具有以下三个特点。

1. 客观性

创新客体作为客观物质、能量与信息,通过创新主体运用一定知识、技术与管理的重组而得出的思想与方法,是一种客观的存在,它不依赖于任何个人或群体的承认与否而发挥出其特有的社会功能,实现其社会效用。创新客体的客观性是以创新主体的客观性、创新中介的客观性以及创新活动的客观性作为保障的。创新客体的客观性还包括创新客体汇入社会实践中去实现其社会效用这一过程的客观性,创新客体是否能实现其社会功效,还要接受当时自然环境、社会环境与人文心理环境的检验,只有真正符合创新主体目的、实现社会需求的创新客体才是具有效用性的创新客体。这一过程缺少不得,可以叫创新客体的效用检验标准的客观性。坚持创新客体效用检验标准的客观性,就要彻底摒弃创新客体效用检验标准的主观性——以特殊的人或群体的判断作为检验标准。

2. 价值性

创新客体既然是创新主体的整体创新价值观的终极体现,因而创新客体具有价值性。所谓创新客体的价值性是指创新客体具有满足主体及社会的目的与需求、实现主体与社会的欲望的属性,这是创新客体的固有属性,亦即内在属性,这种属性不以外界评判标准的改变而改变。创新客体必定具有价值性,不具有价值性的产物不能称之为创新客体。创新客体的价值性与效用性是两个不同的概念,其根本区别在于创新客体的价值性是固有属性,而创新客体的效用性是附有属性,前者是不变的、永久的和无条件的,而后者是可变的、暂时的和有条件的。比如说一项技术专利,其价值性是永久存在的,否则就不叫专利了,但其效用性的实现则是有条件的、暂时的和可变的,它随着价值主体需要及需要是否得到满足的变化而变化。例如:技术史表明,技术专利的中试、试制到产业化有一个漫长而艰难的过程,成功率只有 20%,而且任何技术专利产品都将只有暂时性的意义,新的创新客体会接踵而来"各领风骚数十年"。因此,创新客体的价值性与效用性是两个不同的概念,其实现的程度也是不一样的。所有的创新客体都具有价值性,但并不是所有的创新客体都能实现其效用性。

3. 前瞻性

创新的本质是创新主体依托自身条件借助外界条件而做出的能实现主体目的、愿望、需求的有价值和效用的创新客体的活动,创新客体自然也附上了创新主体的强烈的目的性与指向性。创新的原动力在于社会对新思想与新产品的强烈需求,这种需求激发特定创新主体产生强烈的创新欲望与冲动,创新主体的欲望与冲动汇聚成一种明确的目的,继而创新主体要调集自己所能具有的各类知识与信息,对外界的物质资料进行有效的优化配置,不断改进其成果形态,直至能够满足自身的愿望和实现社会效用。一个科技创新周期总是要经过市场需求、科研课题、项目开发、中试成果、工业性试验、产业化生产、市场应用等过程,整个过程必须保证创新客体的前瞻性,它才具有意义。创新的原动力本身就决定了创新客体必须具有超前性与导向性。创新客体绝不是对过去已有的工具方法与规则的机械重复与搬弄,更不是在已有思维与技术水平上的倒退,而是超越现有的一切工具、方法水准,具有崭新的功能与功效的思想与方法,亦即使得创新客体具有前瞻性。缺乏前瞻性的创新客体具有某些价值,但决不具有效用性,因为失去市场与社会的承认、接纳的创新客体注定是毫无效用性可言的。

三、创新手段

创新手段是联结创新主体和创新客体的中介。创新的目的和结果是内容上相同,形式上不同的。创新目的是创新过程开始时存在于创新主体的观念形态;创新结果产生于创新过程的结束,是创新客体的客观要素和创新主体的主观要素的统一。创新目的的实现,就是创新的结果。这是从主观转变为客观的过程,把观念之内的存在转化为观念之外的存在。这种转化的条件,是实现创新主体与创新客体之间的联结。实现这种联结的,是创新手段,它是由创新目的所决定的。

(一)创新手段的涵义

创新是一种机制,也是一种投入,仅仅具有意识是不够的,要想实现创新还需要特定手段来彰显。其实,所谓创新手段就是人们在各种创新活动中,为了完成创新任务,达到创新目的所采用的工具、方法、途径和步骤。

任何创新活动,无论是个体的、企业组织的、地区的、国家的乃至全球的创新活动,都是一个系统过程,都需要运用系统创新手段,才能获得好的成效。许多从事创新研究的学者专家都指出:"创新通常是一个系统的工程,把不同团体的创新知识联系在一起,使之健全完善至少可以进入市场。这些组成部分有许多是技术性的。……但是,创新往往还需要其他形式的有组织的配合。……在实现从发明到创新的征途中,单一的团体比之拥有多个团体的企业可能显得势单力薄。创新企业之所以成功,依靠的是把不同的团体整合在一起——科学家与工程师、工程师与设计人员、设计人员与营销人员,如此等等,并且对他们的不同实践活动以及不同的价值体系进行协调。"①所以,系统创新手段运用于创新,能使创新效率提高,达到事半功倍。

创新系统是开放的、演进的,是一个复杂的动态过程。创新通常是在"混沌边缘"实现的。所谓"混沌边缘"就是系统处在混沌与有序之间的状态。为什么创新必须在"混沌边缘"呢？因为它的两边都不适宜于创新。它的一边是"有序"……这里没有自由度和灵活性,当然也就没有创新;它的另一边,则是混沌。混沌的特征是对"初始条件的敏感依赖性",是通常人们所说的"蝴蝶效应"……在这种无任何稳定的状态下,创新也不可能进行。所以要实现创新,必须在"混沌边缘"才能成功。② 因此,必须要依据具体条件不断拓展相应的创新手段。

(二)创新手段的分类

对任何创新活动来说,都存在两种不同类型的手段。一是实践手段,其中包括科学观测和实验;二是认识手段,包括感性认识的方法和理性认识的方法。在创新活动的某些阶段,尤其在创新思维活动的初期,明显地区分感性方法和理性方法是不可能的,这

---

① 参见吴彤:《自组织方法论研究》,清华大学出版社 2001 年版。
② 金吾伦:《浑序组织——一种建立在复杂性基础上的新型组织》,《自然辩证法通讯》2002 年第 4 期。

两种方法往往是交织在一起的。换一种角度,创新手段可以分为"硬件"和"软件"两种。"硬件"是指创新过程中创新主体运用的物质工具或物质手段,是创新主体所能运用的一切物质、能量的总和,其中有实验的仪器、设备等;"软件"是指创新过程中创新主体运用的精神工具或精神手段,是创新主体所运用的一切原理、方法和技巧的总和。

由于创新过程主要是精神生产过程,所以,创新的主要手段不是"硬件",而是"软件"。实践、物质的手段是精神的外化、物化,这就使精神手段起着更重要的作用。精神手段主要是指创新主体的创新能力。它来源于两个方面:一是天赋,以主体的特殊生理因素为基础;二是后天的锻炼,依赖于主体的努力学习、思考和实践而获得。一些人的思维具有天生的敏捷性和灵活性,因而具有高超的感受力和洞察力。在这方面,其他人是无可比拟的。但是,即使是这类人,如果后天不通过努力加以锻炼,创新思维就会得不到进一步的发展而枯竭。

一种创新的成功,既有必然的因素,也有偶然的因素,是确定性与非确定性的统一。这就决定了在创新思维过程中,总是辩证地运用逻辑与非逻辑、理性与非理性、抽象与形象等方法。由于经验与理论之间不存在逻辑的通道,创新思维的活动更多要运用非逻辑的、非理性的、形象的思维机制和方法,非理性主义方法的普遍采用,更显现出创新思维的不确定性。因此,创新手段的最基本要素,是思维的自由选择,它是创新思维的内在动力。

英国学者沃森指出:"真正的创新智力似乎和解释意识的能力,摆脱心理的困境,以及在一种恍惚出神几乎等于迷睡的状态中实行反常的横向思考有着直接的联系。一切最深邃的洞察力似乎是从关卡(障碍物)的缺口中流出来的,这个缺口是介于清醒的思想和梦幻的逻辑之间的,前者倾向于成为保守的,而后者在本质上是自由的。"①为什么"清醒的思想"是保守的,因为这时的思想过程是按照常规思维模式进行的,必须自觉地遵守逻辑规律。"梦幻的逻辑"之所以是自由的,因为它已经超脱了常规思维模式的限制,因而也不再受到逻辑规律的思维规范。因此,创新思维,或创造力,既要受到逻辑的制约,又要超越逻辑的束缚,是处于逻辑与非逻辑、理性与非理性之间的自由心理状态。邢其毅院士说的"自然科学是自由心情和快乐心情的产物"②,应该也是指这种心理状态。据报道,1983 年,日本对 821 名发明家是在什么状态下产生发明灵感的进行了调查,结果显示:(1)枕上 52%,(2)家中桌旁 12—32%,(3)浴室 18%,(4)厕所 11%,(5)办公桌前 21%,(6)资料室 17%,(7)会议室 7%,(8)乘车中 45%,(9)步行中 46%,(10)茶馆中 31%。③ 这些情况,都是心理比较轻松、快乐、自由的状态。在这些状态下,人们比较从容地运用开放思维、发散思维、逆向思维、思想急转弯、幻想、想象、直觉、灵感、好奇心、梦境求索等思维自由的具体形式。这些形式,是创新的主要精神手段。

创新是一个互动学习的过程,各创新要素和手段之间的联系是创新系统的核心,正是这种联系孕育了创新。在采用思维自由的这些手段时,当然也需要知识的基础。但是,知识是创新活动的必要条件,而不是充分条件。创新必须以必要的知识为前提,但有知识的人,并不一定能够做出创新的成果。知识的积累,可能给人

---

① ［英］莱尔·沃森:《超自然现象》,王洋译,上海人民出版社 1991 年版,第 30 页。

② 邢其毅:《讲创新还是具体一点好》,《光明日报》2003 年 1 月 7 日。

③ 庞元正等:《哲学视野中的发展与创新》,中共中央党校出版社 2003 年版,第 142—143 页。

们带来两种不同的效应。汤川秀树说:"知道许多事情有一个好处,就是至少在理论上可以有一个发现新事物的基础;但是,它也有一种逐步僵化的效应。不管发生什么,他都不会惊讶;这也就失去了显示创造力的机会。"①知识是创新的一个必不可少的条件,但创新手段并不是知识,而是智慧,即批判、运用和组合知识的能力。在这种意义上,我们也可以说,创新是对各种知识要素的重新组合。

除了知识不是创新活动的必要手段,证明也不是创新的重要手段,而是用来作为对理论进行重建的工具。经济学家约翰·梅纳德·凯恩斯在评论牛顿的创新思维的时候指出:"他是多么的幸运啊!是他的杰出的非凡的直觉,致使他似乎比他可能证明的任何希望都知道得更多。后来穿上了证明的盛装,它并不是发现的仪器。"②逻辑证明是重要的,但是,它只能是在创新主体有了新的发现后,作为为创新思想的进一步系统化、理论化的工具。这说明,逻辑是证明的工具,而不是发现的手段,不是创新的重要手段。

综上,在创新主体、创新客体和创新手段等创新结构构成基本要素中,创新主体是创新活动的最重要的要素,它在整个创新过程中占据着主导地位,它决定了创新活动的全过程和创新结果的形式、功能等状态。以什么对象为创新客体,依赖于创新主体的选择;在创新过程中形成怎样的创新目的,采用什么样的创新手段,

————————

　　① [日]汤川秀树:《创造力和直觉》,周林东译,复旦大学出版社1987年版,第97页。

　　② [英]莱尔·沃森:《超自然现象》,王洋译,人民出版社1991年版,第86页。

达到什么样的创新结果,都取决于创新主体。因此,在时代条件成熟的情况下,创新活动的成败,主要是由创新主体的素质所决定的。

第三章 创新过程

在一般社会状态下,创新活动主要是以个人为主体的,大多数复杂的群体创新活动也都可以看成是多个个体创新活动的综合。因此,考察创新活动一般过程时,可以把创新活动简化为个体的创新活动来加以研究,这样更有利于考察其创新的一般规律和特征。众所周知,人的任何一个具体的有意识的活动都是在一定的思想、观念指导下进行的,都有其从产生到完成的过程,创新作为人的一种有意识的创新性活动,更离不开创新观念的指导。所以,创新必须经历一个从观念的产生到在实践中观念的实现一系列完整的过程。这个过程应该包括两个活动过程:即创新认识过程和创新实践过程。创新认识过程就是主体通过自己的创新思维活动产生创意,形成新的设想和构思的过程,这是创新活动发生的前提;创新实践过程就是把创新认识过程中所产生和形成的创意、新的设想和构思付诸行动,通过实践把它们物化(对象化),转化成现实成果的过程,这是创新活动的最终完成。创新认识过程的结果是产生和形成作为观念形态存在的创意、新的设想和构思;创新实践过程的结果就是把创意、新的设想和构思转化为现实事物,实现对现实事物的改善。一个完整的创新活动一般都要经历从创新认识到创新实践这两个过程,即创新的一般过程就是一个从形成创意到实现创意的过程。

一、创新过程的历史演变

我国学者王天成教授在其《创新思维理论》一书中指出,早在古希腊时期就已经有人开始探讨创新过程问题,其中,尤以亚里士多德的阐释最为突出。他认为:"亚里士多德提出的有关科学认识经过归纳、直觉、演绎过程的思想,实质上较为科学地描述了创新思维的过程和阶段。以后的创新思维过程论,都可以看作亚里士多德思想的进一步发展和完善。"①

(一)创新过程的归纳主义传统

到了近代,被马克思赞誉为"英国唯物主义和整个现代实验科学的真正始祖"的弗兰西斯·培根提出了对近代科学影响广泛而深远的归纳主义创新过程论,开创了创新过程的归纳主义传统。培根站在经验主义的立场上详细论述了科学发现的准备、孕育和完成阶段,指出了在这些阶段中应该运用的思维方法。他认为创新过程可以分为三个程序:

1. 确立面向自然的正确态度

这是进行科学创新的基本思想准备阶段。培根认为,中世纪之所以科学不兴,谬误横行,就在于学者们放弃了自然,抱着某种偏见去进行烦琐的论辩。概括说来,中世纪有四种偏见阻碍科学的发展。培根称为"四假相":种族假相、洞穴假相、市场假相和剧场假相。所谓种族假相,指人们习惯于以自己为尺度去测定自然,从而在研究自然中陷入某种主观性。比如,以人拟物,把人所特有

---

① 王天成:《创造性思维》,吉林教育出版社1989年版,第244页。

的目的性强加于自然,说自然有其目的,就是这种假相的表现之一;所谓洞穴假相,指每个人都有自己的个性,都有自己所处的特殊环境,这必然会给人们的认识带来某种片面性和局限,使人无法领略自然的全貌;所谓市场假相,指交流思想的媒介——语言的含义含混不清,概念混乱,以致造成各种各样的谬误推理、烦琐论证;所谓剧场假相,指盲目崇拜虚假的权威理论,而不是面向自然,向自然中索取。培根所说的四假相,指的就是影响创新思维的四种不良心理因素——主观性、片面性、思路的混乱和保守性。培根认为,要进行科学创新,一开始就必须克服这些假相,扫除创新过程中的障碍,以便创新顺利进行。现代的心理学家,比培根更加详细地列举了创新思维的障碍问题。他们认为,因循守旧、循规蹈矩是创新思维的最大障碍。另外,知识贫乏、语言混乱、固执己见、自满自足等等,也都是创新思维的固有障碍。

2. 观察和实验

通过观察和实验收集素材,克服了创新思维的阻碍,也就确立了"面向自然"的根本态度。培根认为,面向自然,就是要向自然索取。让自然回答我们提出的问题。所以培根提出,我们不仅仅是在观察的基础上搜集素材,而且主要是在实验的基础上搜集素材。培根特别强调实验的方法。实验的方法和单纯观察的方法的不同之处在于,单纯的观察有很大的被动性,它所得到的素材只能是自然现成地提供的,因而这些素材有诸多的不可靠性;实验则是能动的,人在实验之前,首先确定自己的目的、提出自己遇到的问题,然后通过各种能动的手段迫使自然回答自己的问题。因而它得到的素材有很大程度的可靠性。培根强调实验的作用,在客观上强调了理性活动和感性活动的高度合一。一般人容易把取得材料、搜集材料的过程仅仅归结为感性认识,这种想法是简单的和机械的。其实,它作为创新思维的最初阶段,仍然是思维的一个组成部分。实验课题的确立、实验程序的确定、实验结果的分析都包含着人类思维的创新性成分。所以,据培根的观点,创新思维的每个阶段,都是创新性的。不能认为只有发现原理的一刹那才代表思维的创新性,除此之外都属非创新性。培根的这一思想是有其合理因素的。实验基础上的观察,观察基础上的实验,二者相互渗透,是研究自然现象、搜集科学事实的最根本方法。它构成了实际创新过程的起点。同时,实验及其观察又贯穿于创新思维的整体过程之中。过程中出现的每一个成果,要想得到确证,必须借助于实验才行。

3. 归纳程序

这个程序是将所收集的素材或经验事实,通过其新归纳法("新工具")使之一步步上升为一般原理或科学理论。培根认为,我们取得了科学的素材之后,必须付诸归纳法,一步一步地把它上升为一般的原理。所以,归纳实质上是一个由经验事实到科学理论的飞跃过程。这是创新总过程的中心环节。培根认为,自己的新的归纳法是比以前所理解的归纳法更高的科学研究工具。它从搜集材料开始,便进行着科学的分析,因而材料的积累和归纳过程,同时就是对材料的科学分析过程。归纳完成,分析完成,同时由材料到一般原理的上升也就完成。三者同步运行,不需要再设定一个直觉的跳跃。对材料的科学分析,使归纳过程同时具有去粗取精、去伪存真的作用。它具体表现为三表法。三表法的具体内容就是列出哪些是正面材料,哪些是反面材料,哪些是表示事物程度的材料,各归其类。在此基础上,经过思维的能动性,排除非本质的东西,保留本质的东西。最后形成一个一般的原理。培根强调,参与归纳的材料必须是全面的,归纳的过程必须是逐步的,在具体的归纳活动中必须排除偶然联系,保留必然联系。

简言之,培根认为:"钻求和发现真理,只有亦只能有两条道路。一条是由感官和特殊的东西飞跃到最普遍的原理,其真理性即被视为已定而不可动摇,而由这些原则进而去判断,进而去发现一些终级的公理。这是现在流行的方法。另一条道路是从感官和特殊的东西引出一些原理,经由逐步而无间断的上升,直至最后才达到最普遍的原理。这是正确的方法。"①培根强调感性和实验,强调人的理性能动性在归纳过程中的重要作用,这是他的创新过程论具有重要启示的一面。但是,培根的创新过程论否认思维创新中的跳跃性,忽视了直觉和灵感在创新过程中的地位和作用。

(二)创新过程的高技术产业观

创新过程发展到高技术产业观,就不得不阐释科学哲学家库恩(Thomas S. Kuhn)的科学范式概念和波普尔(Karl Popper)的科学创新活动方法论。

1. 库恩的科学创新活动的社会心理学

周正祥教授认为:库恩基于他的科学范式概念,提出了关于科学的历史与社会心理成长的论断。范式是被广泛接受的概念和活动规则。虽然库恩没有给出范式的严格定义或者以不变的方式使用它,但他使范式概念具有相当的可操作性,从而赋予它较高的使用价值。传统上,科学家使用定律或定理来描述他们关于某一知识体系的论述。尽管它们有些价值,并且被普遍接受,但这些词往往与某个取得特定新发展的科学家相联系(如:相对论与爱因斯

---

① [英]弗兰西斯·培根:《新工具》,许宝骙译,商务印书馆1984年版,第12页。

坦）。库恩使用范式来表示两个层次的科学发展，即两种新的成果：通常与某一科学家相联系的，以及源于该科学家的、对有关科学领域进行研究的新观点和新方法。范式理论认为，一个学科分支的进化发展有两个阶段。第一阶段是前范式阶段。这时对于某一研究对象，没有一个普遍接受的概念性描述，但有许多思想流派相互竞争；第二阶段是范式获得阶段。它标志着科学在一定程度上的成熟。当一种范式被提出并被普遍接受时，就为这一领域的进一步研究提供了概念性框架。

范式的获得，标志着科学的成熟和一个公认的概念框架或一组规则被接受。这一领域的科学家们将运用这些框架或规则来计划与指导他们的行动，直到该范式被一个新的范式所替代，否则这些规则一直在起作用。基于这一进化现象，库恩认为在成熟科学领域有两种类型的科学活动。第一种活动是常规的或解决难题的科学。大多数研究活动都属于这种类型。科学家以当前普遍接受的范式为基础引导其研究工作，这些范式为他们"解决难题"确定了研究方向（这些研究是限定在范式框架内的）。研究结果通过专业杂志在该领域内交流。事实上，"当前最高（科学）水平"或"知识体系"是限定在范式框架内的，因此知识体系的扩展是通过解决这一框架内的难题而渐进性地实现的。第二种活动是变革性的科学。在某一领域内出现这种现象的情形是极少见的。它是指首次获得一种范式，或者一种范式被一个新的范式所替代（如17世纪天文学的哥白尼革命、20世纪前后从古典物理学向现代物理学的转变）。

虽然库恩提供了一个十分真实的关于科学活动的社会心理学描述，但是关于常规与变革性科学之间的区别尚不清楚。并且对科学创新的详细研究表明，从难题解决到范式获得之间存在一个

连续的范围,科学活动布满其间,这一点反映在技术进化论观
点中。

2. 波普尔的科学创新活动方法论

库恩强调科学创新活动的社会心理学,而波普尔在《科学创
新活动的理性》一书中则强调他的方法学。波普尔的方法可表示
为"P1→TT→EE→P2"转换序列(P1:问题;TT:试验性理论;EE:
错误消除;P2:新问题)。波普尔认为,科学研究总是从需要解决
的某个问题 P1 出发,这可能是一个实际难题,或者是与当前理论
和观察不一致的现象;科学家提出一个试验性理论(TT)或假说,
试图解决这一难题或消除不一致。在常人看来,科学方法是科学
家试图肯定其假设而进行的合适的试验或观察。但波普尔认为有
一个相反的方法论,即科学家不是试图证实试验性理论,而是设计
试验或观察,通过错误消除过程来反证或反驳它。试验性假说只
有经受住了各种严格的错误消除或反驳,科学家才能接受它。换
言之,一种假想只有经受住了本领域科学家严格的试图否定它的
试验之后,才能被普遍接受。因此,理论被接受是通过假想与反驳
过程而不是用试验或观察来"证实"假想而实现的。波普尔的方
法论是符合传统观点的,因为从逻辑上讲,根本不可能通过实验或
观察来证实一种理论。即使一种理论被证明了一百万次,但未来
总有可能出现产生相反结果的实验或观察。如前所述,新的试验
性理论的出现常常是由于当前理论与实际观察之间的不一致而引
起的。按波普尔的方法论,如果说一种理论或假设从来没有被肯
定或证实,那么它最多也只能算是还没被驳倒;因此,一种理论享
有的最高接受度是"还没被驳倒的假想"。一旦一种理论被接受,
它又会产生新的问题(P2),继之产生新的假设与理论,并重复前
述过程。

因此,科学知识通过假想和反驳过程,从问题到新问题继续演化。波普尔推论这种进化与达尔文进化论相似。以上述"错误消除"这样一种学习过程形式解决难题,是生物有机体以及科学研究的主要活动。有机体要解决的问题是"生存",基因突变产生的新有机体可以比作试验性理论或假想,达尔文的自然选择可以比作是反驳过程。新有机体存活下来,并通过成功的"错误消除"学习过程在某一生态缝隙里繁衍。因此从反驳过程中幸存下来的成功假想或理论,正像从自然选择过程中幸存下来的生物种类一样,两者都可以用波普尔转换序列来表达。差异在于,如果突变不成功,有机体本身会死亡,而对科学家而言,不成功的理论灭亡于替代。①

(三)创新过程的链式方程模式

培养创新人才的关键,就是要培养人的"发现问题,提出问题,分析问题,解决问题"的能力,培养人的逻辑思维,操作思维,情感思维,交往思维,以及四种思维模式整合起来的"系统思维"能力。研究杰出人才创新的过程可知:发现问题通常需要"直觉思维"(属于形象思维);提出问题需要应用语言进行"逻辑思维";分析问题需要四种思维交替使用;解决问题通常需要系统思维。总而言之,创新需要应用多种思维模式。创新过程中思维融合有多种途径,这些途径并非完全独立的,而是相互关联的。

1. 创新过程的化学方程式

创新过程通常是"先猜测、后论证",但在猜测中又有以前的

---

① 参见周正祥:《创新过程的三种观点》,转自 http://www.chinavalue.net/Article/Archive/2006/7/2/35915.html。

论证作基础,而在论证中又需要新的猜测;"先历史、后结构",但在历史中又有以前的结构作基础,而在结构中又需要新的历史;"先质疑、后重构",但在质疑中又有以前的建构作基础,而在重构中又需要新的质疑。"先质疑、后重构"对应的方法是:批判方法和建构方法。批判方法的前提是要继承,建构方法的前提是要以先前的结构为基础。"质疑"是发现新问题,批判陈旧的理论,突破原有的概念;"重构"是在"解构"的基础上,建立新的理论,建立新的概念,解决新的问题。质疑和重构的过程需要多种思维模式的有机融合。其实,成功的创新,尤其是商业上的,更是要求综合科学、工程、企业家精神和管理技能,并结合社会需求和支持性社会政治环境。

由此,创新过程可用类似化学上的方法紧凑地表示,就像周正祥所创建的图中创新链式方程式所表示的那样。

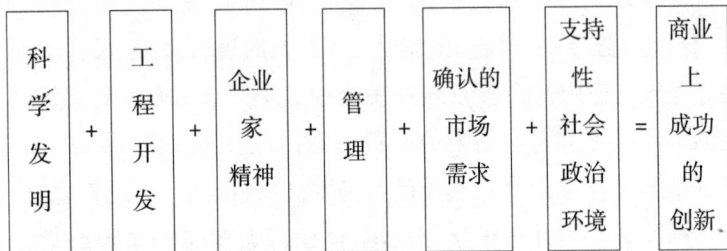

科学发明	+	工程开发	+	企业家精神	+	管理	+	确认的市场需求	+	支持性社会政治环境	=	商业上成功的创新

图　创新过程的链式方程式

2. 布莱特的链式方程观

英国经济学家布莱特(J. R. Bright)认为,技术创新过程包括使技术知识转换成物质实体,并使技术知识在具有相当社会影响的规模上可以被使用的一系列活动。因此创新过程包括的活动不仅有发明,还包括技术构思的出现,必要知识的获取,将发明向产品或工艺的转换和向社会的引入,以及创新的扩散与采用,直到产生"显著"的效果或影响。这就是创新过程的链式方程观。

布莱特认为,创新过程的上述特性可以表示为不同的发展阶段:

阶段 1:创新始于两种方式中的一种或两种。一是由于启示或发现,就是说来自于科学家的推测或发现,或者可能来自于从事某项活动的工程师。另一种方式是对环境或市场需求或机会的感受。许多商业上成功的创新,至少部分地产生于这种感受。

阶段 2:理论或设计概念的形成。即综合现有知识与技术、技能,为技术概念提供理论基础。这种综合通常是经过相当数量的尝试与失败后才出现的。

阶段 3:对理论或设计概念的证实或检验。

阶段 4:在实验室演示概念的可应用性,即开发一个试验模型。

阶段 5:按商业规模要求对概念的不同表达形式进行评价,并加以开发。这个阶段开发出模型并进行现场试验,或者在先导工厂生产少量新产品。产品可用于测试市场或公众试验。

阶段 6:商业引入或创新的初步实际应用。

阶段 7:创新的广泛采用。创新的规模或使用范围足以为生产厂商产生相当的利润以及产生显著的社会效果。

阶段 8:扩散。当产品(如检测快速机动车的雷达设备)或技术(如烹调炉中的无线电微波技术)被用于新定义的市场时。

要使这种逻辑更符合实际的创新过程,我们必须加上第九个阶段,即创新的"死亡"阶段:一个创新被另一个创新所替代。

这种归纳处理,简化了复杂的社会经济与技术过程。许多创新到不了阶段 8,而有些过程由于陷入技术或市场死胡同而搁浅。

因此它不是一个简单的线性过程,因为当出现意想不到的困难时,发展过程会转回到更早期阶段,这时可能出现多重反馈环路。一般情况下,技术扩散的潜力应尽可能在早期阶段利用,如阶段4。阶段之间的区分不能太严格限定,因为可能有几个阶段会同时发生,这可以看成是创新过程的跳跃式前进。过于强调阶段区分反而容易造成混乱,当创新包括两个或更多的科学发明时,情况尤其如此。①

(四)创新过程的自我体验分析

现代创新过程论直接来源于著名科学家的自我体验分析。我国学者傅世侠和罗玲玲指出:"事实上,关于创新性思维过程论,除了上述哲学上的思辨性论述外,真正做出具体描述和理性分析的,最初正是那些确曾有过重大科学发现,因而具有强烈科学创新思想过程体验的著名科学家。他们的描述及其后的发展表明,这种观点一般都表现出以过程的阶段划分为策略,而构成一定的创新性思维发展的分阶段模式,从而使之成为一种有可能对更多的人具有启发性的'科学的理性模式',也即理性的认识工具或方法。"②

1. 赫尔姆霍兹的创新过程三阶段模式

据文献记载,最早对创新过程内心体验作明确自我反思分析的著名科学家是德国物理学家赫尔姆霍兹,他在力学、光学、电磁学、数学、生理学、心理学等领域都有突出的成就,而且还有许多技

---

① 参见周正祥:《创新过程的三种观点》,转自 http://www.chinavalue.net/Article/Archive/2006/7/2/35915.html。

② 傅世侠、罗玲玲:《科学创造方法论》,中国经济出版社2000年版。

术发明。正因为如此,赫尔姆霍兹在 1891 年的自我体验描述往往成为众多创新学研究著作引证的对象。当代美国著名心理学家阿瑞提转述道:赫尔姆霍兹"从他的创新活动中认识到创新过程存在着三个阶段:(1)最初的一种持续不断的研究,直至不可能再进行下去;(2)一段时间的休息,然后继续恢复研究;(3)一个突然的意想不到的答案的出现"。① 赫尔姆霍兹的"创新过程三阶段模式"不仅得到了许多著名科学家的认同,而且也得到他们的进一步发展。其中影响最为深远的是法国数学家 J. H. 彭加勒。彭加勒被誉为历史上最伟大的数学家,他还在物理学、天文学等领域有突出贡献,此外他还撰写了大量科学哲学方面的著作。彭加勒正是在认同赫尔姆霍兹模式的基础上,根据自身的体验又在其三阶段后补充了第四个阶段,即:"启迪之后的再一次有意识的努力,以证实所获得的努力。"②

2. 沃勒斯的创新过程四阶段模式

吸收科学家的经验总结,明确阐述创新过程分阶段模式理论的专门研究,最具代表性的是英国心理学家 G. 沃勒斯。沃勒斯在现代心理学方法的引导下,不仅吸收了赫尔姆霍兹、彭加勒的创新体验理论,而且还更为广泛地将艺术家、发明家乃至其他方面人物的创新体验也纳入其研究之中。从而提出他的"创新过程四阶段模式",其基本内容如下:③

---

① 〔美〕S. 阿瑞提:《创造的秘密》,钱岗南译,辽宁人民出版社 1987 年版,第77页。

② 〔美〕D. A. 戴维斯、S. B. 里姆:《英才教育》,杨庭郊等译,新华出版社 1992 年版,第 268 页。

③ 〔德〕爱因斯坦、〔波〕英费尔德:《物理学的进化》,周肇威译,上海科学技术出版社 1962 年版,第 66 页。

　　第一阶段即准备阶段:有意识地积累按所研究领域的逻辑规则划分的知识,并确定一种"问题态"。

　　第二阶段即酝酿或潜伏期:或有意识地思考所设定问题以外的其他题目,或停下任何形式的意识思维。后一种酝酿方式通常为较严格形态的智力产生,在出现障碍时所必需。

　　第三阶段即明朗期:明朗期可以有意识地控制,但必须有先于或伴随明朗"闪现"的可以称为"暗示"的"边缘意识"的心理事件。正是运用这种"暗示意识"才能一定程度上控制明朗期,或促进暗示所显示的心理过程发生,或保护它们不致被中断。

　　第四阶段即验证期:可以有意识地完全按照准备阶段那样的一些规则去执行。

　　此外,沃勒斯指出,尽管对创新过程做出如此明确的划分,但四个阶段之间并非绝对隔绝。比如,在准备阶段,对问题首先作某种尝试性的解决,如果问题得到解决即可直接跳到验证期。只有在问题无法有意识地加以解决时才进入酝酿阶段;四个阶段的顺序也不是一成不变的,有时可能交叉进行。换言之,"创新过程四阶段模式"只能作为一种可资借鉴的经验模式,而并非某种必须严格遵循的刻板公式。这一点是从沃勒斯开始,到后来所有关于创新过程模式的研究者同样予以强调的。

3. 费邦的创新过程七阶段模式

　　美国著名创新心理学戴维斯和里姆在所著《英才教育》一书中介绍了费邦将创新性思维过程划分为"七个阶段"的模式。① 他们指出,该模式在沃勒斯模式基础上又增加了三个具有"启示"性

---

　　① 　朱志宏:《创造过程之研究》,《山西高等学校社会科学学报》2004 年第 2 期。

的阶段,从而构成了"创新过程七阶段模式"。具体内容概述如下:

第一阶段为期望,创新主体面对问题时,其思考失去了常规状态下的平衡,由此期望得到某种使问题解决的想法以恢复平衡;

第二阶段为准备,同于沃勒斯模式的第一阶段的准备期;

第三阶段为操纵,创新主体往往积极操纵某种想法或资料,如尝试性地对多种想法进行排列或组合,以找出最感兴趣、最有效或能产生美感的想法;

第四阶段为孕育,同于沃勒斯模式第二阶段的准备期;

第五阶段为暗示,创新主体产生一种良好温馨的感觉,似有某种好事要发生但又尚未到来,它常常出现在已接近得到对问题的创新性答案时;

第六阶段为顿悟,同于沃勒斯模式第三阶段的明朗期;

第七阶段为校正,同于沃勒斯模式第四阶段的验证期。

综上所述,培根创立的归纳主义创新过程论认为应该从观察开始。培根的归纳主义创新过程论显然对创新过程的研究产生了深远影响。无论是沃勒斯还是费邦的模式都没有将发现问题这一重要的创新要素纳入创新过程模式中。英国著名科学哲学家波普尔最早系统地提出科学研究始于问题的观点:科学研究不是从观察开始,而是从问题开始,观察是围绕着问题的研究展开的。

虽然我们不能断言创新一定是从问题开始的,但寻找问题的确是创新过程中重要的一个环节。爱因斯坦一语道破创新的真谛:"我并没有什么特殊的才能,我只不过是喜欢寻根问底地追究问题罢了",他进一步强调:"发现问题和系统阐述问题可能要比解答更为重要。"①由此可见,我们有理由将"寻找问题"作为创新过程的第一阶段,尽管并非所有的创新都一定始于问题。正如沃勒斯所说,创新过程各阶段的顺序并非一成不变,而且有时是交叉的。因此,我们没有必要去细究创新始于哪里这一问题。

二、创新过程的前提——创意的形成

　　综上,我们知道创新必须经历一个从观念的产生到在实践中观念的实现一系列完整的过程。这个过程应该包括两个活动过程:即创新认识过程和创新实践过程。创新认识过程就是主体通过自己的创新性思维活动产生创意,形成新的设想和构思的过程,这是创新活动发生的前提。

　　创新作为人的一种创新性活动,是在创新性观念和意识的指导下进行的,具体的创新活动总是从创新性观念和意识开始的,创新活动始于创意。形成创意是进行创新活动的前提,创意的形成过程就是创新活动的开始。而创意的形成是通过创新思维活动来完成的,是创新思维活动的结果。因此,要想进行创新,首要的前提就是要有创新思维,要能进行创新思维活动。所以,有必要首先对创新思维活动进行分析。创新思维活动就是主体在一定的观念支配下,运用其知识,借助一定的语言来表达、描述问题,解决问题的一个综合过程,可以从静态和动态两方面来对其进行分析。

---

　　① 中国社会科学院情报研究所编译:《科学学译文集》,科学出版社1981年版,第28—29页。

（一）创意形成的静态维度

从静态维度来看,创新思维活动主要由知识、语言、问题、观念等要素构成。

1. 知识维度

知识是指人类在征服自然、改造社会的实践活动中积累起来的精神文化财富及其成果。知识既是主体在社会实践中对客体进行思维认识活动的产物和结果,又是主体对客体进行思维认识活动的内在要素和前提条件。它是组成创新思维活动的不可缺少的基本要素。知识结构是指一个人知识体系的构成情况和组合方式。掌握丰富广泛的知识,建立最优化的知识结构,是形成和发展创新思维的重要前提和构成要素。

2. 语言维度

语言是指具有一定的形(音)义的符号系统,由语音、词汇和语法三个部分组成,是劳动的产物,是人类思维活动的物质外壳,是思维活动借以展开的重要工具。思维过程是以语言为中介、并借助语言表达出来而进行的。语言作为思维交流的媒介,具有概括、传递和调节作用,它在发挥上述作用的过程中,起到了推动和调整思维活动的功能,本质上促进了人的思维能力的不断提高。语言能力与逻辑思维密切相关,是构成创新思维不可忽视的一个重要组成部分。语言能力的缺陷往往是个体思维发展不完善的外在表现。

3. 问题维度

问题就是思考的对象。"所谓问题,是指存在于人的思维认识过程中已知与未知、已有与未有之间的矛盾或距离状态。""思维问题的实质就是指主体认识过程中主观与客观之间不一致的矛

盾状况或距离状态。"①因此,思维问题也就是思维对象或思维任务。在创新性思维活动中"问题"具有重要的地位和功能:

"问题"是创新思维活动的根本前提和重要阶段。作为被思考的客体或对象,发现或设定问题是进行中的新发现的整体性运动过程。创新思维活动作为一个揭示未知领域的根本前提,总是从发现问题开始的,没有问题,也就没思维。问题是展开创新思维活动的逻辑起点:问题的发现或设定对于创新思维活动具有重要意义。

问题作为思维的客体要素,其本身的规定性,如性质、范围、难易程度,反过来制约着思维其他要素功能的发挥。问题规定了创新思维活动的发展方向,是创新思维活动发展的内在动力。创新思维活动就是围绕着思维问题的提出和解决来进行的。思维问题实际上牵引着思路延伸发展,激发人的求知欲,给思维发展提供动力。富有新奇性与重要价值的问题,有助于激发创新研究的兴趣,增强思维的创新活力。因此,是否具有问题意识是主体能否进行创新思维活动的根本前提。

4. 思维观念维度

思维观念就是指对主体认识客体过程及其认识成果进行概括、总结而形成的具有主体倾向性、并存在于主体思维活动状态中的评价态度或看法。由认识和知识转化而来的特定思维观念,一旦形成后便具有了较大的稳定性和相对独立性,成为人们思考问题、分析和评价事物的主观"先验框架"或观念模型,这些"先验框架"和观念模型就成为说明、理解、分析和评价同类事物的理论框架和普遍原则,影响和制约着创新思维活动的全过程。思维观念

---

① 刘卫平:《创新思维》,浙江人民出版社1999年版,第53页。

的功能具有两重性:一方面,它能够为思维活动定向,人们思考特定问题或事物时,总是以既有的思维观念为指导原则,这样就能迅速准确地完成思维活动;另一方面,它又阻碍着新的思维观念的产生,制约着创新思维活动。正确的思维观念作为思维活动导向性的框架,能够统摄、调动和支配其他思维诸要素,把思维诸要素规约在正确的思维轨道或方向上,从而推进创新思维活动沿着正确的方向运行,获得意想不到的创新成果。

创新思维的静态维度主要就是由以上四个要素组成。要说明的是,常规思维的构成要素也是由上述几个要素组成的,所不同的是,创新思维着眼于创新,以创新为出发点和最终归宿。

(二)创意形成的动态维度

从动态角度来看,创新思维活动过程可以分为三个阶段:

1. 构思准备阶段

这一阶段又包括两个小阶段:一是提出思维问题。提出问题主要是对过去或当前存在事物的质疑,或对未来事物的设想。任何具体的创新思维活动都是首先从发现思维问题的活动开始的。能不能、敢不敢、善不善于提出问题是由主体的知识经验和思维能力及当时的情景决定的。二是提出解决问题的假设。提出问题后,对于个体主体来说,他必须发挥各种思维能力,根据一定的目的和需要充分调动自己头脑中的各种知识和经验,对所提出的问题进行多层次、多方向、多角度的分析探索,提出解决问题的假设。

2. 酝酿思索阶段

这一阶段主要是对所积累的各种资料进行筛选分析,对多个假设的优劣好坏进行比较,对可能遇到的各种问题进行反复的思考,从而确定具体的假设。在这一阶段,很难直接就确定之前所提出的假设,也可能要对其进行局部的修改,甚至全部的修改,这与主体所掌握资料的多少、优劣以及个人的知识经验、综合分析能力有关,也与创新目标有关。

3. 顿悟阶段

这一阶段是创新主体经过长期的实践、思考、艰苦劳动后,在认识上的突破和飞跃。经过这三个阶段,主体的一个具体的创新思维活动过程也就结束了,这一活动过程完成的结果就是创新性观念(即创意)的产生与形成。创新性观念(即创意)的产生与形成,为主体进行创新活动打下了基础,准备了前提。在条件成熟的时候,主体就会把这些创意付诸实践活动。

通过上述三个阶段,个体的创新观念得以形成,接下来就是个体的创新思维活动走出个人相对狭窄的领域进入更为广阔的社会思维活动空间。即:个体思维活动走向群体、走向社会,从而使自己得以推广、传播和被验证、完善的思维社会化过程,是社会对个体创新性思维的判断、评价、检验和审视的过程。

有些学者把这一个体思维活动走向群体、走向社会的过程叫做创新思维的验证完善化阶段,并把它看成是主体进行创新思维活动的第四个阶段。我们认为,不能把这一阶段笼统地叫做创新思维的第四阶段,而要对其进行具体的分析:对群体主体来说,这个阶段还是属于创新思维阶段,创新群体形成的某项创意正是大家相互检验、评价和审视,互相启发的结果。① 但对个体主体来说,这个阶段应该属于创新实践阶段,是他把其已经形成的创意向个体主体以外的客观世界进行推广、实施的过程。

总之,主体正是通过创新思维活动才形成创意的,创意既是主

---

① 刘卫平:《创新思维》,浙江人民出版社1999年版,第183页。

体创新思维活动的产物和结晶,又是主体进行创新实践的前提。主体形成创意以后,就会在创意的指导下去进行创新实践。

(三)创意形成的具体阐释

具体来说,我们仅仅停留于创意形成的静态和动态维度是不够的,还必须进一步探讨在这些阶段上思维应该做些什么。因此,我们必须具体来阐释一下创意的形成。

1. 提出问题阶段

在提出问题这个阶段,我们认为,问题是创新的起点。创新思维的总体过程都是围绕问题进行的,特别是一些心理学家,更是把创新思维和解决问题看作是一回事。科学哲学家波普尔提出了有关科学创新进程应该由问题到假说再到否证的观点,也把问题摆在了创新过程的首位。但仅强调问题的重要性是不够的,因为这里重要的是要解决:问题是怎样产生的? 学者们从不同的方面对这个问题进行了回答。

大多数学者从纯粹科学研究方面回答了这个问题。他们认为,问题的产生从客观方面说有两个原因:第一个原因便是通过观察意识到了观察事实与旧有理论的矛盾;第二个原因便是通过逻辑意识到了旧有理论自身的矛盾,由此产生了发展旧有理论的愿望。这两个原因实质上可以归结为一个,因为后者并非独立的,它要以前者为基础,是前者的延伸。这样,问题产生的最根本的原因,便是新事实和旧理论发生了矛盾。

另外,许多学者指出,在科学史上,许多新的事实早已显现出来了,它和旧理论的矛盾也是很明显的,但是人们并不一定发现它们。这是什么原因呢? 王天成教授认为,问题的发现虽有客观原因,但它毕竟是创新主体的一种意识,因而发现问题必须依赖于人的主观能动性。这种主观能动性包括:意志的顽强性、敏锐的洞察力和锐意求新的精神。意志的顽强性是基础。许许多多的新事实,是在大家锲而不舍地研究、实验基础之上发现的,即使是机遇,也多是如此。如果说意志顽强是探索精神基础,那么敏锐的洞察力则是发现问题的直接心理机制。洞察力实际上是一种直觉的理解能力。只有它才能判定事实和理论之间的矛盾关系。据德国古典哲学家康德、费希特和谢林的思想,人的直觉理解作用是创新思维的核心。它不仅表现于理论发现阶段中,而且体现在科学问题提出的阶段中。直觉贯通于创新思维过程的始终。敏锐的洞察力,不仅要以顽强的意志为基础而且要以锐意求新的精神为前提。锐意求新的精神常常和科学的怀疑精神连在一起,它要求人们不因循守旧,敢于破除旧观念,建立新观念。科学史上往往出现这种情况,一些新事实早已出现了,但是人们往往还是用旧的理论牵强附会地去包容它。

2. 发现问题阶段

发现问题阶段,从人的实践意志方面看,是人对自己的理想和现实的矛盾的自觉过程。创新思维是为满足人类本性需要而产生的活动。在这种活动中,人必然依照自己的意志产生一种理想,这种理想时时支配着创新思维每一阶段的进程。当新的事实无法被旧理论解释而出现矛盾时,这种矛盾会直接阻碍创新者实现自己的理想目标,从而创新者必然会产生一种不能实现自己内在本性的压抑感。这样,主体的能动性便会超越这种压抑,专注于矛盾,由此才会意识到科学问题。如果主体不想实现自己的理想目标,那么,无论多么尖锐的问题都不会对他产生压抑感,他也就没有认识和发现问题的要求了。因此,问题的发现是在主体实践意志的基础上通过直觉完成的,它反映的是新的事实与旧的理论的矛盾。

其实,创意形成的本质在于由感性到理性的飞跃,这个飞跃,从科学方面来看,是从经验事实到科学原理的飞跃,是问题的澄清和解决;从艺术方面来说,是从素材到艺术形象的飞跃。创意形成的这种飞跃,可以从两个方面来理解。首先,从反映性方面来看,飞跃是把感官传来的外界信息加工成观念的过程。现代的一些哲学理论、认知心理学,都着重于这个方面的研究。其次,从心理机能方面来看,飞跃是一个以想象力、意志力和情感为基础的直觉和逻辑的渗透过程,并且在这个过程中,直觉是基础和核心。创意形成飞跃的两个方面即反映方面和心理能动性机能方面,应该是统一的。由信息加工成观念的过程就是心理机能的活动过程;反之,心理机能活动过程也就是观念形成的过程。二者是一个过程的两个不同方面。

其实,除了创意形成之外还有非创意形成,我们可以称其为保守性思维、非创新性思维、一般性思维、工具性思维、再现性思维。创意形成与非创意形成的区别,可以表现为以下几个方面:第一,从目的上看,创意形成要发现新知识,非创意形成要梳理和解释已经形成的知识;第二,从心理功能上看,创意形成主要依赖于创新想象,非创意形成主要依赖联想;第三,从过程上看,创意形成和非创意形成都是直觉和逻辑相互渗透的思维过程。

创意形成从对感性材料的分析、综合、归纳、概括出发,上升到一种直觉的顿悟,产生最初的直觉意象,然后再诉诸条理化活动,将意象转化为明晰的概念和完善的理论。在这个过程中,人们对直觉的顿悟感受得最明显。经过创意形成过程,原有感性材料的内在本质和规律得到了认识,所以这个过程是思维的质变和飞跃过程,也是形成创意的过程。

人总是要在创新活动中实现自己的本性,这种本性的实现就是自由。因此,自由是人类本性固有的。由此可以推出,每个人作为自由的人,其思维本质上都是创新性思维。非创意形成只能作为引起创意形成的前提、条件、手段和工具。如果一个人没有充分发挥创意形成能力,仅仅做一些解释性工作,进行一些非创意形成活动,那么他就会变成工具。当然,这样的人在现实中几乎不存在。

三、创新过程的终结——创意的实现

主体通过自己的创新性思维活动产生创意,形成新的设想和构思的过程就是创新认识过程,这是创新活动的发生前提;而把创新认识过程中所产生和形成的创意、新的设想和构思付诸行动,通过实践把它们物化(对象化),转化成现实成果的过程,就是创新实现过程,这是创新活动的最终完成。创新认识过程的结果是产生和形成作为观念形态存在的创意、新的设想和构思,也就是我们分析过的创意形成过程。马克思曾经明确指出,我们的任务不仅仅是解释世界,"问题在于改变世界"①。这就要求我们把创意、新的设想和构思转化为现实事物,实现对现实事物的改善。这就是创新过程的终结。

(一)创意实现的现实必要

长期以来,创新者的典型是阿基米德在浴池中发现浮力定理的形象,学术专家们也侧重于对这种"灵感"和"顿悟"的研究。对于简单的问题的确只需通过这种灵感和顿悟即可解决,但对于复

---

① 《马克思恩格斯选集》第 1 卷,人民出版社 1995 年版,第 57 页。

杂的问题单凭灵感和顿悟是远远不够的。因而在处理这些复杂问题时除了少数的灵感和顿悟外，更多的是详细的分析、论证、观察、实验，直至问题逐渐明朗，成果不断完善。因此，在沃勒斯第三阶段即明朗期后，或在费邦的第六阶段即顿悟之后加上一个"修改和完善阶段"是有必要的，尽管并非所有的创新过程都必须经历这一阶段。那么，在创新成果产生后如何实施，如何使创意得以实现，或如何让它们得到社会的承认呢？

1. 创新思维的实践转化

创新思维活动只是形成新的构想、观念和创意，主体在形成这些构想、观念和创意后，只有将它们付诸实际行动，转化为具体的实践活动，把属于自己主观性的东西公之于众，在社会上进行传播、扩散，加以应用，才能实现创意，最终完成创新活动。形成新的构想、观念和创意等创新性观念是创新活动的开始（观念创新是其他一切创新活动的前提，因为任何有意识的活动总要在一定的理论、观念的指导下才能进行），把创新性观念转化为行为活动是创新活动的深化和最后完成（相当于把创新性认识理论向实践转化）。创意、新的构思和设想都是观念性的主观存在，它们只有走出个人相对狭窄的思维领域进入更为广阔的社会实践活动空间，才能发现其不完善的地方，才能使它们得到验证、推广和应用。对创意、新的构思和设想进行验证、推广和应用的过程就是创意实现的过程。

实际上，实现创意就是把抽象的创新性认识理论通过实践转化为具体的现实事物，亦即把观念性的东西转变为物质性的东西。比如，某个技术员进行一项技术创新，他首先必须在头脑中构思、设想好新的技术改造方案，但他的这一技术改造新方案还存在于他的头脑中，只是观念性的东西，要想进行技术创新，他必须借助于纸笔、语言或其他方式把他头脑中的新方案表达出来,使其他人明白是怎么回事,并且他还要善于把他已经表达出来了的(作为理论形态存在的)这一新方案创新性地运用于技术改造的实践活动中,以取得预设的效果,只有这样才算是完成了一个技术创新。如果不把创新性的观念转化为具体的现实事物,并且把它们付诸实践,就不能叫做完整的创新。所以,只有实现创意才是创新的最后完成。

2. 创新成果的价值实现

具体地说,一项创新成果只有被社会所承认、被应用,才真正体现出它的价值,才算得到了最终的评价与检验。例如,一个科学理论只有被科学界所承认后,方能传播开来为人类所利用;一项专利技术只有转化为商品,才能为社会造福;同样,只有把实施纳入到创新过程中去,才能使创新过程构成一个完整的反馈回路。在创新成果实施之前,创新者对其成果的评价与完善仅仅局限于他们自己的认识水平和评价标准之上,难免有局限性。而当创新成果实施之后,对它们的评价与完善就具有了社会性,因而也就摆脱了原创新者的局限性。我们知道,人类大部分伟大的创新,都是通过接力传递的形式由几代甚至几十代人才最终完成的。没有实施这一阶段,这样的大反馈、大循环是不可想象的;另外,把实施纳入创新过程中会时时提醒创新者,他们的一切创新性工作最终的价值体现在实施之中,而不是为创新而创新。日本发明学会会长丰泽丰雄对此曾有过精辟的见解:"发明是一件有趣而不困难的工作,但要使发明商品化,却比发明要难上百倍。在有所发明后不去致力于实施和产业化,却转而从事另一项发明,结果弄得出现破产的惨局,这样的发明家被世人视为'发明狂'……所以必须反对为发明而发明,一定要强调应用,强调满足社会要求,并将发明的产业化作为重要的工作内容。"①

　　把抽象的创新性认识理论通过实践转化为具体的现实事物,比把一般的理论转化为具体的现实事物要难得多,因为创新性认识理论是想前人所未想,说他人所没说。因此,要实现这些创新性认识理论必然要对主体提出更高的要求。可以说,进行创新思维活动,形成创意需要的是创新意识、创新精神和创新性思维能力能否形成创意以及所形成的创意质量如何取决于主体创新意识的强弱、创新能力的高低;而把抽象的创新性认识理论通过实践转化为具体的现实事物、实现创意,就不只需要创新意识、创新精神和创新性思维能力,更多的是需要坚强的意志、坚定的信念、顽强的拼搏精神。

(二)从"直观感性对象"到"感性对象性活动"

　　我们一直强调,创意的实现就是实施,就是把在创新认识过程中所产生和形成的创意、新的设想和构思付诸行动,通过实践把它们物化(对象化),转化成现实成果的过程,其实也就是从"直观感性对象"到"感性对象性活动"。

1. 创意的对象化

　　正如吴晓明教授所指出的那样:"马克思所谓的感性活动不可能由近代哲学之感性、活动或此两者之一般联结来获得真正的领悟。真正的问题在于马克思所言之'感性活动'是完全别样性质的。此种别样的性质,唯由生存论路向去领会才可能完全到达。它所开启的和揭示的乃是前概念,前逻辑,前反思的世界。马克思几乎也在同一意义上使用对象性活动这个术语。对象性所概括或

---

　　①　朱志宏:《创新学》,中国工人出版社2002年版,第16页。

意指的范围可说是非常广泛,甚至可以标识整个近代哲学的基本特征。"①"感性对象性活动"或者"感性实践活动",是马克思区别于以往的"超感性实体"提出的,其核心是实践对象性活动,而"感性"则是对这一活动之基本状态的界定。这里的感性不是认识论意义上的主观认识,而是指具有现实性的感性事物和感性对象,指看得见摸得着的具有可感性质的一切外部事物。马克思之所以提出实践,提出感性对象活动,其目的是克服只是从客观的或者直观的形式去理解感性的自然。马克思的"对象性活动"不是要扬弃"对象性本身",实现主客统一,而是要在承认"对象性本身"的前提下揭示出人与自然的原初关联,超越认识论,达到生存论的理解。

　　早在 18 世纪的法国唯物主义者那里就已经肯定了这种感性。但由于他们只是把人的意识还原为一种感性的物质,并且是从机械唯物主义的角度理解感性物质概念,所以,这种感性尚带有庸俗性质。其在本质上仍是"敌视人"的感性唯物主义。费尔巴哈既反对思辨哲学,又不能同意这种感性的理解,"这种哲学,是从思想之对立物,即从物质、实质、感觉中产生出思想,并且,在通过思维过程来规定对象以前,先就与对象发生感性的、也即受动的、领受的关系。"②但是,正如先前所说的,由于费尔巴哈把人的本质规定为对"类"的意识,而不是理解为客观的感性活动的历史性规定,他所谓的类意识其实质只是生物学意义上的抽象规定,进而也就导致其所理解的感性仍旧是一种抽象的人之活动。正是在此意

---

　　①　吴晓明:《试论马克思哲学的存在论基础》,《学术月刊》2001 年第 9 期。
　　②　[德]费尔巴哈:《基督教的本质》,荣震华译,商务印书馆 1984 年版,第 15 页。

义上,马克思批评他"不了解'革命的'、'实践批判的'活动的意义"。① 因此,马克思对于事物、现实、感性不再从客体的直观的形式去理解,而是具体地发展了能动的方面,把它们当成人的感性活动,当成实践去理解,以批判的革命性的实践活动鲜明地表明了自己哲学的新特征。

2. 解析"感性对象性活动"

马克思在《1844 年经济学哲学手稿》中对于"感性对象性活动"这个概念作了精确描述:"当现实的、有形体的、站在稳固的地球上呼吸着一切自然力的人通过自己的外化把自己现实的、对象性的本质力量设定为异己的对象时,这种设定并不是主体;它是对象性的本质力量的主体性,因而这些本质力量的活动也必须是对象性的活动。对象性的存在物客观地活动着,而只要它的本质规定中不包含对象性的东西,它就不能客观地活动。它所以能创造或设定对象,只是因为它本身是被对象所设定的,因为它本来就是自然界。因此,并不是它在设定这一行动中从自己的'纯粹的活动'转而创新对象,而是它的对象性的产物仅仅证实了它的对象性活动,证实了它的活动是对象性的、自然存在物的活动。"②这其中包含三个要点:

首先,存在物是一种对象性的存在物。一个存在物若在自身以外没有对象,就不是对象性的存在物;即如果没有对象性的关系,其存在就不是对象性的存在。这种非对象性的存在物只能是一种"非现实的,非理性的,只是思想上的即只是虚构出来的存在物,是抽象的东西"。马克思还更加明确地表达为"非对象性的存

---

① 《马克思恩格斯选集》第 1 卷,人民出版社 1995 年版,第 58 页。
② 《马克思恩格斯全集》第 42 卷,人民出版社 1979 年版,第 167 页。

在物是非存在物"。① 这就与近代知识论把存在理解为思想中把握到的永恒的、绝对的实体有根本的差别。

第二,这种对象性关系是"自然界和人的通过自身的存在",揭示了人和自然的原初关联。近代在知识论路向的影响下,人们把自然作为客体,不断地向大自然索取、掠夺,造成了人和自然关系的紧张。人与自然关系上的主客二分模式反映到理论上,就是要在假定人或者自然界不存在的前提下证明它们的存在。马克思特别指出,如果提出整个自然界和第一个人的创新问题,那么也就把人和自然界抽象掉了:"你假定它们是不存在的,然而你却希望我向你证明它们是存在的。"因为这样的证明只是忽视或解散了这种原初关联,所做到的只是"脱离现实的精神和现实的自然界的抽象形式、思维形式、逻辑范畴"。② 正如我们前面已经阐释的,马克思把人和自然的原初关联表述为:人和自然界的实在性乃是"人对人来说作为自然界的存在以及自然界对人来说作为人的存在"。并且在同样的意义上说,"被抽象地孤立地理解的、被固定为与人分离的自然界,对人说来也是无"③。马克思经常有类似的表述。比如:人作为自然界的存在以及自然界作为人的存在;或者,人的自然的本质以及自然界的人的本质;又例如,完成了的自然主义等于人道主义,完成了的人道主义等于自然主义;再如,直接的感性自然界"直接地就是一个对他来说感性地存在着的人",如此等等。人和自然的原初关联还表现为自然界是人的"无机的身体","人靠自然界生活。这就是说,自然界是人为了不致死亡

---

① 《马克思恩格斯全集》第42卷,人民出版社1979年版,第168页。
② 《马克思恩格斯全集》第42卷,人民出版社1979年版,第176页。
③ 《马克思恩格斯全集》第42卷,人民出版社1979年版,第178页。

而必须与之不断交往的、人的身体。所谓人的肉体生活和精神生活同自然界相联系,也就等于说自然界同自身相联系。因为人是自然界的一部分。"①所有这些,无非是要使在知识论路向上被形而上学化了的本质或实在性得以瓦解,并从而崭露其更为本原的生存论根基。

第三,对象性的存在就是对象性的活动。对象性活动之所以是"活动",是因为人的对象性本质力量有"主体性"。但"主体性"绝不能被当成"主体自身",尤其不能被理解为近代知识论意义上的主体。人不是某种"现成的主体","主体性"只是指它对自己的对象性存在的领会。马克思在后文中把这一点表达为"人不仅仅是自然存在物,而且是人的自然存在物,也就是说,是为自身而存在着的存在物"。人必须要关切自己这个"在自然界中的在",因为它的这个"在"不是现成的"肉体的在",而是必须由它自己去达到的"感性存在"。由于人和自然界的原初关联,人一开始就因其生命存在的机制而被它的生命需要的对象所设定。它的存在不是"内在的",而是"在外的"。所以,它的活动一定是"对象性的活动",亦即把自己的"在外存在"设定为"异己对象"的活动。

离开了自然关系、社会关系和意识关系这二重关系,人及其生存势必陷入抽象化的虚无。人的生存方式是实践活动,实践本身就是人作用于自己赖以生存的世界的方式,就是把人与自然、人与人、人与自身对立起来又统一起来的活动的动力。凭借自己的感性对象性活动,人必然成为关系性、过程性存在物。"一个种的全部特性、种的类特性就在于生命活动的性质,而人的类特性恰恰就

---

① 《马克思恩格斯全集》第42卷,人民出版社1979年版,第95页。

是自由的自觉的活动。"①感性对象性活动作为人的存在方式,通过他人确证自身的存在和本质,并不断地丰富和发展自身的本质,实现自身自由自觉的存在。感性对象性活动使得人与其自身的生活并不是直接同一的,人可以意识到自身的这种活动,但并没有仅把它当成满足自身需要的手段,而是把它当成超越自身局限和实现自身发展的手段。感性对象性活动是打开人的现实自由生活的钥匙,是创新活动得以开展和实现的前提和基础。

(三)创新过程与实践的原初关联

马克思主义的社会发展理论认为:"全部社会生活在本质上是实践的。"②实践,特别是物质生产实践,是社会生成、建构和发展的基础,社会的其他规定性和关系都是在实践中表现出来的。实践是人的社会生活和社会关系的本质规定,是社会产生和发展的永恒必然性。同时,实践也是人类自我创生、自我肯定的方式,是人类获得和展现自身本质力量的方式,是社会有机体建构和发展演进的方式。

人类实践作为人的本质力量外化、物化的过程,不仅是主体自觉改造客体、形成"周围感性世界"的感性活动,而且同时也是调整和改造主体间物质交往关系的活动。可以说,一定历史条件下的生产方式,不仅生产我们赖以生存的生活资料,而且直接生产社会关系。社会实践产生和形成了不同的利益主体及复杂多样的社会生活和社会关系,创新过程就是为适应不同的利益及活动的需要建立起来的,体现和满足了人这一类存在物自身和发展的需要,

---

① 《马克思恩格斯全集》第42卷,人民出版社1979年版,第96页。
② 《马克思恩格斯选集》第1卷,人民出版社1995年版,第56页。

创新过程是各种关系的承担者和体现者,创新过程通过调整制度关系,协调各种制度和谐运行,能够使各项制度及其运作处于和谐发展之中。创新过程作为调节主体活动与主体间关系的规则或规范的进步状态,是在主体的实践活动中产生、形成和发展的。可以说,它体现和满足了人这一类存在物自身发展的实际需要,是在人类实践地发展自己,完善自己,不断满足自己需求的过程中产生出来、发展起来的,是在人们的实践运行过程中产生的。在人们之间的交往活动中,产生了创新过程的需求。有了创新过程,才能有效规范人们的行为方式,实现人类发展方式的合理化。

创新过程是人的实践活动对象化的产物,它起源于人与自然的关系,形成于人与社会的关系之中,并在生产实践和交往实践的基础上,随着社会关系的改变而变迁和发展。创新过程是社会关系的存在方式,而社会关系直接产生于交往实践,交往实践则源于生产实践,归根结底以生产实践为基础。

人类生存与发展的需要通过物质资料的生产以及生产力的不断发展来满足,而生产不仅需要人们的“共同活动”,而且构成生产或生产力的诸要素也只有通过交换关系才能结合在一起成为现实的生产力。改造自然的物质生产实践活动不可能是人类个体孤立地进行的,而必须是在诸多个体共同活动的条件下进行的,这样就需要有科学、合理的规范和机制,这种规范和机制就是创新过程。这就说明,一系列的交换和交往的创新过程机制作为物质生产的必要条件,首先是为了满足物质生产的需要而产生的。因此,创新过程作为一种社会现象,它的产生只有从生产实践出发才能得到合理的解释和说明。

1. 创新过程的物质生产实践基础

创新过程作为社会关系的存在方式,是在物质生产实践基础上产生的。人与自然关系的发展为创新过程的形成提供了物质前提,而在生产实践中结成的人与人之间的经济关系以及其他社会关系,则直接催生了创新过程。创新过程是社会关系的规范化,社会关系的产生是创新过程生成的前提,没有社会关系,创新过程就无从谈起。建构创新过程的主体能力是在社会关系中产生的,是一种实践能力,而这种实践能力本身是通过实践获得并通过实践来展现的。同时,创新过程的建构是一种具体的、历史的活动,它标志着人类从自然和社会中获得解放和自由。只有人们在历史活动当中,通过实践才能建构创新过程。所以,在具体的实践过程中,交往实践向人们提出了创新过程的问题,并产生了创新过程的需求。正是交往实践活动范围的不断扩展,人才意识到他们的生活实践是离不开各种各样的公共规则,才去考虑自己生活中客观存在着的创新问题。随着社会实践范围的不断扩大和活动内容的逐渐丰富,人们之间物质、能量和信息的交换日益频繁,交往的范围不断扩展,合作的需要也不断增强。可以说,随着人类组合的扩大化,人类组合的有机化趋势的需要会得到进一步加强,因此越来越需要创新,以实现人类发展方式的合理化。

　　众所周知,物质生产活动构成了全部社会交往关系的基础,作为生产和交往实践关系规范化的创新过程则必须适应物质生产活动的需要。换句话说,"物质生活的生产方式制约着整个社会生活、政治生活和精神生活的过程,"①依据这种制约关系,各层次的创新都占据着一个相应的位置,并对人们的一切交往活动和行为起着调节和整合作用。生产技术创新环境构成了物质生产力的重要因素;经济创新环境作为社会生产的社会形式直接地同生产力

---

　　① 《马克思恩格斯选集》第2卷,人民出版社1995年版,第32页。

处于相互作用之中;制度创新环境则受制约于经济创新环境,而精神交往的创新环境又受到制度创新环境的影响。这样,就以物质资料生产方式为基础建构了一个总体协调统一的创新过程体系。

历史与现实都说明,实践为创新过程框定了客观空间和可能边界。创新过程中的问题都可以从实践当中得到解答。所以从实践的角度来看创新过程,也就是以创新的方式来处理人与自然、人与人之间关系的过程与结果。创新过程对实践的依赖就是指人们在实践基础上去建构、实施创新过程,实现对自然和社会有目的的改造,而人们创新创新过程又客观地受到各种实践水平、条件和状况的限定。

所以,人的实践活动都是主客体的相互作用,主体和客体相互规定,并在实践中相互转化。主体能动地作用于客体,客体反作用于主体。在这个意义上,主体是能动的又是受动的。在实践活动中,主体是受动的,不可能完全摆脱客体对主体的限制;主体是能动的,能够不断超越客体,不断扩展人类生存的时空范围,提升人的需要层次。

人类是在自身的发展中,认识到自身和社会的共同需要。创新过程就是在寻找满足这些需要的过程中产生和发展的。而需要的满足是在实践过程中进行的,所以说,创新过程是由实践决定的。创新过程就是把人与人之间的一切关系调整到合理的程度,它是主体实践的产物,它作为人类对自身社会关系的控制形式,使社会关系明晰化和确定化。没有创新过程,人们在实践活动中所形成的社会关系就是无序的,人们无法改善它们。但同时,创新过程也是人类实践活动的产物和结果,是社会关系的表征和整合形式。创新过程作为实践探索的结果,正是基于实践的探索和事实的检验,创新过程才得到价值的肯定,并且在实践中发挥了作用。

创新过程产生于实践,一旦产生又成为实践的现实条件。

2. 实践中的创新过程的建构

从实践的角度来看,人们只有在实践的基础上,才能实现对自然和社会的有目的的改造。改造的结果就包括生产力的发展,而生产力的发展是一切社会进步的最终根源。这样,生产力的发展就成为建构创新过程的基本依据。同时,生产力的发展是在人们的实践中完成的。因此,在实践的过程中才能实现对创新过程的建构和最终终结。

但是,我们也要知道,由于实践活动是具体的,同时也是历史的,这就决定了创新过程在一定时期的关系空间是有限的。所以,创新过程的主体能力也是有限的。那么,在现实中的创新过程也应该是有限的。具体的实践为现实的创新过程划定了可能的边界。实践的发展又不断打破这种边界。创新过程的时空局限性表明,任何社会的创新过程都必须依存于一定的物质生活条件,依存于一定的社会关系,特别是该社会的生产关系或经济关系。因为现实的个人首先是从事生产活动的个人,他们之间的交往活动和交往关系是受他们的生产活动所制约的。

人与自然之间的关系影响主体之间的关系。创新过程的发展是主体摆脱其原始本能的动物存在而不断拓展其社会性的标志,它是主体社会属性的一种物化形式,是分离地存在于不同社会主体行为中的整合机制。由于社会生活与社会实践是不断变化发展的,因而会出现许多新的情况与新问题,同时也会不断产生解决问题的新思路和新办法。在社会生活实践中不断出现的新情况与新问题,客观上需要解决问题的新思路与新办法,需要改变和创新现有的制度安排、行动规则和决策框架,以减少新情况与新问题带来的各种风险,帮助人们根据客观情况做出正确决策,更好地抓住发展与进步的机遇。

　　生产实践活动是一种客观的活动,便决定了作为个人联合形式的社会关系也是客观存在的、受限定的。在一定的生产实践方式条件下,人们之间的交往活动方式也被规定在一个可能的空间内,人们只能在这个可能的空间内去从事交往活动,来建构社会创新过程。从可能性上说,人们之间的交往方式或类型是无限制的。但从现实上来说,创新过程的内容反映了生产实践和交往实践的关系。因为,人们就是在实践中用创新出来的各种规范来合理地约束人们的行为。从某种意义上来说,生产实践和交往实践的关系可以在创新过程的内容当中得到印证。生产实践和交往实践在人类社会历史上是相互依赖的,它们相互结合,相互作用,从根本上维持了人类社会的存在,推动了人类社会的发展进步。创新过程是人们交往的产物,通过生产实践和交往实践,创新过程才会得到进一步的发展,合理地发挥它科学的作用和价值。

　　在人们的实践活动当中,人作为主体就内含着人在同世界的关系中处于中心和主导的地位,从而表现为人对世界的能动关系。实践不只是维持生命的手段,更是表现生命的方式,是人的本质力量的体现。把人定义为实践活动的结果,不但说明了人的存在特点,而且揭示了人作为主体能动性的根源。如马克思所说的:“动物只是按照它所属的那个种的尺度和需要来建造,而人懂得按照任何一个种的尺度来进行生产,并且懂得处处都把内在的尺度运用于对象;因此,人也按照美的规律来构造”。① 人活动的双重尺度说明,人的活动是改变自然的创新性活动。一旦人们进行生产劳动时,就把人和动物区别了开来。虽然前人留下的生产力固然

---

　　① 《马克思恩格斯选集》第 1 卷,人民出版社 1995 年版,第 47 页。

重要，但它们也是实践的产物，是人们的实践决定了创新过程的内容。归根结底，是生产力的发展决定着创新过程的产生和变更，要求形成与之相适应的创新过程架构。从创新过程的形成和发展来看，实践是创新过程存在和发展的基础。

　　总之，在马克思主义看来，实践并不是人的某种外在的可有可无的东西，而是人的本质存在方式。整个人类世界就是实践活动的总体。作为人类的本质存在方式，实践既具有主观性，又具有客观性；同时，实践又以一种现实的感性活动，使自己成为一种物质的力量。就此而言，实践本身乃是一个大全。实践作为人的本质的存在方式具有极其丰富的内容，实践有着创新性的本性，具有认识论与本体论的双重意义，是一个总体性的范畴。总体性的实践作为人的本质存在方式，作为一个大全，必然包含人的本质的一切方面，而实践本身则成为人类世界的分裂获得统一的唯一的根本过程。实践是人的本质的存在方式，由于其本性就是创新性，因此，人的世界的一切分裂最终都将统一于创新过程中。作为主客体关系现实基础的人与自然、个体与社会的矛盾，是在人类劳动实践基础上产生，而又在劳动实践中获得最终解决的。从本质上说，人类的现实世界即是实践的创新过程。实践与创新过程有着原初的关联。创新是人类获得自由和解放的唯一必由之路。

　　综上所述，将主体创新的一般过程分为形成创意和实现创意两个相对独立的过程只是一种理论上的抽象，实际上，正如认识和实践不可分割一样，这两个过程也不是截然分割的，而是相互影响、相互渗透的。人的主体性只有通过实践，才能形成创新性，表现和确证创新性。创新性不能脱离人的劳动本质，否则就不可能科学地说明主体性问题。实践性是主体的根本特征，实践活动的本质是对外部世界一种否定性的客观物质活动，实践是人对外部自然界的一种物质性否定关系。创新过程的发展与人的主体性的发展密切相关。人类劳动实践的变化、发展,直接影响和制约主体的变化和发展。创新过程是基于社会的现实而开始的,它必定随着社会历史的发展而发展。创新过程只有立足于社会现实生活的变化与发展,才会有生命力。所以,只有通过实践,才能完成创新过程。

第四章　创新条件

　　任何成功的实践活动无一例外都需要具备多方面的条件,如主观条件与客观条件、内部条件与外部条件、宏观条件和微观条件等等。创新作为一种实践活动,它的成功同样离不开多方面的条件,其中,最基本的条件有创新主体条件、创新客体条件和创新的环境条件三个方面。

　　创新客体条件具有典型的既定性、客观性、被动性。客体作为一种客观存在的事物,在创新活动开始之前,已经先在性地存在了,它的存在形成了创新活动单方面的客观基础,这是它的既定性和客观性;作为客体的客观事物之所以能够成为创新客体取决于主体对它的认知与选择,客体的变化取决于主体对它的改造,这是它的被动性。客体条件的既定性、客观性及被动性决定了它对创新活动具有稳定性。实质上,创新客体条件就是我们在本书第二章所阐述的材料客体。所以,在本章中,对创新的客体条件不再赘述。

　　本章主要侧重于对创新主体条件和创新的环境条件进行研究。

一、创新的主体条件——客观性条件

　　创新的主体条件是创新得以进行的客观性条件。这是因为,创新之所以可能或者说作为创新主体的人之所以能够成为创新主体,其根本原因在于人具有人的本质追求和人的价值的存在。人的本质追求和人的价值的存在是人之为人的先天性条件,它具有客观性。

(一)人的本质追求

人的追求无限多样,不同的人有不同的追求;同一个人在人生的不同阶段有不同的追求。但不管人的追求有多少的差异,总能找到差异中的统一——就像我们能从物质世界的无限多样中抽象出客观实在一样——这种统一存在于"人的本质"之中。

"人的本质"概念在中国的传统文化史上是没有的。独尊儒术的思想垄断使得人们形成一种思维定势,似乎"圣人"的思想不能超越,由此一直未走出善恶问题争论的圈子,没有突破限于"本性"的使用,以至人们一直以"本性"的含义代替对"本质"的理解,以对"人的本性"的理解替代对"人的本质"的思考。

1."善"、"恶"的含义

关于人性的问题,在中国文化中,至少有三种含义:

(1)人性是指作为人应有的正面、积极的品性,比如慈爱、良知、责任、正义等等,类似于英文中的 Humanity。诸如在"某某人真缺德,没有人性"等话语中的"人性"便属于此类含义。大部分人相信人性的存在,相信这是一种人类的特有标签。它区别于"人格"。

(2)人性又有"人格"的含义。特指人的尊严、情感、意志、理性、意识、思想等人之区别于"神"、区别于物的方面。在"以人为本"、"人本主义"等用语中所包涵的以人为主体、尊重人等意蕴应源于此类人性含义。如"某某单位比较人性化"。

(3)在对人的本性的论争中,主要有人性本善论、人性本恶论、人性善恶混说等几种观点。

众所周知,围绕人的善恶问题,中国的圣哲先贤们作了不同的回答。如:孟子的性善论、荀子的性恶论、告子的性无善无恶论、老子和庄子的性超善恶论、世硕的性有善有恶论、杨雄的性善恶混说、唐朝李翱的性善情恶论等等。这些不同的观点引起无数后人的论争。范围之广,不仅泛见于学院里的讲堂之上,而且出现在城市乡间的大街小巷。争论了数千年终难达到统一,但在几千年的争论中,似乎包含着一种共识,那就是把这种认定为或"善"或"恶"或二者皆有或二者皆无的"人性"视为人的本性,或者说人生来固有的属性。

那么,人生来是否固有或"善"或"恶"的属性呢? 为什么在圣哲前贤们那里没有得到统一的定论,而每一种理论又看似各有其道理呢?

我们从先哲们对"善"、"恶"的指向和解释入手进行剖析,以探求一定视角的答案。

孟子认为"仁、义、礼、智"为善:"恻隐之心,人皆有之;羞恶之心,人皆有之;恭敬之心,人皆有之;是非之心,人皆有之。恻隐之心,仁也;羞恶之心,义也;恭敬之心,礼也;是非之心,智也。"①初看起来,孟子的理论很有道理,然而,只要稍加思考就会发现,恻隐、羞恶、恭敬、辨是非并非人生来就具有的本性,而是后天学习的结果。

对此,荀子早就给予了评判:生之所以然者谓之性,"凡性者,天之就也,不可学,不可事。"②在此基础上,荀子提出:人性本恶,"人之性恶,其善者伪也。"因为"好色"、"好声"、"好味"、"好利"

---

① 《孟子译注》,中华书局2006年版,第259页。
② 《荀子》,燕山出版社1995年版,第285页。

生来具有,所以属恶,"凡人有所一同:饥而欲食,寒而欲暖,劳而欲息,好利而恶害,是人之所生而有也,是无待而然者也,是禹、桀之所同也。目辨白黑美恶,耳辨音声清浊,口辨酸咸甘苦,鼻辨芬芳腥臊,骨体肤理辨寒暑疾养。"①

应该说,与孟子相比,荀子的思考深入了一步,他对人的"性"做了一个恰当的界定——"天之就也"。但荀子之所以给人性以"恶"的结论,其依据是:"好色"、"好声"、"好味"、"好利"。那么,"好色"、"好声"、"好味"、"好利"属于"恶"的范畴吗? 这是否应该依据其程度而定呢? 适当程度的对"色"、"声"、"味"、"利"的喜好是否只是人生存的必需和本能呢? 其实,荀子也认识到了这个问题:"今人之性,生而有好利焉,顺是,故争夺生而辞让亡焉;生而有疾恶焉,顺是,故残贼生而忠信亡焉;生而有耳目之欲,有好声色焉,顺是,故淫乱生而礼义文理亡焉。然则从人之性,顺人之情,必出于犯分乱理,而归于暴。"②这就是说,对人的"好色"、"好声"、"好味"、"好利",若顺之,则可能变成恶行,并非原本就是恶。可见,在荀子的本意里,人性"恶"并不具有绝对性。

根据黄楠森等教授的考证,近代思想家康有为已经认识到荀子所谓的"恶"只是人的欲望而已:"所谓善恶,绝不能离开人的生活欲望,恰恰相反,它们取决于这种欲望是否能得到正当的发挥,能正当发挥的就是善,阻碍正当发挥的就是恶。因此,人性本身并没有什么善恶,'性者,生之质也,未有善恶。'③'性是天生,善是

---

① 《荀子》,燕山出版社1995年版,第283页。
② 《荀子》,燕山出版社1995年版,第43页。
③ 康有为:《万木草堂口说》,《康有为全集》第2集,中国人民大学出版社2007年版,第287页。

人为'善恶的标准就在于能否满足人们去苦求乐的欲望。'令人有乐而无苦,善之善者也;令人乐多苦少,善而未尽善者也;令人苦多乐少,不善者也。''据乱世之民性恶,升平世之民性善','太平世,人人爱己若人',善之善者也。"①可见,康有为不仅认识到了"性本身并没有什么善恶",而且还认识到了善恶与行为的联系,认识到了善恶背后存在的深层依据——欲望,并且还认识到欲望得到正当发挥的条件是良好的社会环境——"升平世之民性善"。

　　除了上述中国传统文化对善恶的论争,西方哲学家们对善恶也有不同的表述:亚里士多德认为,善只能以具体的形式存在,而没有普遍的善;培根认为善是人的自然属性,但却并非不可改变;霍布斯认为人的本性是利己的,善恶并无固定的标准,以是否符合人的自我生存为转移;洛克认为人的道德上的善恶并不是先天的,而是后天的;汉密尔顿认为人性是恶的,但不能说每一个具体的人都是恶的;康德认为人只有与所在群体有一致行动才是善的,反之,则为恶。

　　虽然西方哲学家们对善恶的理解和表述不尽相同,但其中却有着明显的共同点:善恶标准不是永恒不变的,而是随着历史的发展而变化的;人的善性和恶性是通过后天的引导得以发展的;善恶的表现与人的行为是不可分的。令人惊叹的是早在两千多年前,亚里士多德已经表明"没有普遍的善",善"只能以具体的形式存在"。既然善不具有一般性、抽象性,那么,它就不可能是属于本质的东西。康德则明确指出:善恶在人的行为中体现出来。

　　事实上,善恶与行为的联系早已包含在当代人的用语中。如

---

① 黄楠森、夏甄陶、陈志尚:《人学辞典》,中国国际广播出版社1990年版,第694页。

社会主义的善恶观:凡是有利于人民利益的行为就是善,反之则是恶。这正如人们通常的理解:所谓恶,就是为了自身利益不惜损害他人、社会、公众的正当利益,甚至无关自己的物质利益而损害他人正当利益的行为。所谓善,是为了他人、社会的利益而不惜牺牲自身利益;或者无损害自身利益,给他人带来利益的行为;再或者对自己和对他人都有益的行为。从社会的角度讲:所谓善,就是指某一行为或事件,符合一定社会或阶级的道德原则和规范要求;所谓恶,则是指某一行为或事件,违背了一定的社会或阶级的道德原则和规范要求。

总之,善恶是行为的直接表现。没有普遍的善,也没有普遍的恶。善恶的内涵和判定标准随着历史的发展而变化。哲学家们对"善""恶"的各种理解似乎都有其各自的道理,形成众说纷纭的复杂局面。

2. 善恶存在的依据——人的本质追求

根据辩证法,所谓本质是事物固有的稳定的根本性质,是构成事物的各种必不可少的要素的内在联系,是深藏于内的同类事物的共性,是由事物内部的特殊矛盾构成的,是隐藏在现象背后并表现为现象的东西,"实质上即是根据。"①它具有靠人的理性思维才能把握的一般性、稳定性、抽象性和深刻性。

可见,既然善恶是人的行为的直接表现,是显而易见的东西,不是深藏于事物内部最深层的事物的根本性质,不是通过人的思维加以抽象才能获知的,那么它就不属于本质的方面;既然善恶标准不是永恒不变的,而是随着历史的发展而变化的,不是一般的、稳定的,不是人之共有的,至少程度是不同的,那么它就不属于本

---

① 〔德〕黑格尔:《小逻辑》,贺麟译,商务印书馆1981年版,第259页。

质的方面;既然善恶是通过后天的引导而得以发展变化的,它就不是人生固有的,不是本质的方面。总之,现象不可能属于人的本质,只能是本质的表象,属于现象的方面。

　　在西方哲学史上,从古希腊哲学家苏格拉底重视并解释了古希腊德尔菲(阿波罗)神庙上的一句箴言——"认识你自己"以来,哲学家们就对人的本质问题进行了数千年的论争。例如,亚里士多德认为人是理性的动物、政治的动物、社会的动物;康德认为人的本质是知情意的统一;费尔巴哈认为人的本质是理性、意志、心情。

　　人的本质概念在当代中国被广泛运用还是通过马克思主义在中国的传播实现的。马克思在《关于费尔巴哈的提纲》中的一段话——"费尔巴哈把宗教的本质归结于人的本质。但是,人的本质不是单个人所固有的抽象物。在其现实性上,它是一切社会关系的总和。"①——经常被人们引用,特别在高校教科书中,只要提到人的本质问题,必然少不了马克思关于人的本质的这一论断,所以人们普遍接受了"人的本质"概念。然而,对"一切社会关系的总和"却没有透彻理解,即使在教科书中,也只能将其简单解释为"人的本质在于社会性"。对这一定义无法理解的原因很简单:这一定义并没有全面地概括人的本质的内容,也不是马克思对人的本质问题理解的全部,而只是强调不能离开社会关系总和谈人的本质,强调人的本质的具体表现形式在不同社会关系条件下是不同的。这实际上揭示的是单个具体个体的人与他人的不同特质形成的原因,提示我们在考察具体个体的人时应注意的方法:到社会关系中去研究。

---

　　① 《马克思恩格斯选集》第1卷,人民出版社1995年版,第60页。

事实上,如前所述,既然是本质的东西,就该是同类的共性,那么,人的本质也同样应该是人的类特性,是人之为人的区别于他物的性质。所以我们研究人的本质不能丢弃其一般性。对此,马克思曾明确指出:"首先要研究人的一般本性,然后要研究在每个时代历史地发生了变化的人的本性。"①在中国当代的哲学界,有些学者根据马克思在《德意志意识形态中》的"一当人们自己开始生产他们所必需的生活资料的时候……他们就开始把自己和动物区别开来。"②等一些个别语句,认为马克思把劳动(或称之为实践)看作人的一般本性,且等同于人的本质,由此确定这是关于人的本质的科学定论。笔者认为这种认识是片面的,因为尽管劳动(或称之为实践)是人与其他物种的重要区别,但它是直接显露于外的,依然属于现象的方面,而不应属于本质的方面。

其实,马克思、恩格斯已经从更深的层次上寻找了人的本质性的存在。他们多次论述了"人的需要"即"人的特性"。如:"市民社会的成员根本不是什么原子。……他的每一种感觉都迫使他相信世界和他以外的其他人的存在,甚至他那世俗的胃也每天都提醒他在以外的世界并不是空虚的,而真正是把他灌饱的东西。他的每一种本质活动和特性,他的每一种生活本能都会成为一种需要,成为一种把他的私欲变为对他身外的其他事物和其他人的癖好的需要。"③所以,每个现实的个人的生命需要,是人的行为内在的必然规定性,即本质的规定性。在《德意志意识形态》中,马克思、恩格斯又写道:"我们首先应当确定一切人类生存的第一个前

---

① 《马克思恩格斯全集》第23卷,人民出版社1972年版,第669页。
② 《马克思恩格斯全集》第3卷,人民出版社1960年版,第24页。
③ 《马克思恩格斯全集》第2卷,人民出版社1957年版,第153—154页。

提,也就是一切历史的第一个前提,这个前提是:人们为了能够
'创造历史',必须能够生活。但是为了生活,首先就需要吃喝住
穿以及其他一些东西。因此第一个历史活动就是生产满足这些需
要的资料,即生产物质生活本身。"①在这里,马克思、恩格斯揭示
了"人体、需要、劳动"三者之间的内在联系:人的生命产生了生存
的需要,正是人的生存需要,决定着人们必须进行生产劳动。由此
揭示了劳动之所以发生的更深层依据——需要。40 年后,恩格斯
在谈到马克思对唯物史观的创立时又指出:"正像达尔文发现有
机界的发展规律一样,马克思发现了人类历史的发展规律,即历来
为繁芜丛杂的意识形态所掩盖着的一个简单事实:人们首先必须
吃、喝、住、穿,然后才能从事政治、科学、艺术、宗教等等;所以,直
接的物质的生活资料的生产,从而一个民族或一个时代的一定的
经济发展阶段,便构成基础,人们的国家设施、法的观点、艺术以至
宗教观念,就是从这个基础上发展起来的,因而,也必须由这个基
础来解释,而不是像过去那样做得相反。"②恩格斯阐明了人们生
活需要与生产活动、与政治文化等上层建筑之间的关系,指明了正
是人们的生活需要决定着人们的生产活动,决定着"人们的国家
制度、法的观点、艺术以至宗教观念"的产生。在《德意志意识形
态》中,马克思、恩格斯对人们根据自己的需要建立自己的社会关
系的一般过程作了更加明了的阐述:"在任何情况下,个人总是从
自己出发的","由于他们的需要即他们的本性,以及他们求得满
足的方式,把他们联系起来(两性关系、交换、分工),所以他们必

---

①　《马克思恩格斯选集》第 1 卷,人民出版社 1995 年版,第 79 页。
②　《马克思恩格斯选集》第 3 卷,人民出版社 1995 年版,第 776 页。

然要发生相互关系。"①

人的需要作为一种内在的必然性全面地规定着人的活动,人正是在追求对不断发展的需要的满足中,实现自己的潜能、创造价值的。但是把人的需要界定为人的本质还只是一种经验性的概括,因为,一方面需要并不是人独有,另一方面人的需要是多种多样的。马克思曾说过:"在现实世界中,个人有许多需要。"②恩格斯还把人的需要分为生存需要、享受需要和发展需要三大类。当代人本主义心理学家马斯洛则从个体心理结构的角度进一步把人的需要分为生理需要、安全需要、爱(包括社交)的需要、尊重需要、自我实现的需要五个不同的层次。这里,笔者将人的需要概括为两个层次:生存需要和享受需要。其中,生存需要包括生理需要和安全需要;享受需要包括物质享受的需要和精神享受的需要。人在生存需要得到满足后,往往还自觉不自觉地希望得到物质享受,那便是物质享受的需要,这种需要得到满足时,人便会得到肉体的快感,即物质的享受。然而,人不仅具有肉体,还具有自我意识,需要爱与被爱、需要交往以驱赶孤独、需要被尊重以获得尊严,需要实现自我的价值以显示自己的能力等等,当这些需要得到满足时,人就会得到精神享受的感觉。所以,爱的需要、交往的需要、被尊重的需要及自我价值实现的需要等等,都是精神享受需要的表现。这里需要着重指出的是:物质享受是有限的、短暂的;而精神方面的享受是无止境的、回味无穷的。

既然人的需要只是经验性的概括,那么,必须靠思维才能把握的人之本质到底是什么呢? 这就需要挖掘比需要更深一层次的人

---

① 《马克思恩格斯全集》第3卷,人民出版社1960年版,第514页。
② 《马克思恩格斯全集》第3卷,人民出版社1960年版,第326页。

之行为的依据。

如果对人的诸多需要做进一步的概括和抽象的话,就会发现,不管我们把需要如何划分,划分为多少个层次,也不管什么人的什么需要,当其得到满足的时候,都会产生同样的结果,即幸福的感觉。因此,获取幸福才是人与生俱来的、存在于人的无意识中的、人之一切行为的出发点和目的,是在人身上表现为若干需要的深层依据,它在更深的层次上制约着人的行为,是人从事一切活动的终极力量源泉。所以,人之为人的最根本的性质应该在于对幸福的追求。追求幸福是任何时代的人都具有的、稳定的东西,是人生来具有的潜意识,是所有人类个体共同的根本特征,这种特征是普遍的,却不是抽象的,因为每个人类个体的幸福标准是具体的,是后天养成的。

在不同的人之间,幸福的标准是不同的;即使同一个人,在不同的人生阶段,其幸福的标准也是不同的。人的幸福标准的复杂多变性取决于社会关系的复杂多变性,这正是马克思的人的本质"是一切社会关系的总和"这一理论的客观依据。就像没有两片完全相同的树叶一样,世上也没有两个社会关系完全相同的人,甚至同一个人的社会关系也在不断地发生着变化。一个人的政治、经济、文化等各方面的关系混杂在一起构成了影响着他生活、成长和发展的环境,即一个人社会关系的总和构成了其生存、成长的环境。这种环境培育了他的个人意识、人生目标和价值观念,造就了他的幸福观、荣辱观、善恶观。幸福观、荣辱观、善恶观三者之间是密切相关的,幸福的标准与荣辱观是密切相关的,而不同的幸福标准又决定着不同的精神享受的需要。所以,胡锦涛在经济社会有了一定发展的基础上,及时提出的"八荣八耻"具有十分重要的意义。以"八荣八耻"为主要内容的社会主义荣辱观是促使人们形成健康、合理幸福观的有力的思想引导。人们有了正确幸福观的引领,若再认识到追求幸福是人的普遍特征,那么也就自然会推己及人:只有首先放弃自我才能实现自我的追求,即为了"为己"必须首先"为人";只有付出劳动、创造财富、求得他人幸福和全社会的和谐,才能更好地实现自我幸福。

正因为人人都在有意无意地追求着自己所理解的幸福,才会发生行为上的善与恶,这是本质与现象的关系。如前所述,人与人的幸福标准不同,有的人注重物质享受,而有的人则注重精神享受。特别是精神享受的尺度不同,有的人做了损人利己的事,甚至损人而不利己的事被自我认为是一种享受;而有的人则以助人为乐,为给他人带来利益而感到充实、幸福等等。在表现形式上,前者表现为恶,而后者则表现善。随着社会的发展与先进意识形态的倡导、引领,人们的幸福观念会越来越健康,由此自然引发出越来越多的善行和越来越少的恶行,从而社会文明会跃升到一个新的高度。总之,善恶是行为的直接表现,属于现象的方面,其背后的本质是对幸福的追求。

毋庸置疑,人以外的其他一些动物也具有一定程度的感受幸福的需求,但不能由此否定"人的本质在于对幸福的追求"这一认知。因为,"人来源于动物界这一事实已经决定人永远不能完全摆脱兽性,所以问题永远只能在于摆脱得多些或少些,在于兽性和人性的程度上的差异。"①这就是说,不能因为人之本质内容里的某一特征为人和其他动物所共有,就将其完全排除在人的本质研究领域之外。人与其他动物有共同性,也有差异性,正是这种共同性与差异性的混杂于一体构成了人之为人的存在。而且其中的差

① 《马克思恩格斯全集》第20卷,人民出版社1971年版,第110页。

异性居多,虽然人以外的其他一些动物也具有一定程度的感受幸福的需求,但它们不能预设幸福、创造幸福、实现幸福,更不能提高幸福的层次,根本谈不上"追求",只能本能的适应,它们无力自主,没有意志,不能依靠自己的力量满足自己的需要,其需要也就不可能有任何变化,从而他们与现实的自然界融为一体。

与自然界相对分离的只有人类社会,这是人的能动性使然。人的能动性是人的实践活动的最根本特点,人且只有人具有能动性。所以,人不仅追求幸福,而且具有实现自己追求目标的能力。

那么,能不能由此视人的能动性、创造性为人之本质呢? 回答是否定的。因为,人的能动性、创造性只能说明人的行为能力,不能说明人之行为的动因,更不是人之需要的依据。而追求幸福不仅包含着人的自我意识、包含着人的能动创造性,而且它是人之需要的依据,是人之行为的最深层动因,所以,将人的本质追溯到"追求幸福"比解释为"创造性"更具合理性。

17 世纪荷兰著名哲学家斯宾诺莎也曾表述过"人的本质是对幸福的追求",也曾经从伦理上倡导人的最高幸福是至善,是"人的心灵与整个自然相一致的知识"。① 但他只是将其作为假说提出,没有展开逻辑的论证,没有在抽象的基础上上升到具体,更没有对幸福标准形成的具体途径作任何说明。

马克思主义创始人发现了人与人之间之所以存在不同特征的来源之一——"社会关系的总和"。笔者受此启发,进行了一系列的思考,并从逻辑上展开论证,找到了人之善恶与人之追求幸福的内在联系,即"善"与"恶"不是人的本质,而只是本质的外在表现,

---

① 　[荷兰]斯宾诺莎:《知性改进论》,贺麟译,商务印书馆 1960 年版,第 21页。

属于表层的东西,是现象。其背后的本质是:对幸福的追求。

人正是因为具有追求幸福的先天性愿望,才坚持不断地从事创新活动。可以说,创新是人追求幸福、实现幸福的必然要求,或者说,人对幸福的追求形成了人进行创新的必要性。

(二)人的价值的独特性

价值是在人与事物的多种关系中产生的,是存在于事物中的可以给人带来各种效用的属性。对人来说,事物有其价值,是因为当人按人的方式与事物发生关系时,事物就在多方面满足人的物质与精神生活需要,即具有适合于人的需要的有用性。这种对于人来说事物的有用性从一定的角度可以被界定为事物的潜在价值。

在哲学界,多数学者认同"价值范畴表征的是一种主客体关系"的观点。我们认为,作为表征主客体关系的价值是现实的价值和正在实现过程中的价值,而当人还没有与一定的客观事物形成主客体关系时,存在于客观事物中的对人有用的属性只是潜在价值。

人作为一种客观实在,自然可以被看成价值客体存在,事实上,人是对人类自身具有最大的有用性的存在,所谓人的价值是最高的价值。人的价值可以分为开发性价值和工具性价值两种。在这两种价值中,每一种价值都存在着潜在价值和现实价值两种状态。

如前所述,社会的发展离不开人的发展,离不开人的活动与创造。人的发展的过程正是人的开发性价值得以开发的过程;人的活动与创造的过程则是人的工具性价值实现的过程。人的开发性价值和人的工具性价值必定是相互转换、相互促进。

问题在于,与其他物种相比,人的价值存在着明显的独特性。具体表现在人的潜在价值的相对无限性、人的价值主体取向的多重性和人的价值实现的自主性等三个方面。

1. 人的潜在价值的相对无限性

在价值论中,潜在价值是价值客体所具有的能够满足价值主体需要的属性,是价值的潜在状态。人的潜在价值是指作为价值客体的人所具有的能够满足作为价值主体的人的需要的属性、有用性。

与其他物种相比,人的潜在价值具有相对无限性。这种相对无限性表现在人的潜在价值的不断发展性和人的价值实现过程中的可无限挖掘性两个方面。所以,我们可以从人的开发性潜在价值和人的工具性潜在价值两个方面来探讨。

(1)人的开发性潜在价值具有相对无限性。

人以外的其他物种的潜在价值的潜在性是相对表面的,不能深入、不能发展。而人的潜在价值深藏于人的基本价值中,其潜在的深度相对无限,对它的开发具有相对无限的空间。

人具有基本价值,即人之为人的价值。所谓人是万物之灵,从一定的角度看,这种灵性在于其基本价值的可拓展性。凡是人,一个正常的人都具有自身的基本价值,这一价值在开发之前是最具有价值的存在,就像一块原始的玉石,在它被雕琢之前最具有开发价值一样。一个新生婴儿具有人的基本价值,基于这一基本价值,可以发展为人的相对无限的潜在价值。人在其成长的过程中,可能进步很大,得到全方面发展,成为社会发展事业某方面的专家或社会发展的杰出开拓者,给未来社会的发展带来巨大的推动作用;也可能无所进步,成为一个永远依靠他人生存的人;还可能在智力、才能等方面有极大的发展,但在思想观念方面逆历史潮流,违背社会规律,成为社会发展的反动者,给未来社会的发展带来极大的阻碍作用。所以,青少年是"八九点钟的太阳",充满了希望。社会上一直倡导"一切为了孩子"以及"教育是重大生产力"、"教育兴国"等等,其实质就是对人的更高层次价值的积极追求,是对人的基本价值的尊重与珍视。同时也体现了人的开发性潜在价值的相对无限性。通过有效的开发过程,人的开发性潜在价值转换为人的工具性潜在价值。

(2)人的工具性潜在价值具有相对无限性。

不仅人的开发性潜在价值具有相对无限性,而且人的工具性潜在价值也具有相对无限性。所谓无限,是相对于其他物种而言的。其他物种的价值是既定的、有限的。虽然同一事物对不同的人或同一人的不同时期、不同地点等有不同的用途,会发挥不同的作用,但物自身的状态是比较稳定的、既成的,它的价值是相对确定的,它很难依靠自身的力量创造出新的价值。人不同,人的价值是不确定的、无限的。人具有创造性,他在创造外物时,主动创造与被动创造的结果大相径庭。人既能创造外物,又能再造自我,所以,人的工具性价值不仅可以被反复利用,而且还能不断增大。

人的工具性价值包含的内容很多,但归结起来,不外乎认识对象的潜能和改造对象的潜能,这两种潜能都是相对无限的。

首先,人的认知潜能相对无限。

可以被人认识的对象无限广阔,就像宇宙无限广阔一样。宇宙有多大,有待于我们认知的对象就有多大,既包括人以外的事物,也包括人自身。人认识的对象范围有多大,就表征着人的认知能力有多大,表征着人的工具性价值有多大。

每一个被人认识的对象有若干个存在的维度,从不同的维度对其进行认识,会获得不同的认知结论。人对其把握的维度有多少，表明人认知的能力就有多大、人的工具性价值有多大。每一个被认知的对象都是一个系统，系统具有层次性，层次是相对无限的。人对其认识的层次有多深，表明人认知的能力有多大、人的工具性价值有多大。总之，人的认知潜能相对无限。它会随着认识的深入而拓展。

其次，人的创造性潜能相对无限。

人的创造性特征在人的生活中如此重要，以至于曾被很多哲学家认定为人的本质。人之所以能从自然界中分离出来，其决定性因素在于人的创造性。

人创造价值的过程是一个从自发到自觉、从被动到主动的过程，并在这一过程中使人与自然界分离开来，又与自然界融为一体。人在为了满足人的需要而展开的社会实践活动中，在追求和获取其他物种的价值中，表现出自己的创造性价值。人在具体的生产实践活动和其他各种具体的社会活动中，依据具体的目的，运用自身的体力、智力与其他可支配的生产工具和资源，创造出丰富多彩的物质世界。人化世界的无限丰富性来源于人的创造性潜能的相对无限性。

人在进行创造性活动的同时，不断地丰富着自己的经验、知识，锻炼和提升了自己的能力，造就了人的新的素质、新的能力、新的需要和新的行为与活动方式，创造着新的自我。自我的再造是不自觉的，在不自觉中将自己作了实践的对象，在不自觉中增强了自己的创造性潜能，在不自觉中提高了自身的价值。可见，人创造对象性世界的过程，就是挖掘对象价值和自我价值的过程。它是人的工具性价值实现的过程，同时也是自我再造的过程。这个过程使人的价值与对象世界的价值达到了新的统一、新的融合和新的升华。

总之,人创造对象性世界的过程不仅使人的工具性价值得以实现,而且使人的开发性价值也得到了进一步拓展。人的开发性价值和人的工具性价值相互促进,致使人的潜在价值更加相对无限。

2. 人的价值主体取向的多重性

人以外的其他客观事物作为价值客体的时候,它仅仅是客体。即在人与物的关系中,人是主体,是评价者,是目的;物是客体,是被评价的对象,是手段。物是为人服务的,它的价值潜在于能够满足人的某种需要的某方面属性中。

众所周知,实践规定了主客体的相互生成,人与自然的分化就是创造性实践活动的结果:一方面,它使实践改造对象获得了客体的意义;另一方面,它又是人自我确证的过程,人由此获得了改造对象世界的主体意义。加拿大学者伯纳德·罗纳根认为:"客体是通过被人所注意而在场的;主体则作为主体而在场,即不是通过被注意而通过发生注意行为而在场。""如果读者打算去发现作为主体的自己,回过头来揭示其主体性,可以说他是不可能成功的。……一个人要增强相对于自己的在场,不是去内省,而是去提高自己活动的水平。"①这里的"提高活动水平"就是指创新,只有在创新中才能证明主体的存在,主体才会认为自己是作为主体而存在的。

当人作为价值客体被评价时,它不仅被社会和他人评价,还可以由自身做自我评价;人不仅可能对社会和他人有用,来满足社会和他人的需要,而且还必定对其自身有用,用自己的智慧和劳动来

---

① ［加］伯纳德·罗纳根:《认知的结构》,《成都大学学报》(社科版)2001年第2期。

满足自我生存、自我发展、自我完善等诸多方面的需要。所以人的价值主体不像物的主体那样单一,而是一个复杂的组合体,是由他人、社会和自身(同时作为价值客体的人)构成的组合体,而且其中的重要组成部分恰恰是作为价值客体的人自身。

因此,作为价值客体的人同时又是人的价值主体组合体中的重要组成部分,这时,作为价值客体的人实质上是主客体的统一体。换句话说,当人作为价值客体时,其价值关系中的主体,除了取向于社会和他人之外,还返回其自身。人的价值的主体取向具有多重性。

3. 人的价值实现的自主性

潜在价值只是价值客体的属性,是现实价值的可能性。若将其变为现实,需要实践的作用,需要主体的行为活动,在主体的行为活动中,潜在价值变为现实价值,即价值由客体的"属性"变为主体的"效应":对主体的生存与发展带来了有益的、正面的作用和影响。这就是说,某物虽然具有能够满足人的某种需要的属性,但它本身并不能主动地满足人的需要、实现自身的价值;其价值的实现依赖于价值主体对它的需要和利用。

与物的潜在价值的实现依赖于主体一样,人的潜在价值的实现,也依赖于主体。其实,自主性表明人不仅能支配外部世界,还能支配自身。前面谈到,人的价值主体是个复合体,我们可以将这个复合体分为两部分——"自我"与"非我"。

"自我"是指在人的价值主体的复合体中,同时又是价值客体的部分;"非我"是指由价值客体之外的他人和社会转化来的主体部分。

人的潜在价值的实现,既依赖于"自我",同时又依赖于"非我"。

（1）人的价值实现对"自我"的依赖

人的潜在价值的实现必须经过"自我"创造性的实践活动。

任何人的创造性实践活动都是在自觉主动的状态中完成的，离开自觉、主动，创造性活动不可能发生。而人的自觉主动状态必然依赖于"为我"的实现。因为，人是有意识的存在，其创造性行为必须要符合一定的目的，其目的性的标的总是以"我"为中心的。

所以，只有"为我"的目的得以实现，人才能积极主动地进行创造性的实践活动。对此，恩格斯指出："在社会历史领域内进行活动的，全是具有意识的、经过思虑或凭激情行动的、追求某种目的的人；任何事情的发生都不是没有自觉的意图，没有预期的目的的。"①在人的价值关系中，"自我"为了实现自己的目的，从事创造性的实践活动，挖掘价值客体（同时也是"自我"）的潜在价值。在这个过程中，"自我"是需要付出代价或需要做出努力的，只有当他能预见到"为我"性目的可以实现时，他才会具有挖掘价值客体（同时也是"自我"）潜在价值的自觉主动性。

人"为我"性目的得以实现的首要前提条件是使人处于自主地位，实现其自主性。自主的实现同样需要特定的前提条件，那就是自由。

以上表述贯穿着一条非常明显的因果链条：

环境→自由→自主→为我→自觉→主动→创造→价值的实现→更优的环境→更高境界的自由

这一链条表明，对于人的价值实现来说，"自我"的自由是最基本的前提，自由需要优良的环境作保障。人只有具有了自由，才

---

① 《马克思恩格斯全集》第21卷，人民出版社1965年版，第341页。

能实现其自主性,由此预见到"为我"目的的实现,进而自觉主动地进行创造性活动,实现自身价值,其结果是营造出更优良的环境,使全体社会成员获得更高境界的自由。这是一条螺旋式上升的曲线,再次印证了唯物辩证法规律的正确性。

对链条中涉及的"为我"、"自由"这两个范畴,可以如下解读:

① 为我

这里的"我"并不仅限于个体的"我",而是多个层次的"我",有不同层次的"小我"与"大我"。"小我"小到小小家庭的我、个体的自我;"大我"大到全人类、全宇宙。当涉及到全人类的利益问题,每个有觉悟的人类个体都会为之奋斗,这不能不说也是"为我",但却不能说这是"利己",是"自私",所以"为我性"与传统意义上的"利己性"、"自私性"并非同义语。

② 自由

这里的自由绝不是行为主体为所欲为。正如汪健教授所言:"自由既不是人的自然本性的放任,也不是纯粹主观的幻想"①。人的自由,"只有通过实践活动才能获得,才能实现。实践活动创造着人的自由空间,也规定着人的自由的限度,使人成为现实的自由的存在。自由是人的社会特征,人只有作为社会的存在才能成为自由的存在。……社会制度、规范、特殊权力的功能,就其理想化的意义上说,就是保护、调动、激发和引导人的自由创造的积极性,保障、维护社会生活的正常秩序。社会管理、控制不应当是特殊的社会权力对社会的支配,而是一定的制度对社会生活、社会力量的调控、整合。……人的自由创造必须通过社会整合才能成为

---

① 汪健:《社会活力:解放与创造》,《天津社会科学》1999 年第 3 期。

现实的社会力力量。"①

我们不妨具体从以下三个方面来理解"自由"：

第一,自由与平等密切相关。社会政治法律制度对人的自由的保护必须以平等为前提性条件。如果失却平等,政治法律制度只是对社会部分人有现实意义,对另一部分人没有约束力量或只具有较轻的约束力量,那么,后者是"自由"的,甚至可以是为所欲为的,但前者却没有自由可言了。

第二,自由是对规律的认识和利用。人们若正确认识规律并按客观规律办事,达到自己预设的目标,便会拥有轻松、自如的感受,拥有一定程度的自由。正如恩格斯所说："自由不在于幻想中摆脱自然规律而独立,而在于认识这些规律,从而能够有计划地使自然规律为一定的目的服务。"②从应然的状态上讲,人生就是一个不断地预设自己的目标,不断地实现目标,从而不断地获得不同程度自由的过程。实现目标的前提条件是不能违背客观规律和一定社会的政治法律制度。社会政治法律制度越是符合客观规律,其合理性就必然越大,人们对制度的遵守和对规律的尊重自然会达到吻合状态,人们目标的实现就更容易了,自由的程度就更大了。

第三,自由是实事求是的结果。真正意义上的自由是一种精神上的感受。大自然是真实的,作为自然一部分的人,就其本真的意义来讲,也是求真的。只有使自己的状态达到与原本真实的自我相一致时,人才会回到其本真的状态,才会获得自由的感受。对于社会政治法律制度来说,只有以实事求是的态度对它进行制定、

① 汪健:《社会活力:解放与创造》,《天津社会科学》1999 年第 3 期。
② 《马克思恩格斯选集》第 3 卷,人民出版社 1995 年版,第 455 页。

修改与完善,它才能更加接近客观规律,才能更加为社会拓展一份公平,才能更加为社会成员提供一片自由空间。

以上是笔者对——环境→自由→自主→为我→自觉→主动→创造→价值的实现→更优的环境→更高境界的自由——这一链条中"为我"与"自由"两个概念的阐释。

环境→自由→自主→为我→自觉→主动→创造→价值的实现→更优的环境→更高境界的自由——这根链条已经明显表明:人的潜在价值的实现依赖于创造性的实践活动,依赖于"自我"。"自我"在通过自觉创造性活动挖掘、实现人的价值的过程中,其创造活动的目的会不断地由物质层次上升到精神层次。所以,人追求和创造价值不仅是谋生的需要和满足肉体感官的欲望,而且是把创造价值作为自己是"人"的生命存在的本质表现,是人的精神追求的实现。马克思说:"人甚至不受肉体需要的支配也进行生产,并且只有不受这种需要的支配时才进行真正的生产。"①问题在于,传统的、庸俗的价值判断标准往往只是把主体目的直接指向他人的表现视为"为他",而忽视其在精神层面上"为我"的现实"为他"性。由此,导向人的价值判断标准的极端化:凡是"为我"的,都是自私的,是不应该存在、不应该提倡,甚至是必须予以封杀的;只有主体目的是"为他"的,才是对人的社会价值的肯定。

(2)人的价值实现对"非我"的依赖

不论是人的开发性价值还是人的工具性价值,能否得到充分挖掘或实现,不仅取决于"自我",而且还取决于"非我"。人的价值实现依赖于"非我"。

在人的价值关系中,"非我"以满足自身需要和社会发展为目

---

① 《马克思恩格斯全集》第42卷,人民出版社1979年版,第97页。

的,在自觉不自觉中挖掘、利用作为价值客体的人的潜在价值。但是,因为人的价值主体是一个复合体,在这个复合体中,"自我"与"非我"之间容易发生利益冲突或意愿不一致。一旦二者之间的矛盾造成"自我"物质利益受损或精神愿望受阻,那么,具有能动性与自主性的"自我"必然会降低挖掘自身价值的自觉主动性,人的价值实现必然受阻。可见,只有"非我"充分重视与尊重"自我"的利益与愿望,充分调动"自我"挖掘其自身价值的自觉主动性,人的价值才能得到较为充分的实现。从这个意义上讲,人的价值实现依赖于"非我"。

客观世界本是完整的、严密的、协调发展的有机整体,以实事求是的态度制定的符合于客观世界发展规律的制度,必然也是完整的、严密的,是能够促进和谐的,是维护公平与正义的。这样的制度必然会促进人的整个价值主体组合体的实践与目的的统一。从而,人的价值的实现既满足了"自我"的需要,又满足了"非我"的需要。最终是满足了社会发展的需要。

完整的、严密的制度是全社会成员共同努力的结果,是全社会每一个价值关系中"非我"共同努力的结果。因为,它的制定的确离不开实事求是的态度,而"实事求是"准则在具体工作中并不容易把握,不容易落实。首先,"实事求是"要求对客观事物及其规律的认识必须是正确的,而获得正确认识需要反复实践、反复验证的过程;其次,在具体工作中,利益关系及人的"为我"性容易使人在主观上偏离实事求是的准则。完整的、严密的制度确立的艰巨性进一步证明了人的价值实现对"非我"的依赖性。

总之,人的价值实现既依赖于"自我",又依赖于"非我",只有"非我"为"自我"创设公平、正义的环境,使"自我"的自主性获得充分实现,"自我"才能自觉主动地进行创造性实践活动,从而实现其相对无限的价值。

事实上，人在实现自己潜在价值的过程中，创造了物质财富、精神财富，满足了自身的需要，也满足了他人、社会的需要，即创造了社会价值。由此，我们说，人既是目的，又是手段（或工具），只有实现了其目的性，才能达到手段的利用。正如马克思所说："每个人为另一个人服务，目的是为自己服务；每个人都把另一个人当成自己的手段互相利用。""每个人是手段，同时又是目的，而且只有成为手段才能达到自己的目的，只有把自己当成自我目的才能成为手段。"①可见，在人们的实践过程中，每个人都以自身为目的，又以自身为手段；同时，人与人之间又互为目的，也互为手段，由此使人的潜在价值得以最大限度的实现。

每个人潜在价值实现的过程，也就是人民群众创造历史的过程，是社会发展的过程。正如恩格斯的著名论断："历史是这样创造的：最终的结果总是从许多单个的意志的相互冲突中产生出来的，而其中每一个意志，又是由于许多特殊的生活条件，才成为他所成为的那样。这样就有无数互相交错的力量，有无数个力的平行四边形，由此就产生出一个合力，即历史结果，而这个结果又可以看作一个作为整体的、不自觉地和不自主地起着作用的力量的产物。因为任何一个人的愿望都会受到任何另一个人的妨碍，而最后出现的结果就是谁都没有希望过的事物。所以到目前为止的历史总是像一种自然过程一样地进行，而且实质上也是服从于同一运动规律的。"②从哲学价值论上看，"以人为本"的实质是：要求全社会或全社会的成员交互成为全社会的人的价

---

① 《马克思恩格斯全集》第 46 卷（上），人民出版社 1979 年版，第 196 页。
② 《马克思恩格斯选集》第 4 卷，人民出版社 1995 年版，第 697 页。

值的主体,充分利用人的价值,所谓实现人的手段性;同时,要求每一社会成员做自我价值主体,充分利用自我价值,所谓实现其目的性。

人的价值实现的过程,就是人的创造性发挥的过程,是包含着创新的过程。换句话说,人的创新毫无例外地包含在人的价值实现的过程之中。人的价值存在是人类成为创新主体的客观前提,它构成了人类进行创新的可能性条件。这种可能性条件与前面阐明的由人的本质追求所形成的创新的必要条件一起共同构成了创新的客观条件,这种客观条件使人类的创新成为必然。

综上所述,创新的主体条件的研究表明,人的本质追求和人的潜在价值是人与生俱来的客观存在,这种客观存在是人类进行创新的根源。在本书的第二章关于创新结构的阐释,我们已从多个角度探讨了创新主体的要素,如个体主体的想象力、好奇心、求知欲、兴趣、意志、智力、个性、思维方式及群体主体的互补性、协调性、群体结构、群体规范、群体领导等等。这些创新主体的要素在一定的角度上可以看成是创新的主体条件,而且,这些条件明显带有主观性、变动性。但是,所有这些创新主体要素都是人的本质追求和人的价值的体现,正是因为有了人的本质追求和人的价值存在才有这些创新主体要素的产生。人的想象力、好奇心、求知欲、兴趣、意志、智力、个性、思维方式等都是相对易变的、表面的、多样性的,是表层的东西,在现象与本质的关系中,属于现象的方面;人的本质追求和人的价值存在才具有深刻性、稳定性、规律性、本质性、统一性,是所有的创新主体要素的深层根据,是人之所以成为创新主体的根本性原因,是创新的客观性条件。

二、创新的环境条件——主观性条件

环境分为自然环境和社会环境。

创新的环境条件特指社会环境条件。创新活动是在一定的社会环境中进行的,创新过程与结果对社会环境有着无法剥离的依赖关系。创新离不开社会环境条件。

社会环境对于一定的创新来说具有先在性、客观性。但是,任何既定的社会环境都是前期创新主体创造性活动的结果,从这个角度来讲,社会环境又带有明显的主观性。创新的环境条件实质上是创新活动的主观性条件。

(一)社会环境的概念解析

1. 社会环境的含义

有学者认为,社会环境由社会生产力发展水平、社会制度状况、社会文化及其各种政策法规组成。

何中华先生在《论人与社会环境及其关系》一文中从哲学系统论的角度简明扼要地指出:"所谓社会环境,简言之,就是使人的存在成为可能的一切社会条件所构成的对象性的有机系统,……是人们通过交往建构起来的社会存在,……从外延上说,社会环境包括实体和关系两个层面。就实体层面而言,任何社会环境必须具有自己的物质承担者。因此,实体性因素对于社会环境的构成来说,是不可或缺的,相反,它带有前提的意义。作为社会环境载体的实体性因素,总是有形的,可以为人的感觉器官所直接感知到的。例如,作为人的社会存在之历史前提的特定生产力状况和水平,总是表现为一定质量和一定数量的物质财富的积累。

作为社会关系载体和支点的人的个体和群体,总是肉体存在物,是自然界的一部分。社会上层建筑中的政治和法律设施,也必须有一系列的'硬件'系统作为媒介,而'硬件'系统首先是由实体因素构成的。但是,需要指出,社会环境的直接规定并不在于实体因素本身,而在于表现在实体因素之上的关系规定。就关系层面来说,社会环境主要表征为人与人之间的交往及其所体现的社会关系。马克思往往把社会关系叫做'交往关系'、'交往形式'或'交往方式'。因此,社会环境中的关系层面是非直观的、抽象的。这也正是它容易被神秘化的一个认识论上的原因。……由于构成社会环境的社会关系本身所具有的这种非直观性特点,人们研究社会现象就无法使用自然科学的方法,而只能运用抽象的思维方法。"[1]

齐秀生先生则在《社会环境与人才》一书中从社会历史发展的角度,深入浅出地对社会环境做了翔实的阐释:"一般而言,环境是指人自身以外的全部因素。主要包括两方面的含义:一是指环绕所辖的区域;二是指围绕着人类的外部世界。可以说,环境是人类赖以生存、发展的社会物质条件的综合体。环境分为自然环境和社会环境。……社会环境通常是指在自然环境的基础上,人类通过长期有意识的社会活动所创造的人工环境。"[2]齐秀生先生进而对社会环境的内涵进行了精辟的分析:"对于社会环境,通常的理解偏重于物质的社会环境而对精神的社会环境多有忽视。现实社会中,社会环境除了物质因素外,更重要的是内容十分广泛而丰富的制度和精神因素,是上层建筑范畴的所有内容。如果缺少

---

① 何中华:《论人与社会环境及其关系》,《长白学刊》1999 年第 5 期。
② 齐秀生:《社会环境与人才》,齐鲁书社 2005 年版,第 4—5 页。

这些因素,社会环境就不成其为社会环境。"①

　　总结以上学者对社会环境的界定,社会环境是一个系统性存在,是从自然环境中分离出来的,又与自然环境融合的一种系统存在。在理论抽象上,社会环境包括实体和非实体两大部分,实体部分主要是指社会物质载体;非实体部分主要是渗透到经济、政治、文化中的人与人的关系以及政治、经济制度等。在现实性上,实体部分和非实体部分存在于社会环境系统统一体中。这个统一体由社会经济环境、社会政治环境和社会文化环境等子系统构成。经济环境系统是社会整体环境的基础;政治环境系统是社会整体环境的保障;文化环境系统是社会整体环境的导向与最终体现。三个子系统之间相互促进、相互缠绕、相互制约,共同推动社会环境系统统一体不断向前发展。总之,创新环境是一个系统,是由交互作用的一定程度的经济文明、政治文明、文化文明等为要素形成的系统。它是创新主体进行创新活动的"社会关系的总和"。

　　2. 社会环境的特征

　　社会环境不是上天的赐予,而是人类自身所创造的。它虽然貌似客观实在,其实质出自人的主观能动性。具体表现在以下几个方面:

　　(1)主观性

　　社会环境是随着人类文明的出现、进步而产生与发展的,是作为社会主体的人根据自己的需要运用自然环境创建的。人的实践活动既是生产和创造物质产品的活动,又是生产和创造精神产品的活动,是生产和创造整个社会的活动。社会的物质生产和以物质生产为基础的交往与交换关系,包括为经济基础服务的政治、法

---

　　①　齐秀生:《社会环境与人才》,齐鲁书社2005年版,第4—5页。

律制度等上层建筑,都是由人在社会实践活动中创建的。创建的过程离不开人的意识、计划、目的,离不开人的主观能动性。虽然社会环境一经创造,它便是一种客观的存在,这种客观存在是主观与客观相结合的产物。它既包含着自然环境的部分内容,又包含着人类能量对象化的内容;它既与自然环境分离开来,又与自然环境融合为一体;它既包含着客观性的内容,又包含着主观性的力量。从这个角度讲,社会环境体现着客观性与主观性的统一。但是,文明的进步与环境的发展多是社会主体主观能动性的体现。特别以制度和精神等因素为重要内容的非实体部分,主要还是人类的主观创造所致。虽然人类在创建这部分社会存在时,也要借助社会环境的实体部分,但人们在社会上结成的社会关系以及人们世代建成的经济、文化、政治制度等精神文明成果直接来自人类意识、思想智慧、交往能力、生存需要等等人类自身的主观力量。总之,对于特定的创新活动而言,社会环境具有既得性、客观性,但这种既得的社会环境是世代创新主体所获取的创新结果的积聚,它具有巨大的可塑性和易变性。所以,从社会静态的角度看,社会环境是既得的存在;从人类历史动态的角度看,它是不断变化发展的,包含了人的主观能动性,具有明显的主观性。

(2)发展性

既然社会环境是世世代代的人们创建的,那么它就必然是发展的。因为人、人类、人类社会都是系统,系统都是开放的、变化的、发展的。人在发展,人类在发展,发展了的人类在不断地创建新的社会环境,每一代人在每一个时刻创建的新的社会环境都是在已有的、既定的社会环境基础上创建的。是在遵循客观规律的基础上,对已有社会环境的变更、完善和补充,具有原有社会环境无可比拟的新颖性。一个时代的环境,既是前人意识与活动的对象化、客体化,同时又在持续不断地得到当代人的再造。"每个人一旦进入某种社会角色,又总是发挥某种功能,从而参与了对社会环境的建构和塑造。"①作为社会主体的人,对于社会环境来说,这时就是"剧作者"。人通过创新性实践活动积极地变革和重建自己的社会环境。在这个意义上我们可以理解为"人创造环境"。社会环境具有主观性。

(3)层次性

社会环境是个复杂的系统,凡是系统都具有层次性。一般来说,整体上的社会环境系统由经济环境、政治环境、文化环境等若干子系统有机构成。在经济环境、政治环境、文化环境等各个子系统内部,又会因产业性质不同、行政层次不同、地域范围不同、研究内容不同等等,出现若干更小的不同层次的环境系统,直到各个单位的环境、各个部门的环境。在不同层次的社会环境系统中,大小系统之间相互作用,共同推动人类社会文明的进步。

在一个国家范围内,因为国家的行政干预性,整体上的社会环境文明状况,作为一个较大的系统,对其各要素层面的小系统的影响总是占主流的。它会或快或慢地渗透到各个不同层次的系统要素中,渗透到各个行政、经济、文化单位中,形成创新的"平台",这一平台具有明显的具体性、条件性、主观性;反过来,任何层次子系统的发展也必然汇集成社会整体文明并将社会整体文明推向一个更高的层次。这种不同层次系统间的相互促进是随着人类文明的进步呈加速度发展的,人类社会越发展,信息传播得越快,这种相互间的影响力就越强、渗透的速度就越快,社会各层次的环境系统就越呈现出有序、良好的状态!

---

① 何中华:《论人与社会环境及其关系》,《长白学刊》1999年第5期。

不管哪个层次的环境系统,它的发展都离不开人的创新,特别离不开文化创新和制度创新,离不开人的创造性、意识性、主观性。社会环境层次之间的相互渗透内在地包含着人的主观能动性。

(二)社会环境对创新的作用

既然每个人都有对美好生活的追求,都有相对无限的潜在价值,那么,只要具备把这种可能性转化为现实性的社会环境,每个人都有可能成为创新主体。换句话说,创新的主体条件是创新的内在条件,属于创新得以实现的内因;创新的实现还需要外在条件,需要外因,这就是社会环境。

1. 社会环境对人类生存的作用

社会环境是保证人类社会实践活动有效运行的人工秩序,它规定着不同主体在社会中承担的义务和享受的权利,提供主体活动的激励与约束。"人即使不像亚里士多德所说的那样,天生是政治动物,无论如何也天生是社会动物。"[1]这是马克思对"人是社会的动物"的精辟表述。正是社会环境使人获得了既自然而又超自然的规定。它意味着只有在人与人的社会关系中,人才能展开自身同自然界的关系。因为"凡是有关人与人的相互关系问题都是社会问题"。[2] 而人与人的社会关系又构成人进行实践活动的逻辑前提,当然更是主体进行创造性活动的逻辑前提。正如马克思所指出的:"人们在生产中不仅仅影响自然界,而且也相互影响。他们只有以一定的方式共同活动和相互交换其活动,才能进行生产。为了进行生产,人们相互之间便发生一定的联系和关系;

---

① 《马克思恩格斯全集》第 23 卷,人民出版社 1972 年版,第 363 页。
② 《马克思恩格斯全集》第 4 卷,人民出版社 1958 年版,第 334 页。

只有在这些社会联系和社会关系的范围内,才会有他们对自然界的影响,才会有生产。"①由此可见,只有着眼于人的社会环境,才能真正理解人的存在与人的发展,理解人的创新。社会环境既是人们通过交往建构起来的社会存在,又是制约和决定人的存在的先在前提。

随着人类社会文明程度的提高,在社会环境中,制度和精神等非实体性因素起着越来越重要的作用。缺失制度和精神等因素的社会环境称不上社会环境,因为这样的社会环境,人的生存至少会缺乏生命意义上的安全保障。在没有安全保障的社会环境中,人的自主性不可能得到实现,创新活动也不可能顺利完成。人类历史证明,社会越发展,社会的文明程度越高,社会环境对人的存在与发展所起的作用就越大;人类越处在原始状态就越依赖于自然环境。

2. 社会环境对主体创新的作用

社会环境虽然是人活动的产物,但它一经产生与存在就不依人的意志为转移。何中华先生说得好:"社会环境为人的现实存在提供了特定坐标。一个人在特定社会关系所给出的时空坐标下的人格定位,就表现为一定的社会角色。任何一个社会角色,都有赖于社会环境这一宏观的人生舞台和人格剧场赋予其某种确定的'系统质',从而找到自己的特定位置。"②作为社会主体的人,对于社会环境来说,这时就是"剧中人",社会环境对创新主体的创新活动具有先在制约性。一切创新活动及创新主体在创新活动中的发展总是处于一定的社会环境中的,是在社会环境的制约和影

---

① 《马克思恩格斯选集》第1卷,人民出版社1995年版,第362页。
② 何中华:《论人与社会环境及其关系》,《长白学刊》1999年第5期。

响下发生的。在这个意义上我们可以理解为"环境创造人"。

社会环境对创新的作用，实质上源于"非我"对人的价值实现的作用。人的价值实现必然依赖于"非我"。而创新的过程则天然地包含在人的价值实现过程之中。"非我"为人的价值实现搭建了"平台"，为创新活动营造了必要的社会环境。在创新系统中，社会环境对创新的作用主要表现为，社会环境为创新主体的形成及其功能的正常发挥提供良好的制度保证和有利的外部条件。

这样的社会环境必须是一种容许民主自由的环境，它能营造出宽松活跃的政治文化氛围。在这种氛围中，人人享有平等竞争的机会；人人有探索新领域的意愿；人人可以通过参与激烈的竞争，实现自身的潜在价值。在这种氛围中，人的思维不再受束缚，人的思想获得真正的解放。解放的思想又使社会全体公民获得自由的思维空间，自由的思维空间放飞人的本质追求和人的价值潜能，最终结果必然持续不断地出现创新过程与创新结果。所以说，思想的自由是产生科学思考方法的必要条件，是形成崇尚探索和研究风气的必要条件，是促进知识进步和科学发展的必要条件。

人的自由需要良好社会环境的维护，良好的社会环境需要一定的制度作保证，需要一定的民主作基础。对此，汪健先生已做过论述："人的自由，只有通过实践活动才能获得，才能实现。实践活动创造着人的自由空间，也规定着人的自由的限度，使人成为现实的自由的存在。自由是人的社会特征，人只有作为社会的存在才能成为自由的存在。……社会制度、规范、特殊权力的功能，就其理想化的意义上说，就是保护、调动、激发和引导人的自由创造的积极性，保障、维护社会生活的正常秩序。社会管理、控制不应当是特殊的社会权力对社会的支配，而是一定的制度对社会生活、社会力量的调控、整合。……人的自由创造必须通过社会整合才能成为现实的社会力量。……只有以这种客观力量为前提、基础和尺度,才能使社会控制成为社会发展的合理的积极力量。那种把社会控制与社会自由对立起来的观念是肤浅的。"①制度问题至关重要,制度带有根本性和长期性。社会需求的规范化体现,竞争机制的合理化运作,社会环境的良性发展,都需要制度的支撑与保障。而具有较强约束力的制度莫过于法律,但法律如果不能处理好与权力的关系,也会形同虚设。能够处理好法律与权力关系,使之各司其职、各展所长的,又莫过于民主。法律保护竞争,而民主是实现有序竞争的基础。在民主的基础上,使制度或者说法律不仅规范选才用才的始终,而且规范掌控选才用才者的行为。所以,要不断进行机制的创新,用国家体制保障法律的效力。

国家体制是创新主体形成的保障,是激发人们创新意识的强大的动力。历史业已证明专制昏庸的统治会极大挫伤甚至扼杀民族创新精神。可以说,没有机制创新,再好的观念创新也难以实现;没有机制创新,再好的创新人才也难以发挥作用;没有机制创新,也不可能有组织创新和管理创新,当然也不可能实现技术创新,将雄厚的技术资源转化为强大的经济实力。因此,在观念创新的导引下只有通过机制创新,才能从根本上推动人类社会发展,有了合理的机制才能营造并维护促进创新的民主自由环境。

营造良好社会人文环境,也是科学发展观的具体要求。科学发展观,内涵博大丰富。它不仅体现在经济、政治、文化的全面进步上,体现在城市与乡村、经济与社会、人与自然、国内与国际的统筹协调上,体现在环境资源的可持续发展上,而且更主要体现于转变政府职能、注重人本思想上,体现于营造良好的社会发展环

---

① 汪健:《社会活力:解放与创造》,《天津社会科学》1999年第3期。

境上。

科学发展观的核心是以人为本。一方面,"以人为本"的思想包含着对国家体制性质的要求。它要求国家体制既要以人为目的,又要以人为手段。注重人的目的性和手段性的国家机制直接就是维护创新的国家机制;另一方面,"以人为本"的思想又是一种对人类社会文化状态的规定。它倡导全社会公民人人爱人若己,人人尊重他人,由此必然营造出良好的社会文化。社会文化是社会环境中的主要构成部分,它是指环绕于人们周围的观念形态的文化总和。既包括物质文化,也包括一个社会所特有的意识和观念,如自然观、世界观、价值取向等。社会文化对创新活动的影响看似无形,但影响力却是巨大的。它通过各种社会形式和传播媒介,形成特定的文化模式和文化传统环绕于人类个体周围,潜移默化地影响着创新主体的价值取向和思维方式,从而影响人们的创新和创新意识。简言之,"以人为本"的思想,通过对社会文化的规范性引导,极大地推动了良好创新环境营造的进程。其思想本身就是一种突出的创新,是人类社会文化发展的成果。所以,创新与社会环境之间是一种相互促进、互为前提的关系。

综上,任何一种人类实践活动的完成,既需要主观条件,又需要客观条件。对于创新活动来说,它需要的客观条件,先在性地存在于创新主体的本质追求和人之为人的基本价值之中,人的本质追求和人的价值决定了作为创新主体的人进行创新活动的必要性和可能性,构成了创新活动发生的内因;创新活动发生的外因在于社会环境,全社会创新的广度和高度取决于社会环境的优良程度。当今中国社会渗透并体现着思想解放和以人为本的民主性政治、开放性文化、发展性经济、健全性法律正是创新必不可少的社会大环境。

第五章　经济环境

在中国共产党第十七次全国代表大会上，胡锦涛总书记作了题为《高举中国特色社会主义伟大旗帜　为夺取全面建设小康社会新胜利而奋斗》的报告，他在报告中指出："优先发展教育，建设人力资源强国。""提高自主创新能力，建设创新型国家。充分利用国际科技资源，进一步营造鼓励创新的环境，努力造就世界一流科学家和科技领军人才，注重培养一线创新人才，使全社会创新智慧竞相迸发、各方面创新人才大量涌现。"当今社会，国家之间的竞争关键是人才的竞争，在我国全面建设小康社会，实施人才强国战略的过程中，经济建设取得的巨大成就为人才的成长创造了良好的环境。经济环境在人才成长的过程中起着至关重要的基础作用，在整个社会的创新环境中起着本质的决定作用，因此，研究经济环境这一问题显得尤为重要。

一、经济环境概述

当代中国社会的大变动是在经济、政治、思想文化各个领域全面发生的，是整个社会生活的全面改造，而它的基础是经济的变更，即由自然经济向商品经济的转变，这场经济环境的变换是一场具有深远意义的"革命"。换句话说，中国社会完成从两千多年来的自然经济和几十年的计划经济向商品经济的转变，也就是完成从古代社会向现代社会的转变，这就是这场大变动的深刻性之所在。

（一）经济与经济环境

在马克思主义诞生以前，人们一般都从具体层面上来理解经济的内涵。所谓经济，指的就是人们进行生产和营利的具体活动。在古希腊罗马，这种活动是一种"家庭管理术"，而在现代，这种活动"是商品和服务被生产和分配的组织过程"。[①] 它主要涉及生产什么、生产多少、如何生产、生产资源的配置、技术的运用以及分配方式的选择等若干基本问题。

1. 马克思的"经济"扩充

马克思、恩格斯除了继续在原有的意义上使用经济概念之外，还进一步扩充了经济的内涵。众所周知，资本主义社会相对于以前一切社会所取得的巨大的物质成就，以及围绕经济利益而展开的阶级和阶级之间的激烈斗争，使马克思、恩格斯深刻地认识到了工业化条件下经济力量、经济关系的极端重要性。根据恩格斯的说法，他们"视之为社会历史的决定性基础的经济关系，是指一定社会的人们生产生活资料和彼此交换产品的方式。这种技术，照我们的观点看来，也决定着产品的交换方式以及分配方式，从而在氏族社会解体后也决定着阶级的划分，决定着统治和被奴役的关系，决定着国家、政治、法律等等。此外，包括在经济关系中的还有这些关系赖以发展的地理基础和事实上由过去沿袭下来的先前各

---

① ［美］戴维·波普诺：《社会学》，李强等译，中国人民大学出版社1999年版，第506—507页。

经济发展阶段的残余,当然还有围绕着这一社会形式的外部环境。"①这里的经济概念主要指物质生产力水平、生产关系以及两者的结合,即生产方式,除此之外,还包括生产的技术装备、人口因素、地理环境等。生产方式是人们从事劳动的方式、方法,是生产力与生产关系的结合方式。而生产力中的主体力量只能来自于人口因素,劳动资料与劳动对象又必须来源于地理环境;生产关系不仅涉及人与人的关系,还必然涉及人与生产资料(地理环境)之间的关系。由此可见,生产方式与地理环境和人口因素基本上存在一种包含与被包含的关系,地理环境与人口因素是生产方式得以形成的基础,人们的劳动实践使得生产成为可能,所以,我们也可以把生产方式理解为实践的方式。②

　　传统政治经济学著作中对"经济"一词的解释主要包括以下几个方面:(1)经济是指社会生产关系的总和。它是人们在物质资料生产过程中结成的,与一定的社会生产力相适应的生产关系的总和或社会经济制度,是政治、法律、哲学、宗教、文学、艺术等上层建筑赖以建立起来的基础;(2)经济是指社会物质资料的生产和再生产过程。包括物质资料的直接生产过程以及由它决定的交换、分配和消费过程。其内容包括生产力和生产关系两个方面,但主要是指生产力;(3)经济是指一个国家国民经济的总称。包括一国全部物质资料生产部门及其活动和部分非物质资料生产部门及其活动。我们通常讲不同国家的经济状况,就是从国民经济的角度上讲的。通常意义下,我们其实主要是从生产力与生产关系

---

　　① 《马克思恩格斯选集》第4卷,人民出版社1995年版,第731页。
　　② 张宝英、滕松梅、张宝玉:《关于"社会发展最终决定力量"的思考》,《烟台大学学报(哲学社会科学版)》2006年4月。

的意义上运用"经济"概念,但是也不排斥其他的经济因素。我们认为,经济或经济状况,指的是整个社会物质资料的生产和再生产;而"经济活动"就是指社会物质的生产、分配、交换和消费活动的统称。

2. 从"经济"到"经济环境"

在现代汉语词典中,环境是指周围的境况、条件。所谓经济环境,通俗地讲,就是指人们从事经济活动所处的一系列境况和条件。人类社会发展的史实表明,良好的境况和有利的条件会促进经济发展和社会进步,恶劣的境况和不利的条件会抑制经济发展,阻碍社会进步。而经济环境条件与制度环境是直接相关的。制度环境的基本功能是在一定的框架下鼓励人们积极地、放心地去干什么,约束人们不能去干什么。对于经济发展环境而言,制度环境也有优劣之分,那些能够促进经济发展和社会进步的系列行为准则属于良好的制度环境,否则就是属于不良的制度环境。合乎制度评价标准的良好的经济制度环境能够减少人们从事经济活动所处环境的不确定性,增强人们对未来的预期,降低交易成本,保护产权,促进生产性活动。不合乎制度评价标准的经济发展的环境条件,往往是与不良的制度环境直接联系在一起的。

经济环境,作为人类物质文明和精神文明发展程度的标志,随着人类文明的推进而不断丰富和发展,涵盖了社会环境中的所有经济要素,有其相对独立的内容和体系。学者们通常从不同的学科领域和角度对其进行过界定,主要代表性的观点有:(1)从社会经济发展的角度,经济环境指的是一个国家或地区的经济制度和经济活动水平,包括经济制度的效率和生产率等,与之相联系的概念可以具体到人口分布、经济周期、通货膨胀、科学技术发展水平等;(2)从企业经营决策的角度,经济环境是指构成企业生存和发展的社会经济状况以及国家的经济政策,包括社会经济结构、经济体制、发展状况、宏观经济政策等;(3)从国民经济运行角度,经济环境被认为是一个国家的经济制度、经济结构、产业布局、资源状况、经济发展水平以及未来经济走势等。我们认为,经济环境是社会环境中,决定主体创新的创新环境中最根本的决定性因素,它的含义应该是:在一定时期、一个国家或一个地区内,围绕主体周围的、影响主体创新和主体发展的各种经济因素所构成的环境体系。

(二)市场经济环境秩序

我国目前所处的经济环境是市场经济,市场经济是适应社会化大生产和市场化这个客观需要,以市场作为资源配置主要手段的经济运行体系。市场经济是社会经济发展的必然结果和必经阶段。而所谓市场经济环境指的是对处于市场经济下的各个经济主体的生产经营活动能产生直接或间接影响的各种客观条件和环境因素。

1. 市场经济环境秩序的理论来源

确切地说,"市场"这个概念本来并不含有"经济"的意思,它只表示交换关系的集结。所以,市场概念的核心是"交换"。一个通过交换关系把所有个体经济(individual economy)连接在一起的经济叫作"市场经济"。这样一个"市场经济"的概念,必须要还原于每个具体的有其特定历史的社会中,从整体的历史框架里去理解。也就是必须纳入到如下框架中:每个特定社会的长期因素所决定的地理、环境、生理、文化和基本心理结构,它的中期因素所决定的社会、政治和经济结构,它的短期因素所决定的日常生活和事件等等。我们必须在这样一个整体的历史里考察交换关系,它的前提条件,它的功能,它对经济整体效绩的影响,等等。

对市场经济的信念可以追溯到英国古典经济学家亚当·斯密,他在《国富论》中揭示了市场这一"无形的手(invisible hand)"的巨大魔力。市场经济是存在于发达商品经济社会的经济运行方式,是一种以市场为中心的经济体制来组织社会经济并以市场机制为基础自动实现社会资源配置的经济运行方式。这种经济运行方式是在发挥价格机制、供求机制和竞争机制作用的基础上,通过价格、供求和竞争的相互制约和相互联系,调节社会经济的运行,最终实现社会经济资源的配置。我国目前所处的经济环境是市场经济环境,而经济运行赖以存在的就是市场经济环境秩序。市场经济对于当代中国来说就是革命,邓小平曾经说过:"改革就是革命。"这种改革的实质内容就是从计划经济到市场经济。我们说,市场经济其实是人的存在方式的变革,而这样的变革必然会带来人的思维状态、思想观念的革命。市场经济是人们通过市场来调节经济过程、实现资源配置的经济体制。市场机制作用的发挥离不开特定历史时期下的市场经济环境秩序。因此,我们强调,只要存在市场经济环境,就必然有相伴随的市场经济环境秩序。所谓市场经济环境秩序是各个经济主体在市场经济活动中所共同遵循的规则,以及由此而形成的市场运行状态和格局。它既是经济主体行为的结果,又构成经济主体行为得以持存的"环境条件"。

其实,根据英国社会学家科亨的概括,西方学者对秩序的理解大体有以下几种意思:(1)社会的可调性,即存在于社会体系中的各种调控因素,包括限制和禁止性因素等;(2)社会生活的稳定性,如某一社会持续维持某种状态的过程;(3)行为的互动性,这是指人们的行为具有相互引起、相互补充和配合的特点,因而不是偶然的、无序的;(4)社会活动中的可预测因素,因为,在无序状态中,他们便无法预测社会活动的发展变化,难以进行各种活动。①
尽管这种概括不一定全面,例如,"秩序"一词至少还有结构的形
式和模式的含义。"显而易见,在社会生活中,肯定存在着一致性
和常规性的东西,而且,社会也必定拥有某种秩序,人们之所以能
够预测、预料事件,并与他们的同胞和睦相处,乃是因为每个社会
都有一种我们可以称之为系统或结构的形式或模式的东西,而社
会成员正是在这种模式中,以及在与这种模式相符合的情况下过
自己生活的。"②这里,结构的形式或模式就是指秩序。不过,科亨
对秩序理论的概括已经大体揭示了社会科学领域里秩序概念所应
包含的内容。据此,秩序作为反映社会政治、经济和日常生活有序
性的基本范畴,构成人类生存与发展的基本条件。

　　市场经济环境秩序是一种反映特定社会关系的社会秩序环
境。经济秩序是指经济主体活动及其经济运行的规范和准则。经
济活动是人类社会活动的基础和核心,社会经济的运行过程离不
开相应的规范和准则进行调节。当这些规范和准则,通过人们的
经济关系及行为方式外化出来时,就表现为一定性质的经济秩序。
经济秩序归根到底是由一定时期社会生产力发展水平决定的,并
反映着社会经济运行状态的内在本质。这就是说,某种经济秩序
的生成、发展、转换或消失,都是社会生产力与生产关系矛盾运动
的产物。我们认为,市场是资源配置的方式,在资源配置中,资源
进入市场,企业是市场的主体,以供求关系的变化为依据,以价格
作为反映市场状况的经济信号,以竞争作为优胜劣汰的有效方式,
价值规律、市场机制发挥着主导作用。因为市场是市场主体关系

---

① ［英］科亨:《现代社会理论》,伦敦,1986 年英文版,第 18—19 页。
② E. E. Evans:*Pritchard*:*social Anthropology*,London,1951,p. 19.

的集中体现,所以,市场环境秩序在很大程度上作为市场经济环境秩序的同义语。

其实,市场经济环境秩序的真正内涵至今众说纷纭。国内学术界对这一概念的界定有以下几种:

第一种认为市场经济环境秩序是规范、准则。例如:郭守亭认为"市场经济秩序是指国家通过法律、法规、社会经济惯例、社会舆论以及社会经济伦理道德等,对市场经营主体及其市场经济活动所规定的行为规范。"①王正卫这样界定:市场秩序"是指各个市场主体,在市场经济活动中自觉或不自觉地遵守的行为规则。"②从这一概念出发,市场经济环境秩序表现为两个方面的规定性:一是由国家市场经济法律、法规、规章构成的规定约束的环境;二是由市场经济伦理道德等所形成的规范约束下的环境。前者通常表现为强制性硬性约束环境,后者则通常表现为导向性软性约束环境。

第二种将市场经济环境秩序描述为状态。"市场秩序就是指在市场条件下,人们为维护公平竞争,保证交易正常进行,共同遵守市场行为准则的状况。"而市场规则造就了市场经济环境秩序,关系到市场主体利益的合理分配与调整,并关系到市场文化建设为了把研究成果放在市场规则上,这项成果认定了市场经济运行规则与市场经济环境秩序之间的一种简单的对应关系:"在市场上,如果所有行为人都自觉遵守市场规则,这表明市场秩序良好,

---

① 郭守亭:《整顿和规范市场秩序的理性思考》,《中南财经政法大学学报》2002年第3期。

② 王正卫:《工商行政管理概论》,中央广播电视大学出版社1995年版,第52页。

如果只有少数人遵守市场规则,就表明市场秩序较差,如果人们不遵守市场规则,就表明没有市场秩序,市场就会出现混乱。"[1]

第三种侧重于市场经济环境秩序的发生机制。王根蓓在《市场秩序论》中界定市场秩序:"静态地讲,市场秩序是特定情景下设计的旨在激励和约束交易者行为的权力与义务的制度安排——既包括法定授权的组织规则,也包括约定俗成的行为标准。……动态地讲,市场秩序是指市场参与者按照特定的市场交易规则安排行为而产生的个人利益与公共利益的协调。"[2]这里关注的是市场经济环境秩序的设计与缔造。郭冬乐和宋则认为:"市场秩序是人们在市场经济中人与人之间关系的制度化和规范化。"[3]我们认为,市场中人与人之间各种关系的建立、维持和发展的过程,其实就是一定市场秩序的建立和运行过程。在现代市场体系中,每一种秩序的形成,都是作为人的行为规范、准则,作为市场关系的调节机制而存在的。因此,一种准则和机制要对市场中人的行为起到规范和调节作用,必须是一种市场准则和市场机制。只有那些为市场承认,并为市场接受的准则、规范和机制,才能成为市场经济环境下的秩序。因此,从某种意义上讲,市场经济环境秩序必然表现为一种行为意识,表现为某一特定市场中个人或群体的共同意志与行为偏好,而且它不以任何个人的意志为转移。

2. 市场经济环境秩序的一般规定性

需要指出的是,秩序是相对于规则而言的。在现代民主法制

---

① 彭星间、叶全良:《建立市场新秩序——中国市场规则研究》,中国财政经济出版社1997年版。

② 王根蓓:《市场秩序论》,上海财经大学出版社1997年版。

③ 郭冬乐、宋则:《通向公平竞争之路》,社会科学文献出版社2001年版,第3—8页。

社会,规则通常表现为按共同意志制订出来的,并得到社会行为主体遵从的行为规范。规则可以区分为制度性规则、社会性规则。前者诸如法律法规、规章条例、政策指令等等;后者诸如风俗习惯(惯例)、伦理道德等等。不同之处在于前者是由社会权威机构予以肯定、公布,对社会行为主体的约束具有强制性,表现为一种硬性约束环境;而后者则更多地表现为一种约定俗成,对社会行为主体的约束以自律为主,表现为一种软性约束环境。秩序不等于规则本身,存在于市场经济中的各种行为规范,必然要客观地外化在人的行为方式和行为过程之中,构成一种市场行为关系。也就是说,秩序是人类各种行为规范的实践过程与结果,即人的行为活动对市场规范的贯彻、实施和维护过程,因而是制度化和规范化了的行为过程和市场行为结果。把秩序看作是一种客观的市场现象,意味着从市场规范到秩序还必须经过一个复杂的社会实践过程。但是,秩序又总是和规则联系在一起的,没有规则就不会有秩序,要建立起某种秩序首先要求确立相应的规则。因此,要建立和完善市场经济环境秩序首先要求确立相应的规则。①

简言之,市场经济环境秩序是各经济主体在市场经济活动中所共同遵循的规则,以及由此而形成的市场运行状态和格局。我们可以对市场经济环境秩序的一般规定性做以下归纳:

第一,市场经济环境秩序表现为按照市场经济客观规律和经济主体的共同意志制定出来并得到各经济主体遵循的行为规范,这种行为规范大都以法律、法规、政策等条文的形式公告于世,或者以道德、伦理等环境形式制约经济主体的行为;

---

① 朱娅:《论经济伦理与市场秩序》,南京师范大学硕士学位论文,第9—10页。

　　第二,市场经济环境秩序能够保证各经济主体通过自己的付出而获得相应的收益,从而体现各经济主体的共同意志。任何经济主体都不能强制其他主体舍弃自身的合法权益而服从公共目标(特殊情况下,如战争、重大灾难等除外),而只能使各经济主体在追求自身利益的过程中实现公共目标;

　　第三,"秩序"本身被认为是产生秩序的过程的结果,没有这个过程,就没有也不可能有"秩序"。① 也就是说,我们不能企求预先设计未来秩序的全部细节,我们所能做到的只能是预先描绘出未来秩序的框架。新经济环境秩序的形成是市场主体通过重复多次论证实践后的共识,是一个不断创造、不断完善、不断丰富的过程。

　　从经济运行的过程来分析,市场主体追求自身利益目标的行为过程,也就是经济变量和资源配置决定的过程。构成市场环境秩序的行为规范是为了调整人与人之间的关系,维持主体利益的,于是国家机构或其他社会组织根据社会的需要,按照一定的程序,制定和颁布一些行为规则,并依靠国家或组织的力量要求各经济主体遵从,从而使其成为社会公认的行为规范。即使在简单的商品经济条件下,人们也将平等竞争、等价交换视为商品经济活动最基本的准则。根据商品经济发展的需要,各国都先后制定了一系列法律、法规与制度,以保障和维护商品经济活动的秩序。所以,市场环境秩序就是由经济主体创造的,用以协调自身各方面关系的行为规范所构成和规定的经济运行状态。市场经济行为状态是市场环境秩序状态的直接表现。市场行为状态是一种规范行为与

---

　　① [美]詹姆斯·M.布坎南:《自由、市场和国家》,吴良健、桑伍、曾获译,北京经济学院出版社1991年版,第74—75页。

非规范行为的对比状况。非规范行为盛行,则市场经济行为紊乱,表明市场环境秩序差、不规范;反之,市场经济行为规范有序,则表明市场环境秩序状态良好。因而,市场环境秩序也是一个动态的概念和状态。概言之,经济环境秩序就表现为经济主体追求自身利益目标环境的一种结果。

对于市场主体而言,一定的市场环境秩序总是纯粹的外生变量,构成主体行为的"环境条件",企业和个人只能适应、遵从这种条件,而不能改变这种条件。对于政府而言,一定的市场环境秩序既是外生变量,又是内生变量,既构成政府行为的"环境条件",又构成政府行为的目标。因而,政府既要适应、遵从现行经济环境秩序所包含的行为及规范,又要致力于全社会行为规范的完善和优化,致力于经济环境秩序的创新。因此,秩序是市场本身内在和本质的要求。它不但影响市场配置资源的效率,而且关系到整个社会经济的发展。

二、经济环境的社会基础

任何一种思想都有其作为理论出发点的前提。正像马克思所说,新的世界观"没有前提是绝对不行的"。[①] 我们认为,经济环境的社会基础问题必须纳入到"实践生存论"维度,这是其作为哲学问题研究的基本前提。

(一)实践生存论转向

众所周知,马克思主义哲学从未把人的存在、生存归结为个人

---

① 《马克思恩格斯全集》第3卷,人民出版社1960年版,第261页。

的生存感受即个体性生存,马克思强调的是社会存在,包括人们的社会关系、社会组织和个体生存的社会性这两个方面,但更为内在的原因则在于马克思认为人的感性对象性活动(实践)是人的最基本的生存方式,而人的整个生存现实包括人的外在和内在的生命感觉,都是在人的对象性活动中形成和变化的。因此,马克思就不可能停留于唤醒人们的生命体验和个体意识,而势必通过强调真正能够使人"自我确证"的对象性活动的展开,而使"人的感觉变成人的感觉"、"创造与人的本质和自然本质的全部丰富性相适应的人的感觉",使每个人都真正成为人。所以,问题的关键不在于对人的生存性作出某种解释,而在于通过改造世界即创造人化世界使人的"全部丰富性"得以形成和展现,应当通过实践"使现存世界革命化,实际地反对和改变事物的现状。"①

在生存实践活动中,人并非如传统形而上学所假定的那样是一个面向整个世界的理性的静观者和凝视者,而是通过感性实践活动,以整个世界为对象的存在者,"'生存实践优先'的原则构成了马克思独具的、区别于一切传统哲学的理论境界"②。正如贺来教授所说,人是一种"世界性的存在",因而他绝非脱离世界、与世界"绝缘"的现成存在者;与此同时,"世界"也不是如传统形而上学所认为的那样是"现成存在于世界之内的存在者的总体",而是一种在人的生存实践活动所生成的"因缘整体性",也就是说,它是一个人直接生活于其中的世界,即处于对人关系中的世界,是经过人的活动所参与、创造的"属人世界",在此意义上"世界是属于

---

① 《马克思恩格斯全集》第3卷,人民出版社1960年版,第48页。
② 贺来:《辩证法的生存论基础——马克思辩证法的当代阐释》,中国人民大学出版社2004年版,第153页。

人"的,它是从事着生存实践活动的人的基本规定。人具有"属世界性",世界具有"属人性",人与世界是一种通过生存实践活动所结成的相互构成、相互生发的一体性关系。

当马克思说"整个所谓世界历史不外是人通过人的劳动而诞生的过程,是自然界对人说来的生成过程"①时,实践生成论的视野被展露出来,它揭示了生活世界的真实来源。马克思认为现实生活世界并非是现成物的堆积,而是工业和社会状况的产物,是历史的产物,是世世代代活动的产物。甚至连最简单的"感性确定性"的对象,也只是由于社会发展,由于工业和商业的交往才呈现在人们的面前的。马克思、恩格斯认为,人不是抽象的,是"现实的个人,是他们的活动和他们的物质生活条件"。"不是处于某种虚幻的离群索居和固定不变状态中的人,而是处于现实的、可以通过经验观察到的、在一定条件下进行的发展过程中的人"。人与人之间必然会发生各种各样的联系,"以一定的方式进行生产活动的一定的个人,发生一定的社会关系和政治关系"。② 从社会内涵上讲,社会包括物质方面和非物质方面(文化与政治),社会历史事实证明,社会经济环境的发展是基础,经济发展了,人们便有精力与物力追求文化生活,文化素质提高了,思想意识水平便相应提高,表征其精华的哲学、政治、法律思想更具科学现实性,由此导引我们的制度向更正确、更合理的方向发展,更完善的制度又为本已发展了的经济的进一步发展提供了更广阔的空间。

---

① 《马克思恩格斯全集》第42卷,人民出版社1979年版,第131页。
② 《马克思恩格斯选集》第1卷,人民出版社1995年版,第66—67、73、71页。

（二）经济环境社会基础的核心范畴

由上，站在实践生存论立场，作为经济环境的社会基础的核心就是人与人之间的物质经济关系，即同物质生产力的一定发展阶段相适应的生产关系。"人们在自己生活的社会生产中发生一定的、必然的、不以他们的意志为转移的关系，即同他们的物质生产力的一定发展阶段相适合的生产关系。这些生产关系的总和构成社会的经济结构，即有法律的和政治的上层建筑竖立其上并有一定的社会意识形式与之相适应的现实基础。物质生活的生产方式制约着整个社会生活、政治生活和精神生活的过程。不是人们的意识决定人们的存在，相反，是人们的社会存在决定人们的意识。社会的物质生产力发展到一定阶段，便同它们一直在其中运动的现存生产关系或财产关系（这只是生产关系的法律用语）发生矛盾。于是这些关系便由生产力的发展形式变成生产力的桎梏。那时社会革命的时代就到来了。随着经济基础的变更，全部庞大的上层建筑也或慢或快地发生变革。"①

1. 物质经济关系的存在依据

作为经济环境的社会基础的核心就是同物质生产力的一定发展阶段相适应的物质经济关系，也就是马克思所说的生产关系。

从马克思对生产关系的论述来看，生产关系的本质内涵包含以下几个方面：

第一，生产关系的社会性。这源自于生产的社会性。在马克思看来，人民的物质生产劳动不是哪个单个人的劳动，而是一种"社会劳动"。他说："人是最名副其实的社会动物，不仅是一种合

---

① 《马克思恩格斯选集》第2卷，人民出版社1995年版，第32—33页。

群的动物,而且是只有在社会中才能独立的动物。孤立的一个人在社会之外进行生产:—这是罕见的事……就像许多人不在一起生活和彼此交谈而竟有语言发展一样,是不可思议的","说到生产,总是指在一定社会发展阶段上的生产—社会个人的生产"。①因此,在《哲学的贫困》、《雇佣劳动和资本》和《政治经济学批判》等重要著作中,马克思把"生产关系"进一步表述为"社会生产关系"。如在《哲学的贫困》中,马克思说:资产阶级经济学家认为,"以前所以有历史,是由于有过封建制度,由于在这些封建制度中有一种和经济学家称为自然的、因而是永恒的资产阶级社会生产关系完全不同的生产关系"。在《雇佣劳动和资本》中,马克思指出:"各个人借以进行生产的社会关系,即社会生产关系"。并以"资本"为例说明了资本之所以是一种"社会"生产关系的原因,即资本的产生及其构成要素都是在社会的条件下发生的。他说:"资本也是一种社会生产关系。这是资产阶级的生产关系,是资产阶级社会的生产关系。构成资本的生活资料、劳动工具和原料,难道不是在一定的社会条件下,不是在一定的社会关系下生产出来和积累起来的吗? 难道这一切不是在一定的社会条件下,在一定的社会关系内被用来进行新生产的吗? 并且,难道不正是这种一定的社会性质把那些用来进行新生产的产品变为资本的吗?"②而在《政治经济学批判》一书中,马克思更广泛地运用了"社会生产关系"概念。

第二,生产关系的整体性。在马克思看来,生产关系是在物质生产中结成的人与人之间的社会关系。因此,与社会关系的整体

---

①　《马克思恩格斯选集》第2卷,人民出版社1995年版,第3页。
②　《马克思恩格斯全集》第6卷,人民出版社1961年版,第487页。

性一样,生产关系也不是孤立存在的,各种各样的生产关系构成一个整体,共同对人的社会生活发挥影响。在《德意志意识形态》中,马克思就提出"交往形式的总和"来表达生产关系的整体特质。他说:"每个个人和每一代当作现成的东西承受下来的生产力、资金和社会交往形式的总和,是哲学家们想象为'实体'和'人的本质'的东西的现实基础,是他们神化了的并与之作斗争的东西的现实基础"。① 在《雇佣劳动与资本》和《〈政治经济学批判〉序言》中,他又把《德意志意识形态》中使用的"交往形式的总和"用语进一步演变为"生产关系的总和",并进而发展了《德意志意识形态》中关于"交往形式"、"市民社会"是"构成国家的基础以及任何其他的观念的上层建筑的基础"等提法。马克思认为:生产关系总和起来就构成所谓社会关系,构成为所谓社会。"生产关系的总和构成社会的经济结构,即有法律的和政治的上层建筑竖立其上并有一定的社会意识形式与之相适应的现实基础。"②

第三,生产关系的历史性,其具体形态都是历史的暂时产物。以往的政治经济学家在对待社会关系、社会生产问题上大都站在非历史的立场上,把资本主义的社会关系、生产资料所有制看作是先天存在的纯粹理性的表现,因此是永恒的、不变的,而至多认为分配关系具有历史发展的性质(如约翰·穆勒)。对此,马克思坚决予以反对。在他看来,古典政治经济学家固执地认为"生产关系本身具有不变的、从人类本性中产生出来的。因而与一切历史发展无关的性质"③,这既不符合生产关系的历史发展实际,也破

---

① 《马克思恩格斯全集》第3卷,人民出版社1960年版,第43页。
② 《马克思恩格斯选集》第2卷,人民出版社1995年版,第32页。
③ 《马克思恩格斯全集》第25卷,人民出版社1975年版,第993页。

坏了生产关系作为一个体系的整体性质。实际上，社会生产关系，连同他们所使用的、不过是作为社会生产关系理论表现的经济范畴，都不是永恒的，"它们是历史的、暂时的产物。"①而作为一个整体，生产关系中的生产、交换、分配和消费"构成一个总体的各个环节、一个统一体内部的差别"。因此，分配关系与生产关系是同质的，承认分配关系的历史性质也就是承认生产关系的历史性质。对于分配关系而言，"每一种分配形式，都会同它由以产生并且与之相适应的一定的生产形式一道消失"。② 生产关系亦然如此。随着生产力的发展，生产关系的形式也在不断更替。正是生产关系的这种历史性质，使得"他们在整个历史发展过程中构成一个有联系的交往形式的序列"。③

第四，生产关系的内在层级性。与社会关系存在内在分层一样，生产关系也包含了许多不同的层级。在马克思看来，要准确认识生产关系，一个很重要的问题就是要区分两类生产关系，即第一级的、原生的生产关系和第二级、第三级的，即各种派生的、转移来的、非原生的生产关系。在两种生产关系中，前者是最具基础性的，它在一定的社会中处于支配的地位，决定了后者的存在和发展。而在这一过程中，后者也不是完全被动的，它的存在和发展又在一定程度上强化并扩大了前者的存在和发展。在任何社会经济形态中，生产资料所有制是一切生产关系的基础，而其他各种关系，如资本主义社会的商业资本、借贷资本、土地所有制，都是由这一关系所规定和派生出来的。正是它赋予一定的生产活动"以特

---

① 《马克思恩格斯选集》第 1 卷，人民出版社 1995 年版，第 142 页。
② 《马克思恩格斯全集》第 25 卷（下），人民出版社 1975 年版，第 999 页。
③ 《马克思恩格斯选集》第 1 卷，人民出版社 1995 年版，第 124 页。

殊的性质","决定着生产的全部性质和全部运动"。"只有支配生产的资本才是历史上特殊社会生产方式的基础。"①

　　第五,生产关系与生产力紧密相连的矛盾运动性。关于生产力与生产关系之间的矛盾运动,马克思在《德意志意识形态》中较多使用的是"交往形式"概念来表达与"生产关系"同质的内涵。在马克思看来,所谓"生产力"就是与一定的生产方式始终联系的、人的一定的共同活动方式。"生产力好像具有一种物的形式",这种物的形式,即人们的物质交往形式。它不能脱离生产力而单独存在。以此为基础,马克思提出了交往形式"与生产力发展的一定水平相适应"的科学论断。他说:"已成为桎梏的旧的交往形式被适应于比较发达的生产力,因而也适应于更进步的个人自主活动类型的新的交往形式所代替;新的交往形式又会变成桎梏为别的交往形式所代替。"②在《〈政治经济学批判〉序言》中,马克思对这一思想的表述有了较大改变。他说:"社会的物质生产力发展到一定阶段,便同它们一直在其中运动的现存生产关系或财产关系(这只是生产关系的法律用语)发生矛盾。于是这些关系便由生产力的发展形式变成生产力的桎梏。那时社会革命的时代就到来了。……无论哪一个社会形态,在它所能容纳的全部生产力发挥出来以前,是决不会灭亡的;而新的更高的生产关系,在它的物质存在条件在旧社会的胎胞里成熟以前,是决不会出现的。"③

---

①　《马克思恩格斯全集》第 47 卷,人民出版社 1979 年版,第 31 页。
②　《马克思恩格斯全集》第 3 卷,人民出版社 1960 年版,第 75、81 页。
③　《马克思恩格斯选集》第 2 卷,人民出版社 1995 年版,第 32—33 页。

2. 物质经济关系的具体阐释

物质经济关系亦即"生产关系"是马克思思想中独有的基本概念。马克思通过对一系列社会政治经济现象所作的深入研究,逐步发现了社会关系,进而发现了生产关系在社会历史中的重要作用,并使之成为研究的主要对象、观点和方法。从马克思思想发展史而言,"生产关系"被作为概念正式提出后,其内涵较晚才被明确确定下来。这从另外一个侧面也说明,在马克思早期思想中,"生产关系"概念为何经常与"物质关系"、"交往形式"、"交往关系"等概念同质使用。在《德意志意识形态》中,马克思就发现在人的物质生产劳动中内涵了"双重关系":"生活的生产——无论是自己生活的生产(通过劳动)或他人生活的生产(通过生育)——立即表现为双重关系:一方面是自然关系,另一方面是社会关系;社会关系的含义是指许多个人的合作,至于这种合作是在什么条件下、用什么方式和为了什么目的进行的,则是无关紧要的。"[①]这里,马克思所表述的"生活生产"中的"社会关系"涵义实际上也就是"生产关系"的涵义。

人类要生存和发展,就要不断地通过生产劳动和再生产来获取物质生活资料,这种再生产关系是建立在人与自然相互依赖、人与自然的对象性存在和人与自然之间的物质变换关系的基础之上的。就物质层面来说,人与自然的再生产指的是人类得以生存和发展的生活资料和生产资料的再生产,这是人类生存和发展的物质前提。自然界是人类的生命之源和生存之本,为人类生存和发展提供了物质来源,但是人类作为整个生态自然系统中唯一的有意识的存在物,他不可能像动物那样本能的、消极的适应自然。尽

① 《马克思恩格斯全集》第3卷,人民出版社1960年版,第33页。

管动物也生产,但动物的生产按马克思的理解只是片面的,因为动物只生产它自己或它的幼仔所直接需要的东西,只在直接的肉体需要的支配下生产,动物只生产自身,不再生产自然界。而人可以不受肉体的支配而进行生产,人可以再生产整个自然界。人作为有意识的存在物,可以感受到自己的生命活动对自然界的影响,他能够意识到自身需要的无限性与自然界有限性的矛盾,能够认识到自然界不是取之不尽、用之不竭的粮仓,从而认识到要再生产整个自然界。马克思说过,"自然界,就它本身不是人的身体而言,是人的无机身体。人靠自然界生活,这就是说,自然界是人为了不致死亡而必须与之不断交往的、人的身体。"①根据这种观点,人类在很大程度上是通过生活资料的生产而产生了与自然的历史性的联系。自然因此而对人类呈现出劳动实践的意义,因为,自然作为一种生命活动的结果,也就是生产活动资料的一种结果。

在《〈政治经济学批判〉序言》中,马克思对"生产关系"概念的内涵所指作了科学而严谨的界定。在他看来,所谓生产关系,就是"人们在自己生活的社会生产中发生一定的、必然的、不以他们的意志为转移的关系,即同他们的物质生产力的一定发展阶段相适应的生产关系。这些生产关系的总和构成社会的经济结构,即有法律的政治的上层建筑竖立其上并有一定的社会意识形式与之相适应的现实基础。"②在《资本论》中也有同质的表述:所谓生产关系,指的是"人们在他们的社会生活过程中、在他们的社会生活的生产中所处的各种关系",是"人们在他们生活的再生产过程中

---

① 《马克思恩格斯全集》第 42 卷,人民出版社 1979 年版,第 95 页。
② 《马克思恩格斯选集》第 2 卷,人民出版社 1995 年版,第 32 页。

互相所处的关系"①。在马克思看来,这种关系"决定其他一切关系的地位和影响",人们"的物质关系形成他们的一切关系的基础。这些物质关系不过是他们的物质的和个体的活动所借以实现的必然形式罢了。"②因此,生产关系在社会关系中的性质特殊,作用重要。在马克思看来,之所以要从人的物质生产劳动中抽象出"社会关系"内涵,对理解现实的社会生活至关重要。"对生产一般适用的种种规定所以要抽出来,也正是为了不致因见到统一……而忘记本质的差别。那些证明现存社会关系永存与和谐的现代经济学家的全部智慧,就在于忘记这种差别。"③

经济环境的社会基础就是同物质生产力的一定发展阶段相适应的生产关系,它对生产力水平的提高是至关重要的,即生产力的发展是由生产力中唯一活的因素——劳动者的发展及其实践活动带动的。而经济基础,作为社会发展到一定阶段占统治地位的生产关系各方面的总和,必然随着生产关系的变化而变化。经济环境既不是任何个人主观断定的结果,更不是上苍赐予的。经济环境规则的形成与发展,本质上是一个人类动态的多次重复博弈的过程,它受到一系列因素的影响,其中,最根本的因素是一定时代的社会生产力与生产关系,以及由这种关系所决定或影响的人们的意识形态、价值观等。而经济环境的演进实际上是市场经济环境秩序规则更替的产物。价值观是秩序规则生成的重要基因,也是破译经济环境价值取向的无形密码,因而是经济环境的内生变量和社会保障。

---

① 《马克思恩格斯全集》第25卷(下),人民出版社1975年版,第993、998页。
② 《马克思恩格斯全集》第27卷,人民出版社1972年版,第478页。
③ 《马克思恩格斯选集》第2卷,人民出版社1995年版,第3页。

三、经济环境的社会保障

一定性质的经济基础必然以暴力或非暴力的形式建立自己的上层建筑,以巩固和服务于自己的生产资料所有权和社会统治地位。不难理解,经济基础首先决定的是观念上层建筑,在观念的导向下,确立政治、法律制度,为了保障制度的顺利运行和实施,必须建设政治、法律组织和设施,这是一脉相承的过程。因此,社会环境必然有其社会保障机制——道德定位和民主法治支撑。

(一)经济环境的道德定位

市场经济是德治经济,无论在理论上还是实践上都日益提到我们的议事日程上,也越来越为理论界所认识。经济环境的德治,或者说经济活动受道德的制约和促进,我们就称之为经济环境的道德定位问题。现阶段,随着社会主义市场经济体制的建立和逐步完善,市场经济的伦理精神缺乏,确立与之相适应的经济环境的道德定位不仅是道德建设的迫切任务,也是保证市场经济环境秩序顺利运行的必然要求。

1. 人性的经济道德心理需求

众所周知,人类文明的进程是人类的物质实践活动和精神实践活动同步展开的过程。人类就是在双重实践的行进中求生存、求发展,不断改造外部客观世界与人自身内部世界的。麦金太尔在《德性之后》中指出,文明因拥有德性,不仅可以达到卓越的水准和获得某种实践的内在利益,而且成为富有的、有声望和权势的人。这意味着不仅实践的外在利益是人类欲求的对象,而且人类在追求外在利益的同时,必须养成对道德的践履,不断追求人类的内在利益。王小锡也指出："经济问题说到底是伦理道德问题。因为经济行为目标和动力是利益与利益追求问题。而利益和利益追求只能在人际关系尤其是利益关系的协调中才能实现。又因为,经济的发展又不断地实现着人的完美性。因此,经济现象与伦理道德是共生和共存的。"[①]"道德是社会制定或认可的关于人们具有社会效用的行为应该而非必须如何的非权力规范,也就是具有社会效用的行为应该而非必须如何的规范,是具有社会效用的行为应该如何的非权力规范。"[②]经济环境的道德定位就是社会制定或认可的关于人们在市场经济活动中具有社会效用的行为"应该而非必须如何"的非权力规范,是保障社会主义市场经济正常发展、人民利益实现和人自身的全面发展的一种规范安排。经济环境的道德定位是作为一种"应该而非必须如何"非权力规范而存在的。人们在日常经济活动中的行为需要规则来约束,而人们守规则的意识需要有一个正确的观念引导,有了正确的观念来指导人们在具体的经济行为中遵守规则,那么,这种外在要求需要逐渐内化为内部动力,也就是人们内心的经济道德心理要求和追求。

人性是一个具体的历史过程,它所具有的历史性必定要现实地表现出来。人的需要是人的自然性、社会性和意识性之间相互作用所形成的不同趋向的表现。这种表现是一个历史的变化和发展过程。人性的不同趋向决定了人的需要的类异性。人的"需要的类异性,一方面表现为若干个体或群体具有某些相同指向的需要,即需要的类别化;另一方面表现为若干个体或群体与另一

---

① 王小锡:《经济伦理学论纲》,《中国人民大学复印资料——伦理学》1994年第2期。

② 王海明:《伦理学》,商务印书馆2002年版,第112页。

些个体或群体具有某些不同指向的需要,即需要的差异化"。① 这表明需要与需要之间会产生冲突,这些冲突会表现在不同的主体之间。这是因为"人的需要是人对其生存、享受和发展的客观条件的依赖和需求。"②即人的需要是人的客观的现实的需要,只有主体的欲求与客体的对象相结合,人的需要才成为一种现实的需要。

　　需要的差异是复杂的,既包括需要内容、对象的不同,也包括需要的性质与作用方面的不同。不同的需要之间既是一种递进的关系,也是相互偏离的或是相互对立的。所以,即使是同一主体,其不同的需要之间也会产生冲突。这些冲突就表现为人们满足需要的行为之间的冲突。如果对人的诸多需要做进一步的概括和抽象的话,就会发现,幸福才是人的无意识里的一切行为的出发点和目的,是人的需要的深层依据,它在更深的层次上制约着人的行为,是人从事一切活动的终极力量源泉。所以,"人之为人的最根本的性质应该在于对幸福的追求,追求幸福是任何时代的人都具有的、稳定的东西,是人生来具有的潜意识,是所有人类个体共同的根本特征,这种特征是普遍的,却不是抽象的,因为每个人类个体的幸福标准是具体的,是后天养成的。"③人的幸福标准的多变性正是马克思的人的本质"是一切社会关系的总和"这一理论的客观依据,一个人的政治的、经济的、文化的关系混杂在一起构成了影响着他的生活、成长和发展的环境,这种环境培育了他的个人

---

　　① 宋飞林:《现代社会学》,上海人民出版社 1987 年版,第 125 页。

　　② 袁贵仁:《马克思的人学思想》,北京师范大学出版社 1996 年版,第 146页。

　　③ 张宝英、张游浩:《人之善恶的本质》,《烟台大学学报》(哲学社会科学版)2008 年第 3 期。

意识、人生目标和价值观念,造就了他的幸福观、荣辱观、善恶观。正因为人人都在有意无意地追求着自己所理解的幸福,才会发生行为上的善与恶。

相同需要的不同主体之间、不同需要的不同主体之间的冲突必然要求解决冲突的方式、手段的产生,这是一种新的需要即社会共同需要。正是人的这种社会共同需要产生了经济环境的道德定位。经济环境的道德定位作为人的社会共同需要就是协调需要主体之间的矛盾关系。可见,经济环境的道德定位根源于人的需要,人的需要是经济环境的道德定位产生的基础。人的需要在社会关系中表现为人的利益,所以,人的需要之间的冲突在社会关系中就是人与人之间的利益冲突。因此,协调或调整人们之间的利益关系,解决人们之间的利益冲突才是经济环境的道德定位得以产生的根本原因。人的"需要的增长及其复杂化和丰富性,必然导致人的活动以及人类社会的进步和发展。"[①]也就是说,人的需要是人类社会前进的动因。人的需要是永不满足的,没有人的需要就没有人类社会的进步与发展。人类适应、改造自然,适应和改造社会的目的,都在于满足人类自身的需要。人类适应和改造自然与社会的过程,也就是人的需要不断产生和满足的过程。人的需要是人类社会和人类自身不断进步发展的动因,一切社会关系的形成都是人类满足自身需要的活动的产物,人的需要的变化发展也是调整和变革社会关系的内在依据。任何一种经济环境都是人类不断满足自己需要的结果,也是人类不断发展自己、完善自己需要的必然。

---

① 袁贵仁:《马克思的人学思想》,北京师范大学出版社 1996 年版,第 161 页。

　　经济环境的道德定位就是在人的需要的历史发展和变化中，在对幸福的不断寻求下，不断发展、进步、完善的。所以，人的需要、人对幸福的追求同样是人自身发展和进步的动因，也是经济环境的道德定位变化发展的内在根源。马克思说："意识一开始就是社会的产物，而且只要人们存在着，它就仍然是这种产物。"恩格斯晚年总结他和马克思的《共产党宣言》的基本思想时，指出：构成《共产党宣言》核心的基本思想是，"每一历史时代主要的经济生产方式和交换方式以及必然由此产生的社会结构，是该时代政治的和精神的历史所赖以确立的基础，并且只有从这一基础出发，这一历史才能得到说明"。① 这就是说，一个时代的经济活动是该时代的，包括道德活动在内的一切精神活动的前提和出发点，这是研究经济环境道德定位的不可动摇的根本出发点。

　　2. 经济环境与道德的原初关联

　　道德作为意识、作为精神生活，归根到底取决于社会的经济基础。"因此，我们拒绝想把任何道德教条当作永恒的、终极的、从此不变的伦理规律强加给我们的一切无理要求，这种要求的借口是，道德世界也有凌驾于历史和民族差别之上的不变的原则。相反地，我们断定，一切以往的道德论归根到底都是当时的社会经济状况的产物"。② 从生产力和交换方式的经济活动中，人们吸取非经济因素的思想观念等精神性的东西；人们从自己从事的经济活动中，吸取自己的道德观念。人的经济活动、经济环境都不是由人的意志自由创造的，而是由它自身的发展规律所决定的。道德等精神活动也不是由人的意志自由地任意地去创造的，而是由人们

---

① 《马克思恩格斯选集》第1卷，人民出版社1995年版，第81、257页。
② 《马克思恩格斯选集》第3卷，人民出版社1995年版，第435页。

的物质活动所决定的。正因为道德归根到底由经济状况、经济环境所决定，而经济环境的发展是一种自然史的过程，因此，道德将随经济状况变化、发展而变化发展。

经济环境与道德其实是一种互动的关系。"物质生活的生产方式制约着整个社会生活、政治生活和精神生活的过程。不是人们的意识决定人们的存在，相反，是人们的社会存在决定人们的意识"。马克思写道："社会的物质生产力发展到一定阶段，便同它们一直在其中运动的现存生产关系或财产关系（这只是生产关系的法律用语）发生矛盾。于是这些关系便由生产力的发展形式变成生产力的桎梏。那时社会革命的时代就到来了。随着经济基础的变更，全部庞大的上层建筑也或慢或快地发生变革。"①马克思强调指出，评价一个时代的经济变革不能停留在道德上对这一时代变革的态度，而应当研究、寻找为什么对同一现象会有多种且不同的道德态度。也就是经济条件变化是因，道德观点是果，不能因果本末倒置。因此，对一个变革时代经济条件的变化不能以道德论作为依据，不能以当时社会道德现象去说明经济环境的变革，而只能以经济环境本身的各种条件为依据，各种道德思潮正是经济环境条件变化的反映。这就是我们必须坚持的经济环境道德定位的理论立场。

当然，马克思并没有否定道德对经济活动的反作用。恩格斯曾经以"公正"、"正义"等道德伦理范畴与经济条件变化的关系，来说明对经济活动的道德评价取决于经济条件变化和发展这一经济伦理的普遍原理。他回顾了人类的历史发展，指出只有新的经济条件出现，封建的经济制度造成的分配上的不平等越来越为突

---

① 《马克思恩格斯选集》第2卷，人民出版社1995年版，第32—33页。

出,越来越为人们所认识,"只有在这个时候,这种愈来愈不平等的分配,才被认为是非正义的,只有在这个时候,人们才开始从已经过时的事实出发诉诸所谓永恒正义"。①　恩格斯又指出,一旦群众的道德意识宣布某一经济事实是不公正的、不合乎正义的,那么这恰恰反映这一经济事实已经过时,将为历史所淘汰。原因在于经济事实本身行将灭亡,而不是人们的道德上宣布它不正义而走向灭亡的。恩格斯说:"如果群众的道德意识宣布某一经济事实,如当年的奴隶制或徭役制,是不公正的,这就证明这一经济事实本身已经过时,其他经济事实已经出现,因而原来的事实已经变得不能容忍和不能维持了。"②一个变革的时代,一个经济环境急剧变化的时代,往往在经济环境的道德定位上也会发生激剧的变化,尤其在道德上会出现谴责旧经济的道德义愤。道德义愤只能作为旧的经济社会形态灭亡、新的经济社会形态即将诞生的象征,不能作为科学论证的依据。

　　概言之,任何一个社会经济环境的有序与协调的发展,都离不开道德的约束。作为人性既有积极光明的一面,也有消极阴暗的一面,道德的功能就是要沿着正确的方向调节控制人性,发挥人性的积极方面,限制人性的消极方面,从而使人达到全面自由的发展阶段。道德作为一种行为准则,通过人的内心信念、社会舆论和传统风俗影响人们的行动,影响人们的思想素质和是非标准,调整人与人之间、个人与社会之间的关系,使人们按照一定的善恶理念,按照人们所确认的"应当"与"不应当"原则参与到社会经济环境活动中。我们可以概括地从以下几方面来阐释经济环境的道德定

---

① 《马克思恩格斯全集》第20卷,人民出版社1971年版,第163页。
② 《马克思恩格斯全集》第21卷,人民出版社1965年版,第209页。

位的必要性及其作用：

首先，经济环境的道德定位能够促成良好的市场经济环境。

市场经济环境的发展与完善，使得商品的交换规律成为支配人类社会生活的普遍规律，但仅仅依靠经济方面的交换规律很难形成一个良好的社会经济环境，必须及时地用道德的行为标准来解决一些实际问题。目前，由道德问题产生的"市场综合症"，正影响着市场经济的良性发育。在经济利益的驱使下，市场经济的运行中产生了一系列不道德的现象，人们的很多行为已经偏离了市场经济所需要的最基本的道德法则，不言而喻，这就是违背了社会的和谐。如果没有道德去约束人的经济行为，必然造成这些危害的进一步蔓延，从而使经济环境处于一种无序的状态。正如雅克兰所说的："我们这些国家，自从宗教理想消亡后，还没有创造出另一种生活的理想，而只要我们创造不出另一种理想，我们就永远走不出这种危机。我们的社会所缺乏的，是一种道德、超越个人生活的一种道德。"①因此，我们必须正确引导人们的道德精神连同产生这些道德精神的市场经济环境，"把市场经济中引发出来的道德精神加以引导和规范，确立与社会进步要求相适应的新型社会主义市场经济道德规范体系是非常有必要的。"②

其次，经济环境的道德定位可以增强全社会的创造活力。

和谐社会需要人的积极性的充分发挥，通过有效的思想道德建设，我们才能够调动人们深化改革、加快发展、维护稳定的积极性和创造性，营造鼓励人们干事业、支持人们干成事业的良好氛

---

① 吴忠等：《市场经济与现代伦理》，人民出版社2003年版，第247页。

② 贾秀兰：《论社会主义经济道德规范的建设和发展》，《西南民族大学学报（人文社科版）》2003年第7期。

围。有了良好的道德环境,人们才有工作与生存的安全感,创造力才能够极大地发挥出来。道德作为一种意识形态,作为人类社会的一种理性,道德规范出人"应当"怎样做人、怎样生活,人与人之间应当怎样相处。在市场经济发展的新环境下,不同利益主体的出现就有反映不同利益主体的价值取向,需要这种价值取向的道德标准,这就要求人与人之间以及人与社会之间的关系规则需要及时地调整和规范,也就是要求道德建设促使人们确立与社会主义市场经济相适应的新的价值观,形成与和谐社会发展相适应的新的准则。人们不仅追求个人物质利益的获得而且要对社会做出有益的贡献,达到人类精神追求的升华。也就是说社会主义道德要引导人们正确处理国家、集体和个人的利益关系,为和谐社会提供一个健康有序的社会环境。

再次,经济环境的道德定位对经济活动能进行合乎人类需要的理性引导。

道德作为一种社会理性智慧,在人类从事的主要经济活动——物质生产活动中,发挥着指引人们树立理想目标和价值取向的作用。这种经济活动又体现着主体的"合社会主义思想道德建设与和谐社会构建规律性"和"合目的性",这就要求作为经济活动主体的人类在进行经济活动的同时,要符合人类社会的发展规律,这就需要道德的理性引导。经济的发展不仅仅受经济规律的控制,而且也是由人来决定的,每个人在特定经济环境下,在进行自己的经济活动的同时,都有一个标准、观点以及道德想象所组成的系统在起作用。可见,道德在规范人类的规律性发展的过程中起着一种无法替代的作用。市场经济提供了促使人格独立和主体性高扬所不可缺少的物质条件。在市场经济所带来的物质财富基础上,促成人的主体性的真正实现。自由是市场经济的基本精神要素,它的这种自由本性,在经济道德领域就相应地表现为要求道德自由的实现。而道德自由作为行为主体自觉自愿地按照体现历史必然性的道德原则和规范行动的范畴,从构成要件上又具体表现为行为主体认识上的自觉、情感上的自愿和行为选择上的自主。如果没有这一系列要素和环节作为道德自由的具体展开,道德价值就无从实现,也没有人的全面、自由发展。

市场经济环境的内在价值要求是利益本位、效率优先、实效原则和个性至上。经济环境的道德定位看重社会生活中的义利统一和公平竞争,提倡发展效率维护公平,把自律、互利、公正、奉献作为价值观的基本内容,把利益取向上的个人与社会的真实统一看作道德原则的根本要求。也就是说,这种道德原则既不推崇"重义轻利"的价值原则,也反对"重利轻义"的价值追求,它主张将"义"、"利"协调统一起来,要求人们在目的与手段、权利与义务、享受与奉献、自由与纪律的高度统一中寻求个人利益与社会利益的有机结合。不仅如此,道德定位的经济环境是有效率、有公平、有秩序、有道德的经济环境,它既追求效率,更追求公正与正义,它要求超越利己与利他、个人主义与整体本位的对立,从而把自我与他人、个人与社会、个体与整体有机结合起来,以达到利益兼顾和利益协调的目的,形成一种以和谐、互利为基本特征的利益整合机制环境。

(二)经济环境的民主法治支撑

我们强调,市场经济不仅是德治经济,更是法治经济,民主法治建设是经济环境的有效支撑。经济环境应当是以民主法治为保障的社会运行和发展状态环境。

1. 法律与经济环境的内在联系

作为一种以公共权力作为后盾的强制性社会规范,法律与社会的关系是十分密切的。马克思曾经指出:"法律应该以社会为基础。法律应该是社会共同的,由一定物质生产方式所产生的利益和需要的表现,而不是单个的个人恣意横行。"①法律的社会作用体现在两个方面:一是维护统治阶级的阶级统治的作用。法律的这种政治功能的正常发挥,无疑是政治系统对社会经济环境的发展发挥保证作用的基础。二是执行社会公共事务的作用,通过规范、引导、制裁人的行为,通过调整社会利益关系,创造和维护统治阶级需要的社会经济环境秩序。这两个方面密切联系、相辅相成,构筑起经济环境的法治保障。

法律的社会作用是通过在国家机构和社会之间、社会成员之间分配权利和义务,构建权力与责任、权利与义务的平衡的机制来实现的。第一个分配要实现权力与责任的平衡、权力与权利的平衡;第二个分配要实现权利与义务的平衡。通过合理地分配权利与义务,法律会影响人们的行为动机和行为方式,塑造人们的行为模式,维护正常的社会关系。市场经济环境要求形成完备的民主法治建设。对于市场经济环境的发展而言,法治并非可有可无,而是市场经济持续健康发展的基本政治制度。民主法治建设和道德定位一样,都是经济环境的基本特征,而且是公平正义、诚信友爱、充满活力、安定有序的条件和根本保证。

在市场经济中,人都是作为"理性人"方式存在的,最大化地追求个人的利益是人生的终极目标。"正因为人们有意无意地追求着自己所理解的幸福,才会发生行为上的善与恶"。因此,有必

---

① 《马克思恩格斯全集》第6卷,人民出版社1961年版,第292页。

要通过一定的政治制度和法律制度来防范和平衡市场经济的这种不利影响。市场经济环境的健康发展要求一个国家的经济活动能够保持基本稳定，以使其参与者能够合理预测决策和行动的后果，并据此计划获得最大经济效益的方案。因而经济活动的稳定性是衡量一个国家经济状况的重要标准。但是，民主法治也可能对市场经济构成危害，其原因就在于民主法治和市场经济对于资源的配置方式完全不同。李刚认为，市场经济要求"自由竞争，适者生存"，资源的配置，财富的分配完全由市场决定，私有财产神圣不可侵犯，反对任何形式的经济平等主义，反对政府对个人经济自由横加干涉。而民主法治则要求政治权利的分配完全实行平均主义，给予这个国家的每个公民以平等的政治权利，"在任何社会，富裕的阶层总是少数，中间和相对贫困的下层总占多数。这种平等的政治权利不可能不对经济生活产生影响。"①出于自身利益的理性考虑，占据多数的群体往往会期望政府干预市场，以获取对自己有力的法律、政策。选民们往往只是考虑自己的眼前利益，其要求未必具有市场的合理性。而政治家们为了迎合人民急功近利的需要，往往会想方设法过分地刺激经济。由于过分地强调符合民意，经济政策的制定往往经常会被政治化，而无视市场规律和市场机制作用的正常发挥。结果政府的许多措施成了短期行为，最后导致经济效率低下，殃及整个社会。

2. 民主法治与市场经济的良性互动

正如李刚在《论构建和谐社会的基础——民主法治与市场经济的关系》一文中所指出的，民主法治对于经济环境的贡献主要

---

① 参见 George J. Stigler：*The Theory of Economic Regulation*，Bell Journal of Economics Vol. 2，Spring 1971. 3.

表现在三个方面：一是保障作用，为市场经济提供更为友善的秩序和环境；二是促进作用，有助于发挥人的积极性和创造力；三是弥补作用，纠正市场经济环境带来的不足之处，弥补市场经济环境的缺陷，完善、规范经济环境的道德定位。正由于民主法治对于市场经济的保障、促进和纠偏作用，就其长期作用而言，民主法治更能够发挥市场经济的优势，更有助于经济环境和社会的发展。①

首先，民主法治为市场经济提供良好的政治社会环境。

李刚认为，民主法治的首要作用就是有助于建构市场经济所需要的理性的政府，使政府的行为和公共利益保持基本一致。与非民主法治的政府相比，民主法治政府有更大的动力和压力去作出明智的选择；能够更及时获得充分的社会信息，防止决策的重大失误；具有较强的纠错机制，能够及时废除和修正不明智的决策；政府行为的理性和民主有制度的切实保障，具有连续性和持久性。尽管政府官员仍然是理性人，其首先考虑的是自身利益，但由于受到众多选民和中立的司法机构的广泛监督，政府官员即使出于自身利益的考虑，其理性的选择也应当是奉公守法，廉洁自律，节省政府开支，将政府的收入尽可能运用于公众的福利。每一个政府成员都知道他们只是国家权力暂时的执行者。并且，民主法治国家的政府所行使的权力更多是只是一种政府服务民众，而不是政府盘剥民众的权力。只有打造这样的民主法治环境才能为市场经济起保驾护航的作用。

其次，民主法治激发市场经济主体的积极性和创造力。

---

① 李刚：《论构建和谐社会的基础——民主法治与市场经济的关系》，转自http://www.falvfagui.com/fagui/falv/Article/faxueyanjiu/faxuelilun/200606/Article_997212.html。

在市场经济环境下,有效的财产所有权制度是建立社会激励机制的基本条件,也是市场经济赖以存在的基础。产权保障制度的确立能够保证个人的收益不断接近社会收益率,并降低交易费用,从而形成高效率的激励机制,促进经济增长。民主法治国家有助于公民的自由保障和个性解放,使社会充满生机和活力。民主法治并不单纯的就是少数服从多数的政治制度,它也必然伴随着自由和平等的制度保障。为了形成多数人的意见,其前提是:"国家对公民权利的平等保护,没有高低贵贱之分,每个人的尊严、个性和思想都能获得政府的尊重;容许有各种意见和想法的自由产生和发展,并被自由表达,而没有后顾之忧。普遍的自由和平等权利的行使将使人民充满自信和胆识,焕发出巨大的创造力和积极性,促进交流,新是思想、新的创举、新的财富源源不断产生,从而带来可观的社会繁荣。"[①]

再次,民主法治能够弥补经济环境道德定位的不足。

正如李刚所言,民主法治可以纠正市场经济下财富分配的自然不平等倾向,有助于减小贫富差距实现社会公正。在激烈的市场竞争中,人们由于机遇、条件和能力的不同,其获得的财富往往有很大的差距,并且这种现有的差距又会成为将来竞争的前提,进而差距将进一步扩大。而民主法治机制导致的社会公正将产生积极的作用。"一方面,它有助消除由于过分不公平所带来的'道德义愤',避免社会混乱和动荡,为经济发展创造稳定的社会秩序。另一方面,能提供更好的就业训练,公共教育和卫生服务,有助于

---

① 张千帆等:《宪政、法治与经济发展》,北京大学出版社 2004 年版,第 174 页。

提供全体国民的文化素质和身体素质,从而增加社会的产出。"①
市场经济的正常运作要求具有公平、自由、透明的竞争秩序,但这
种竞争秩序非但不可能在市场中自发形成,而且市场竞争本身就
带有垄断的自然倾向。在民主法治的前提下,通过政府的干预以
保障和实现公平、自由、透明的竞争秩序,对于市场经济而言十分
必要。

　　因此,我们必须保障民主法治与经济环境的良性互动。市场
经济不仅是德治经济,更是法治经济,市场经济的运行,客观上要
求市场主体在法律规定的秩序中进行活动,受法律的规范和制约。
这是因为市场经济要求在商品生产和交换过程中做到有序、安全、
高效和公正,这就需要所有市场行为都必须遵守共同的市场规则。
它要求法律和制度成为规范和调整社会关系和经济关系的常规手
段:市场主体的资格需要法律的确认和保障;市场主体的行为要用
法治来确认和规范;市场经济秩序要用法治来保障;宏观经济调控
需要法治来完善。法治不仅是市场经济发展的内在要求,同时,只
有市场经济才能为现代意义的法治提供其赖以产生和发展的现实
基础;市场经济扩大了法律作用的范围,推动了民商法经济法等一
系列调整经济关系的法律部门的兴起和发展;使自然经济以行政
权力为核心的命令法体系转变为以市场主体的权利为核心的选择
法体系;市场经济造就了独立于行政权力之外的经济力量——市
场主体,形成了一系列新的法律原则和调整方法。可见,法治是在
市场经济的发展中才获得了自己的现实的基础和发展动力的,它
是在市场经济的发展中日益成为民主自身发展的不可或缺的原则
的。民主法治和市场经济环境的出发点和归宿都是能够最大限度

---

① 章谦凡:《市场经济的法律调控》,中国法制出版社 1998 年版,第 132 页。

地尊重人的自由、尊重人的选择、尊重人的发展,并成为二者良性互动的基础。①

综上所述,现代市场经济条件下,强化全社会经济环境的道德定位,必须加快社会的法治化进程。法治的推进过程其实也是市场经济环境道德的提升过程。从总体上讲,法治与道德是相辅相成的,作为社会规范,共同维护着正常的市场经济环境秩序。在建设社会主义和谐社会的过程中,我们必须认识到到民主法治和伦理道德在经济环境的重要作用,和谐社会既包括政治环境中民主法治的和谐,也包括经济环境中道德因素的和谐,也自然更是民主法治和伦理道德二者之间的和谐。人是有意识的存在物,其创造性活动是有一定目的的,这种目的性的标的总是以"我"为中心的。既是"为我",便需要自主,自主需要自由,而自由离不开平等,平等环境的创设需要民主法制和伦理道德的良性互动,人们在比较合理的法治制度创设的自由、平等的经济环境里,为着实现自己的合理的目标,自主自觉地进行积极创造活动,最大程度地挖掘自己的创造性潜能,以此满足自我各层次的需要,实现幸福的追求。而每个人类个体在实现自我幸福的同时,也为社会创造了价值,推动了社会的发展,给他人的生存带来更好的空间,一定程度上满足了他人的需要,由此良性循环,才能形成完备的市场经济环境秩序,最终实现全人类的幸福。②

---

① 参见李刚:《论构建和谐社会的基础——民主法治与市场经济的关系》,http://www. falvfagui. com/fagui/falv/Article/faxueyanjiu/faxuelilun/200606/Article_997212. html。

② 张宝英、张游浩:《人之善恶的本质》,《烟台大学学报》(哲学社会科学版)2008 年第 3 期。

第六章　制　度　环　境

　　将制度环境纳入哲学层面研究,其关注重点是对象本身的反思。正如布坎南所说:"制度研究的全部意义都在于确保各种约束,制度和机构能降低自私的政治行为的重要性"。① 因此,哲学视野中的制度环境研究,是从不同领域、不同层次、不同类型的制度环境中,抽象出一个"制度环境"本体,对制度之所以是制度、制度环境之所以要存在、制度环境之所以能存在等哲学问题做出解释。在更深的层次上,我们认为,哲学视野中的制度环境是对制度环境存在及其意义必然性的探寻,是对人、社会与制度的相互关系在自己时代水平上的根本认识和理解。

　　从制度环境层面研究人的创新环境有着十分特殊的意义,这是因为制度环境构成了一个人来到世上就必须生活于其中的最基本的生存环境,每个人的幸福和痛苦、快乐和悲伤、前途和命运等等都与之息息相关,对于这样一种对人的生存发展有着如此巨大影响的对象,人学研究倘若拒之于自身思想视野之外,将必然是一个重大的理论遗漏。

---

　　①　[美]詹姆斯·M.布坎南:《自由、市场和国家》,吴良健、桑伍、曾获译,北京经济学院出版社1991年版,第285、286页。

一、制度环境概述

众所周知,人的全面发展是马克思主义的终极关怀,马克思毕生所追求的目标就是要建立一个合乎人的发展的环境,这就是自由人的联合体。依此,现代社会要发展必须有一个和谐的社会环境,但如何能达到和谐的社会,制度环境是关键。制度环境作为人的发展环境的重要组成部分,它既以现实的存在规定和制约着人的发展,也以历史的存在规定和作用着人的发展。一定历史阶段的人,首先是生活在历史上生成的制度环境之中,以一定的制度安排作为自己活动的出发点。因此,特定历史阶段的制度安排就是人发展的基础和前提条件。

(一)"制度"范畴解析

对"制度"的定义较为普遍的一种理解是:制度是约束人的行为规则体系或行为模式。舒尔茨将制度定义为"一种行为规则,这些涉及社会、政治和经济行为"。① 他认为制度是某些服务的供给者,它们应经济的需求而产生,他还结合现代经济增长的事实,指出要求制度环境创新是人们的经济价值提高的结果。这一定义为大多数学者所接受。如拉坦认为:"制度通常被认为一套行为规则,它们被用于支配特定的行为模式与相互关系。"②诺思对这

---

① [美]R. 科思、A. 阿尔钦、D. 诺思:《财产权利与制度变迁——产权学派与新制度学派译文集》,刘守英等译,上海三联书店1994年版,第253页。

② [美]R. 科思、A. 阿尔钦、D. 诺思:《财产权利与制度变迁——产权学派与新制度学派译文集》,刘守英等译,上海三联书店1994年版,第329页。

一定义作了进一步的发挥，他认为制度是一系列制定出来的规则、服务程序和道德伦理行为规范，具体包括企业的组织方式、产权结构、管理体制以及市场规范等。在《制度，制度变迁与经济绩效》中，他将制度进一步具体表述为"为决定人们的相互关系而人为设定的一些制约，制度构造了人们在政治、社会或经济方面发生交换的激励结构"，"制度是一系列被制订出来的规则、守法程序和行为道德伦理规范，它旨在约束主体福利或效用最大化利益的个人行为"。①

　除此之外，还有的学者认为制度是一种社会经济关系在制度或结构上的变化，尤为突出的当属制度演化论。制度演化论形成于 20 世纪，创始人是美国凡勃伦。受达尔文进化论思想的影响，凡勃伦特别强调"社会习惯"，认为制度实质上是个人或社会共有的某些关系或某些思想习惯。在他看来，人类社会生活中主要存在两个制度：一个是满足人类物质生活的生产技术制度；另一个是私有财产制度。这就是后来制度学派所沿袭的"凡勃伦传统"。而美国经济学家康芒斯则进一步从法学的角度研究和分析了"制度"对经济运行与发展的作用，他认为制度就是"集体行动控制个体行动"，当财产所有权发生冲突时，通过集体行动加以控制，控制的办法包括道德制裁、经济制裁和法律制裁。社会中的具体制度就是"运行中的机构"，它包括两个方面：（1）机构即组织，从家庭、公司、工会，同业协会直至国家本身，我们称为制度；（2）机构的运行，如集体行动，包括无组织的习俗和有组织的行为，在机构的运行中，必须遵守一定的准则。而马克思、恩格斯常常在社会形

　① ［美］道格拉斯·C.诺思：《经济史中的结构变迁》，陈郁、罗华平等译，上海三联书店 1994 年版，第 225—226 页。

态的意义上运用制度这一概念。他们把制度完全等同于社会形态或社会宏观结构,这样的看法容易忽视制度本身在社会现实中所具有的层次性。当代西方社会学家吉登斯则是把制度看作是一个有机的社会体系和社会宏观结构,但他认为制度是在社会系统与人的互动过程中形成的,或者说制度就是一个互动过程。吉登斯说:在社会总体中"时空延伸程度最大的那些实践活动,我们可以称其为制度"。① 在此,吉登斯主要强调了人与社会相互作用所体现出来的能动性和制约性。

　　这些对制度某一特性的不同解释为全面理解制度提供了基础。概括起来,我们认为,可以给制度下这样的定义:制度是通过权利与义务来规范主体行为和调整主体间的规则体系。首先,从内涵上来看,制度是作为一种权利义务分配的规则体系,它规定了人们在现实生活中的实际活动范围以及基本的行为方式或模式;其次,从外延上来看,制度作为社会的规范形态,是通过某种强制性力量来制约主体的行为和主体间关系的特定规范。

(二)"制度环境"范畴解析

　　广义上的环境是指个体以外所有对个体有影响的外部条件的总称。因而,我们认为,所谓制度环境,就是一系列用来建立生产、交换与分配基础的基本的政治、社会和法律基础规则,它具有相对稳定性。制度环境首先包含各种国家制度环境,如国家的经济制度环境体系、政治制度环境体系、社会法律制度环境体系等。这些以国家强制力为基础,并由政府正式颁布的法律条文,我们称之为

---

　　① ［英］吉登斯:《社会的构成》,李康、李猛译,三联书店1998年版,第80页。

国家正式制度。除正式制度外，一些虽然没有正式公布，但政府仍强制人们遵守的规范，我们称之为国家非正式制度，其最主要的组成部分就是国家意识形态体系。国家的正式制度和非正式制度体系共同组成了国家制度环境。而企业制度的环境就是影响企业制度制定和发展的所有外部条件，包括技术环境、资源环境和制度环境等。在一般理论研究中，技术环境和资源环境被认为是对企业制度发展最有影响的因素。但本章中，这两种因素都不是研究的重点。我们将焦点放在制度环境之上，技术和资源环境只会在必要时才会略有提及。另外，我们谈论制度环境时，所探讨的并不是某一种制度环境，而是与国家、企业等制度相关的所有制度环境的总和。

在我们看来，对制度环境的研究离不开对制度环境本质的分析与揭示，这是制度环境研究的基础。哲学视野中的制度环境本质研究，主要是着眼于制度环境的历史形成、基本特征和根本性质等。对于制度环境本质的理解，既不能从它本身来理解，也不能从人类精神的一般发展来理解，而是要从它根源于物质的生活关系来理解。在我们看来，制度环境不仅仅是人的观念、意志、思维、要求的表现，而且在更深层次上，制度环境更是社会生产方式的反映。制度环境在一个社会中的主要作用是通过建立一个人们相互影响的确定（但不一定是有效的）结构来减少不确定性。之所以产生不确定性，是因为需要解决问题的复杂性以及个人所有的求解软件（用一种计算方法）不足的结果。因此，制度环境的稳定性并不否定制度环境是处在变化中这一事实。制度环境在本质上是一个历史范畴，根源于社会经济基础。随着经济基础的变化，制度环境也发生着变化，在不同的社会形态中，制度环境有着不同的表现。任何制度环境模式都是一种历史性的存在，不会有永恒的制度环境。同时,制度环境又是一个具有中介作用和整合功能的关系范畴,作为整合社会主体和客体的存在,使得相关对象之间真正联系起来,并且发生相互作用。制度环境作为一般性的存在,是社会的组织方式,反映了社会各要素之间的内在联系,其本质在于实现人的社会化。另外,制度环境还是一个规范范畴,通过一种强制性的约束,来规范人与人之间的社会关系,确立特定的社会秩序。因此,正如苏联学者莫伊谢耶夫所指出的:"不受约束的个人主义和有目的的集体行为的必要性,这是解决整个人类形成历史进程中所要彻底研究的矛盾。"①

二、制度环境的主体建构

制度环境就是由人们在生产和交往实践中所产生的,它的产生和演化必须符合人的本性的需要才有利于人们实践活动的推进。人类劳动实践的变化、发展,直接影响和制约主体的变化和发展。制度环境是基于社会的现实而开始的,它必定随着社会历史的发展而发展。制度环境只有立足于社会现实生活的变化与发展,才会有生命力。所以,通过主体的实践,才能建构好制度环境。

(一)制度环境的主体性基础

将制度环境纳入哲学层面的研究,其关注重点应该是对象本身的反思。我们认为,制度环境的发展是与人的主体意识、人的主体性的发展有着密切关联的。

---

① [苏]莫伊谢耶夫:《人和控制论》,吴仕康、曾盛林译,三联书店1987年版,第179页。

1. 主体性的生成

什么是主体性？"主体性既是主体之为主体的特性，又是主体之为主体的根据和条件。即人只因具有了主体性他才成为主体。"①我们所生活的现实世界就是人化的世界，人是一种主体性的存在，主体性本质上是人类的一种赋予外部世界以合目的性形式的创造性活动。主体只是主体性活动的人格体现，不是主体决定主体性，相反是主体性活动展开的广度和深度决定了主体的历史形式。也就是说，主体必须在主体性活动中生成并发展，离开了主体性活动，主体也就成为了抽象的人。"主体性是人作为主体的价值特性。"②换句话说，主体性是人作为活动主体的质的规定性，是主体在其实践交往活动中所具有的独立的自主性、能动的自觉性和自在的自为性。主体的自主性主要指主体对于影响和制约其存在和发展的各种主客观因素的认识、把握和控制能力。因此，自主性是人成为主体的主要根据，它使人与自然之间建立了一种主客体的改造与被改造的关系，使个人在社会关系领域内摆脱了人身依附和从属性的地位；能动的自觉性作为主体性的构成要素，对于表征人的发展程度具有重要的意义；而主体的自为性本质在于它能具有相对独立的个性并在社会中掌握并实现自身，从而能使个人成为具有自由个性的人的前提条件和根据。总之，主体性是合规律性和合目的性的统一，是人的自由和价值的升华。③

作为主体的人，要进行活动。在人的现实交往活动中，主体与

---

① 李楠明：《价值主体性》，社会科学文献出版社 2005 年版，第 259 页。
② 李楠明：《价值主体性》，社会科学文献出版社 2005 年版，第 259 页。
③ 参见罗锦鑫：《制度伦理的主体性基础》，湘潭大学 2008 年硕士学位论文。

主体之间的交往关系是自由平等关系，这是一种形式上的平等自由。主体间的交往关系并非仅限于此，主体间的关系在实际中表现为互为主客体的关系。也就是说，每一个人之所以能以主体的形式参与交往，正是因为每个人都有主体和客体二重性规定，每个人都是手段与目的的统一。但是，在现实社会中，人是否真正被作为主体，以主体的方式来对待主体，而不仅仅是被当作客体来对待，是值得商榷的，于是就产生了主体的权利要求。所以，我们认为，权利可以被当作是主体社会地位的彰显。"在社会发展某个很早的阶段，产生了这样一种需要：把每天重复着的产品生产、分配和交换用一个共同规则约束起来，借以使个人服从生产和交换的共同条件。这个规则首先表现为习惯，不久便成了法律。"①但是，这时的共同规则是以"前制度"的形式出现的社会规范。制度环境是在人类进入文明时期之后，随着实践的发展，人的权利意识的发展而产生的。它是人的自我意识的发展的产物，是主体的自我意识和主体性的集中体现。权利是主体的权利，它是一个法律范畴，但更深层意义上，它是作为伦理范畴出现的。权利表征的是人的发展，即个人作为独立自主的人而存在。换句话，只有主体才具有权利，权利意识是主体性的集中表现。主体是现实的人，是在社会中活动的人。就现实的个体而言，人和主体并非完全等同，并不是每一个人都是现实的主体。主客体关系的建立，人的主体地位的确立既取决于客体的性质，也取决于人的本质力量。就是说，只有当人具有主体意识并现实地具有主体性的时候，人才能成为真正的主体，才能以主体的方式存在和发展。

---

① 《马克思恩格斯选集》第3卷，人民出版社1995年版，第211页。

　　人是历史性的生成,人的自我意识是随着人的不断生成而得到发展的。权利意识是人的主体意识发展的历史性必然,权利意识是自我意识发展到一定阶段而产生的主体意识。制度环境是主体权利意识的客观化结果,是人与社会共同发展的产物,权利是主体对自身主体性的肯定要求,它通过对权利和义务的分配来规范主体的行为,调整主体之间的利益关系。在人的初始阶段,每一个个体的人都意识到自己生命存在的单一性。他把自己隶属于部落的群体,看成是群体的一部分。因此,他对周围事物不能那么自由地形成自己的独立的观念。科恩认为:"在社会发展的早期阶段,'自我'没有独立自在的意义和价值,因为个体与公社之结为一体,不是作为公社的独立成员,而是作为有机整体的一个粒子,个体同整体分开是不可想象的。"①这就是说,在人类的最初阶段,个体的人还缺乏自我意识,这时的人的自我意识还是一种潜在。"在人面前是自然现象之网。本能的人,即野蛮人没有把自己同自然区别开来。"②这时的人是在自然关系中生活的人。但是,人在自然生存活动中表现出的不可遏制的能动倾向,是人的自我意识的发源地。随着社会生产实践的发展,出现了剩余产品,产生了私有制和阶级对立。人类进入到阶级社会,人的生产能力得到提高,人的自我意识有了一定的发展。人的自我意识的发展与人及其外部环境的发展是同一过程。从整个人类的历史发展进程看,人的自发状态中的自我意识正是人处于如马克思所说的"人的依赖关系"发展阶段。从"人的依赖关系"发展到"以物的依赖性为基础的人的独立性"是人的发展的质的飞跃,人的自我意识也就

---

① ［苏］科恩:《自我论》,佟景韩等译,三联书店1986年版,第66页。
② 《列宁全集》第55卷,人民出版社1990年版,第78页。

由自发状态进入到自主状态,亦即发展为权利意识。人在现实的实践活动中,开始意识到自己并不是被动存在物,不一定非要接受某种命运的摆布。在现实的活动中,人主动地进行对外部世界的认识与实践活动,实现了自己的目的并确证了人的本质力量。因而,人在自己的活动中感受到自己作为主体所具有的本质力量,即人的主体性,意识到人的主体地位和主体性对于人作为主体存在的意义和价值,这就是人作为主体的自我意识,也就是人的权利意识的产生。

权利意识标志着人的自我意识发展到较高级的自主阶段。权利意识是主体对自身主体性的肯定意识。人的权利意识首先是人意识到自身是一个具有自由选择能力的主体。个人作为主体,在于他具有自我决定、自我创造和自我实现的能力,其行为是自由选择的结果。在这个意义上,个人的主体性就是他的独立性、自为性和自觉性。人的权利意识表现在主体要求他人和社会承认自身的主体性,要求他人和社会承认和尊重自己的主体地位。人的权利意识还进一步表现为主体意识到主体间的交往关系将会引发一定的冲突。也就是说,主体意识到自身的自由选择行为将受到其他主体自由选择行为的威胁。因而,主体的权利意识,不仅是主体要求他人和社会予以承认和尊重自己的主体地位,还要求社会对主体的自由选择行为予以限制,规定主体自由选择的活动范围。在主体的权利意识中,既包含主体对自身主体性的肯定,同时也包含着对他人主体地位的承认和肯定。权利意识标志着人的自我意识趋于成熟,它是人的自我意识由自主阶段向自觉阶段的过渡。只有主体具有了权利意识才会有权利规范的建立和实施,权利意识是一定意义上的规则意识,而制度环境作为权利规范就是这种规则意识的客观外化。

2. 制度环境对主体性的保障

制度环境是人的主体性的肯定形式,制度环境保障了现实社会中人的主体性,而这种保障是通过对主体权利的肯定和限制实现的。权利作为主体对自身主体性的肯定要求,其实质是人的自主性的表现,主体的自主性总是通过权利的方式表现出来。葛德文认为:"不允许一切的人在相当的程度上运用他们自己斟酌行事的能力,就不会有自主,就不会有进步,就不会有德行和幸福。这是一种具有最高神圣性的权利。"[①]自主性是主体性的核心内容,是主体在交往活动中所表现出来的其他特性的基础。人的主体性的内涵规定了主体权利的一般内容。人的主体性不仅是在人与自然的交往活动中形成和发展的,更是在人与人之间的交往关系中形成和发展的。[②] 人的主体性正是在主体间的普遍交往活动中被揭示出来的。主体的交往活动从其直接意义上来说,是解决人与人之间的矛盾。人的主体性直接受制于主体之间所发生的实际交往关系。同时,主体是有意识地从事实践活动和认识活动以满足其需要的现实的社会的人。所以,主体性是针对有资格承担主体的权利和责任而言的。

主体性的内涵赋予权利最基本的规定性就是自由。马克思、恩格斯反对把自由归结为人的"天赋权利",主张把自由作为现实社会中的现实的人的权利。现实中主体的权利与义务是不可分割的,只有权利和义务的结合,才是主体的真正权利。因而,每一个主体获得的权利,必须通过人们能够共同接受的对权利予以肯定

---

① 葛德文:《政治正义论》,商务印书馆 1980 年版,第 607—608 页。

② 施惠玲:《制度环境研究论纲》,北京师范大学出版社 2003 年版,第 137页。

和限制的规则体系才能成为现实的权利。权利规范通过一系列的规则使主体具有的主体性即自由得到充分的保障和实现。所以，权利规范对人的自由即人的主体性的意义在于它是一种积极的肯定方式。

制度环境作为权利规范在以权利肯定主体自由的同时，也相应地规定权利主体必须承担与这种权利相称的义务和责任，这种义务也是对主体自由的限制。只有当权利和义务以统一和一致的方式来分配时，主体享有的权利才能成为他现实所享有的权利。总之，制度环境作为权利规范、作为对人的主体性的积极肯定方式是人的发展的必然结果。也就是说，人的发展过程就是不断地走向人的主体性的获得与肯定的过程。

我们认为，人只有通过实践，才能形成、表现和确证主体性。主体性不能脱离人的劳动本质，否则就不可能科学地说明主体性问题。实践性是主体的根本特征，实践活动的本质是对外部世界一种否定性的客观物质活动，实践是人对外部自然界的一种物质性否定关系。自然界作为先于人类的存在，其直接的存在形式是不完全合乎人的生存需要或目的的。人类要以人的方式存在，就必须以自己的物质性活动在一定程度上否定外部自然界的直接存在形态，使之成为合乎人的目的的存在，成为人类存在的一种要素。所以，人类存在是人在实践中创造出来的一种主体性存在。制度环境是人的发展程度的社会衡量器，因此，制度环境必然以人的主体性作为内在根据和基础。所以，我们坚持认为，制度环境的发展与人的主体性的发展密切相关。我们必须从其生成基础和发展源泉来考察制度环境，从而进一步探讨制度环境的主体性基础，以此来建构制度环境。可以说，在建构制度环境的过程中，实践和人性构成了制度环境的主体性基础。

（二）制度环境的伦理内涵

围绕制度环境的伦理内涵问题,目前国内很多学者提出制度伦理的概念。有的学者认为:"从一般的意义上来讲,制度伦理就是指制度中的伦理,它包含制度的内在伦理蕴涵——制度的价值诉求和制度的外在伦理效应——对制度的伦理评价,制度伦理是这两个方面的有机统一。"[①]"制度伦理就是指制度包含什么样的价值和依据什么样的价值标准来评价制度,它包括两个方面:一是制度本身所蕴含的价值或价值追求;二是对制度的正当、合理与否进行的评价。这两个方面统一并联结于制度伦理这一范畴之中的,是制度伦理不可分割的内容。"[②]我们认为,制度伦理就是由蕴含正义性、合理性等伦理精神的基本制度,这就是制度环境的伦理内涵问题。也就是说,所谓制度环境的伦理内涵就是指符合伦理价值要求的制度环境,或者说就是合理的制度环境。

1. 制度环境伦理内涵与伦理制度

制度环境的伦理内涵所针对、约束的对象是基本制度环境及各种制度环境安排,为人的生存和发展提供良好的社会环境。因而,制度环境的伦理的功能和作用就是使制度环境能够促进人与社会的和谐发展。那么,制度环境的伦理内涵和我们通常说的伦理制度有什么关系呢?

---

① 施惠玲:《制度伦理研究论纲》,北京师范大学出版社 2003 年版,第 28 页。

② 施惠玲:《制度伦理研究论纲》,北京师范大学出版社 2003 年版,第 25 页。

　　众所周知,伦理制度是指伦理道德要求的规则化,是以外在于个体的制度形式而存在的伦理要求,它具有一定的社会强制效力和作用。伦理制度针对和约束的对象是社会个体或某一社会群体,它通过外在的具有强制效力的道德规则,对个体或群体在各部门的行为进行严格的管理,或从外部激励个体做出合乎伦理道德的行为。因而,伦理制度为社会的规范化、秩序化提供了一种有力的保证。从本质上来说,伦理制度就是对个人的道德要求。"由于伦理制度的约束对象是个体及个体的行为,个体在刚性的伦理制度的严厉约束之下,会失去其丰富的个性,封闭其创新精神。"[1]而制度环境的伦理内涵不仅是制度环境变革的条件,是诱发制度环境创新的基础,而且它更是制度环境变革、创新的内生力量,它能够促进制度环境变革的完成。单纯的伦理制度只是约束个体道德行为的一种手段,它是明示的、外部的伦理道德要求。作为一种特殊的制度,它通过一系列具体的制度安排直接作用于个体的行为,给予个体以道德强制,它本身直接就是个体行为道德与否的评价尺度,它对个体行为的合道德性具有直接的意义。伦理制度一经建立,它就有着任何制度所共有的他律性,但绝不能把它当作与法律具有同等效力的制度。因为它所带来的弊端是"以绝对的伦理道德要求干扰、破坏正常的非道德化的制度运作;以过度膨胀的伦理制度窒息人的道德主体性,使人成为外在的伦理制度约束中的被动的奴隶。"[2]因此,制度环境的伦理内涵与伦理制度是相互

---

　　[1]　施惠玲:《制度伦理研究论纲》,北京师范大学出版社 2003 年版,第 29页。
　　[2]　吕耀怀:《道德建设:从制度伦理、伦理制度到德性伦理》,《学习与探索》2000 年第 1 期。

区别的，但更进一步，它们也紧密相连。从制度环境方面来看，在现代社会制度环境本身就有着不同的类型，在制度及其环境的建立和实施过程中有伦理化的制度存在，伦理道德也有制度化的倾向，这二者并没有本质的区别；从道德方面来看，制度环境的伦理内涵是个体道德的基础，伦理制度则是个体道德的起点，可以说二者是个体道德建设的初始环节。作为一种制度，伦理制度必然有与之相应的制度措施，这些制度性措施对于那些不具备足够道德自觉性的个体来说，伦理制度的外在约束可以在一定程度上导致其客观的道德效果，因为个体总有一个从不自觉的道德到自觉的道德转化的发展过程。另外，制度环境的伦理内涵与伦理制度之间的联系还表现在制度环境的伦理内涵与伦理制度在社会基本价值取向上是一致的。任何一项伦理制度的建立，必须以制度环境的伦理内涵的价值为基本依据。由此可见，制度环境的伦理内涵是伦理制度的基础。

其实，所谓制度就是一种以规定个体权利义务关系为核心的规范体系。这种规范体系是带有强制性的。这种强制性突出表现在由各种制度所构成的现实客观环境对人的作用上。在日常生活中，一个人事实上应该做什么，不应该做什么，拥有什么权利，承担什么责任，做了某事、做出了某种行为就会得到什么或失去什么，这都是由其所处的制度环境规定的。可以说，制度环境一旦形成，就对生活于那个时代的个体产生一种普遍的约束力和影响力。个体的生活状况、价值观念、道德意识和行为方式等无不受制度的作用与影响。因此，制度及其环境不仅仅是社会的一种整合机制，同时还是社会的一种行为引导机制。制度环境的这种特点正是它对个体道德需要发挥作用的客观基础，也是制度环境伦理内涵的有效彰显。

2. 制度环境伦理内涵的内在根据

制度环境的伦理内涵是以人性的需要为基础,发挥保障人性需要的作用。在中西方历史上,人们对人性的种种争论,对选择什么样的社会调整方式去达到社会关系的整合,对制度环境的伦理内涵的建构产生了重要的影响。在人性的争论中,人们往往认为人性的善恶决定着人们的利己或利他的动机选择。关于人性的善恶问题一直是中国传统哲学的核心。在中国的传统社会中,是以儒家的人性说为主导,认为人性的善恶决定人们的利他或利己的倾向,人性善的观点占支配地位。"这种性善观的最大的特点就是把人的内在超越与社会的统治治理方式即天人合一的宇宙秩序直接相联系,把诚心正意、修齐治平作为人发展的唯一途径"①,一切社会控制手段都力图道德化。为此,中国传统社会以性善论为出发点,为人们设定了很高的道德目标,并试图直接消除人的自然生存需要,但其结果却是使个体的人丧失了自由发展的独立性。而西方文化恰恰相反,它有着长久的性恶论传统。康德认为人性中的恶就是人的"非社会的社会性"即人的自私本性。康德认为人的自由在于道德自由,但决定其行为的动机是出自他的自由选择。恶也是人的自由的一种表现形式,并不是人的真正的自由。只有理性与感性的结合才使人具有创造性,而这对于人类历史的发展和个人自身的发展是相当重要的。把人性的恶直接作为制度环境的伦理内涵存在的根据的是霍布斯和休谟。霍布斯认为人的本质是自私自利。个人之间的利益是互不相容的,但由于他们具有占有一切事物的自然权利,难免会出现斗争或对抗。为了生命

---

① 施惠玲:《制度伦理研究论纲》,北京师范大学出版社 2003 年版,第 121页。

安全和自我保存，就必须结束自然状态，寻求和平状态。而霍布斯认为这是人的理性固有的内在要求。人们必须按照"自然法"联合起来，互相达成协议，订立契约，建立社会制度，以保证人的生命安全和自然权利。所以，霍布斯认为制度环境的伦理内涵不仅是人类自我保存，利己之性的要求，更是人的理性的最终选择。制度环境的伦理内涵一方面来源于人类的利己本性，建立在人的自我保护基础上；另一方面又是基于人的和平的理性产物。人性的自私自利反映了制度环境的伦理内涵产生的目的就是为了保证人们能够获利，并促进人们的互利关系。而休谟在人性恶的前提下，提出了建构制度环境的伦理内涵的基本价值根据。他认为只能通过制度环境的伦理内涵改变恶的方向来控制它，制度环境的伦理内涵就是用来约束人的自私天性，在任何取得必需品的时刻不能为所欲为，从而确保个人的利益，以维护社会的秩序。所以，他认为制度环境的伦理内涵就是人们为了适应周围环境而设计出来的一种创造。

综上，我们认为无论是性善论还是性恶论都不能全面阐述制度环境的伦理内涵。性善论指出人有达到至善的可能性，这很重要，但是性善论本身是对人性非科学、片面化的一种认识，必然压抑人性。因此，以性善论作为价值预设是不可能建构好制度环境的伦理内涵的；而把人性看成是恶，同样也是一种对人性的片面认识为，把人性本恶作为制度环境的伦理内涵建构的人性根据，它能调整人与人之间的冲突，约束人的行为，但并不能真正解决制恶动力何在这个更深层的问题。

在我们看来，只有马克思的人学理论科学地解释了制度环境的伦理内涵。马克思主义认为人性是人作为类存在物与动物相区别的人的特性即人的自然性、社会性与意识性的统一。人性不是抽象的,在其现实性上,人性又是通过人的需要及满足需要的现实活动表现出来的。在现实社会中,人的需要与满足需要的方式之间的矛盾,是善与恶产生的根源。善与恶是关于人的行为的价值判断。人的需要是价值判断与价值评价的内在尺度,而人性本身是人的需要的内在依据,因此,人性是一切价值判断的最基本的标准。人的善恶价值判断是以人性为依据的,只要是符合人性的就是善的。人性决定了人对物质的需求即自然需要,这种需要是人作为有生命的存在所必须的。但是由于现实世界物质生产方式的制约,使得人的需要与满足需要之间发生了矛盾。所以,人性本身并没有善与恶的区别。利己与利他的关系是人的两种需要的关系,①它们是人性的两种性质,因为利己与利他和人的需要及需要的满足直接相关。但是利己与利他和善与恶之间是有区别的。人的需要的满足必须具备两个条件,一是主体必须把自己当作客体来对待;二是主体必然依赖他人的协助。只有达到主客统一、目的与手段的统一,才能表现和确证个人作为人的本质力量,才能使自己的需要和他人的需要得到满足。

　　人的需要作为一种内在的必然性全面地规定着人的活动。"如果对人的诸多需要做进一步的概括和抽象的话,就会发现,不管我们把需要如何划分,划分为多少个层次,也不管按什么人的何种需要,当其得到满足的时候,都会产生同样的结果,即幸福的感觉。因此,我们认为,幸福是人的无意识里的一切行为的出发点和目的,是人的需要的深层依据,它在更深的层次上制约着人的行

───────────────

　　①　施惠玲:《制度伦理研究论纲》,北京师范大学出版社 2003 年版,第 125页。

为,是人从事一切活动的终极力量源泉。"①人正是在追求对不断发展的需要的满足中,在不断寻求幸福感的充实中,实现自己的潜能、创造价值的。人对他人的需要、人对幸福感觉的不断寻求,其内在依据就是人的社会性。人的需要的满足虽然依赖个人的实际活动,但是这种活动本身是在社会中进行的。源于人的需要的利己与利他,是不可分割的一体。从人的真正需要是人性的表现出发,我们可以说依赖自己的需要和依赖他人的需要,都属于人性的需要。制度环境的伦理内涵本身就是人对他人需要的确证。人的需要实现过程是人性不断由不完善向完善发展的一个必然过程,制度环境的伦理内涵就是给予人对自己的需要以积极的肯定和有效的保障。从这个意义上来说,马克思的人性观不仅为制度环境确立了伦理内涵,同时,它也为制度环境的发展提供了确实的理论依据。

如前所述,制度环境就是由人们在生产和交往实践中产生的,它的产生和演化就必须符合人的本性的需要,才有利于人们实践活动的推进。在我们看来,人性是在实践中生成的,实践是人性的展开和实现形式;实践是具体的历史的,人性也是具体的历史的。而主体性是在承认人不同于动物的前提下,在与客体对比中作为主体的特性而提出来的。人的主体性和人性的区别根源于主体和人的区别。主体是人,人只有作为某种活动的发出者才是主体,客体是世界,世界只有作为某种活动的接受者才是客体。主客体关系的建立、主体地位的确立既取决于客体的性质,也取决于人的本质力量。只有当人具有主体意识、主体能力并现实地作用于客体

---

① 张宝英、张游浩:《人之善恶的本质》,《烟台大学学报》(哲学社会科学版)2008 年第 3 期。

的时候,他才可能成为主体,具有主体性。就主体来说,他首先具有人的特性,然后才是主体,才具有主体的特性。人是一个整体,"人性实质上是人在其活动过程中作为整体所表现出来的与其他动物所不同的特性。这种特性主要指人在同自然、社会和自己本身三种关系中,作为自然存在物、社会存在物和有意识的存在物所表现出来的自然属性、社会属性和精神属性。它们相互联系、相互作用,形成人性的系统结构,完整地表征了作为整体存在的人。"①但是,人们对"人性有着不同的信念,通常反映在各种个人的生活方式和不同的政治经济制度之中"。②

　　自从文明社会出现以来,制度及其环境就存在了。但这并不意味着任何社会的制度环境、任何类型的制度环境都是合理的。制度环境的伦理内涵作为合理地约束人的行为,协调人与人之间矛盾的外在规范,必须从人性出发进行考虑,方能具有合理性和强大的生命力。任何一项制度环境的实行必须和当时当地的人性实际相符合,人性和制度环境之间的关系就是制约与被制约的关系,制度环境必须适合人性的实际,既不能高于人性,也不能低于人性,脱离人性实际的制度环境伦理内涵是不存在的。同时,制度环境的伦理内涵的发展和完善也是一个历史发展的过程,是人性的自然融化物,是人性发展变化的结果。人性的可变性决定了制度环境伦理内涵的可变性。在制度环境伦理内涵演进的历史过程中,包含着人性对自由的追求。而"自由离不开平等,平等环境的

---

①　袁贵仁:《马克思的人学思想》,北京师范大学出版社 1996 年版,第 58 页。

②　[英]史蒂文森:《人性七论》,袁荣生、张论、麋生译,商务印书馆 1994 年版,第 6 页。

创设需要制度,制度则需要一系列的保障体系。人们在比较合理的制度创设的自由、平等的环境里,为着实现自己的合理的目标,自主自觉地进行积极创造活动,最大程度地挖掘自己的创造性潜能,以此满足自我各层次的需要,实现幸福的追求。"①并且,制度环境伦理内涵的演进是直接与人性的变化及由此而产生的现实要求相联系的。也就是说,制度环境的伦理内涵也是与人性联系在一起,相互作用、相互影响。因为"一切科学对于人性总是或多或少地有些联系,任何科学不论似乎与人性离得多远,它们总是会通过这样或那样的途径回到人性"。② 人性是制度环境的伦理内涵的重要依据,同时,制度环境的伦理内涵也是主体的人性发展要求的产物。

三、制度环境的客观评判

制度环境作为一种在社会发展与人的发展中起着重要作用的客观存在物,也存在一个客观评判的问题。制度环境是人的发展环境的重要组成部分,它既以现实的存在作用和规定着人的发展,也以历史的存在作用和规定着人的发展。一定历史阶段的人,首先是生活在历史上生成的制度环境之中,以一定的制度环境安排作为自己活动的出发点。人一出生就必须接受既定的制度环境安排的不可选择性,就如人无法选择自己的出生一样。特定历史阶段的制度环境安排是人的发展的基础和前提条件,制度环境安排

　　① 张宝英、张游浩:《人之善恶的本质》,《烟台大学学报》(哲学社会科学版)2008 年第 3 期。
　　② [英]休谟:《人性论》上册,关文运译,商务印书馆1980 年版,第6 页。

正是在这一意义上对人的发展发生作用。

（一）制度环境的评价标准

正如布罗日克所认为的，评价是价值的实现和价值实在化的方式。在评价以前和评价之外，价值仅仅作为一种客观的可能性而存在着。所谓评价，即是主体对他所认识的某种客体表现的价值的一种认识。价值和评价是不可分割的相互联系着的概念。它们的分离只能在抽象的思维中存在。我们认为，制度环境所包含的价值为评价制度的标准奠定了基础，是主体对制度进行评价的伦理依据，而对制度环境的评价则说明了制度环境所包含的价值，为制度及环境的发展指明了方向。

1. 制度环境的价值评价

评价首先要确立标准，评价标准是进行评价的逻辑前提。由于社会主体的多样性、多层次性和主体需要、利益的差别，使得不同主体的价值尺度是不同的，自然会提出各种各样的标准。但就制度环境本身而言，尤其是从哲学层面审视制度环境的时候，只有那些既体现制度环境本质要求，有利于社会历史进步和人的全面发展，同时又有助于制度环境持续演进和发展的标准，才是合理的、可取的。在这个意义上，制度环境的评价标准就只能有以下三点：制度环境的合理性、制度环境的合法性和制度环境的现实性。

第一，制度环境的合理性，主要是指制度环境的内容要符合制度的内在规律，如制度环境是否具有逻辑一致性，是否能体现制度的本性与目的，是否推进了社会生产力的发展，在完成其目标上是否有效率等等。归根到底，制度环境的合理性就是制度环境是否能完成其保证社会发展、保证社会与人协调、最终实现人的自由而全面的发展。

第二,制度环境的合法性,主要是指制度环境在社会层面存在的法理与价值基础。制度环境合理性关心的是制度环境系统如何有效运行,制度环境合法性关心的是选择某一制度环境的理由是什么。众所周知,"观察渗透理论",没有不被理论污染的观察,因此,"制度环境非中性"就是制度环境不可避免的问题。鉴于此,我们认为,不同制度主体在制度环境中所处的地位不同,同一制度环境所带来的效益在不同制度主体中也是截然不同的,甚至是对立的。因此,制度环境合法性实质上是制度环境的价值选择与目标定位。

第三,制度环境的现实性,主要是指制度环境的可实现性和可操作性。一种制度环境即使在理论上很完美,但如果缺少自我实现的能力,那么它还是不具备现实性,而会成为意识形态中的"乌托邦"。

制度环境包含的价值根据不同的划分标准有不同的分类,我们可以根据实然和应然的关系把制度环境中的价值分为实然性价值和应然性价值。制度环境中的实然性价值是指制度环境功能对主体所发挥的作用,由制度环境内在的分配权利与义务的规则体现出来。制度环境中的应然性价值是指主体对制度环境的期望,以达到主体想要达到的社会共同目的,这种应然性价值具有现实的可能性,或者说它就是作为制度环境未来的实然性价值而显现的。另外,也可以根据手段和目的的关系将制度环境包含的价值区分为工具性价值和目的性价值。我们说,手段和目的是相辅相成的,目的"就是实践所要达到的目标或终点……",是"活动的客观结果以主观观念的形式超前地存在于人脑之中,成为人'如此活动'的原因"。手段是"实现目的的工具和运用工具的活动方式或操作方式、方法等,……"。① 众所周知,手段受目的的支配和制约,但是只有与手段相联系并通过手段,目的才有其真实意义。制度环境中的目的性价值与主体的需要和利益直接相联系,制度环境中的手段价值又称之为工具性价值,在一定的关系中或条件下它也是制度的目的性价值的构成部分。它通过制度环境中的程序和具体运作过程表现出来,为制度环境的目的性价值的实现服务。制度环境的目的性价值与制度环境的工具性价值之间的关系并不是绝对的,在一定历史时期,制度环境的工具性价值会转化为目的性价值,而目的性价值又会转化为工具性价值。我们认为,它们之间的互换性,是由特定的社会历史条件来决定的,是由特定的历史条件下的制度环境各因素制约的。制度环境包含的价值是一个丰富的价值体系,其中,各种价值并非同等重要,我们可以将其划分为基本价值与次属价值。此外,基本价值的性质不同,以及某一特定的历史时期,某些价值具有优先地位,处于相对优先地位的价值又可以称之为核心价值。总之,关于制度环境包含的价值类型区分,对制度环境的价值选择和价值评价具有重要的意义。

其实,在更深层次上,制度环境的价值评价,也就是对制度环境的正当、合理与否的伦理评价。而关于制度环境的价值评价是极其复杂的,有公正标准、社会生产力标准和人的自由全面发展的标准。制度环境的价值评价标准具有相对性、普遍性和客观性的特点。同时,制度环境的价值评价标准是一个历史的相对性标准,一定历史条件下形成的评价标准并不适合于任何时代。随着历史的发展,制度环境的价值评价标准也在发生变化。另外,制度环境的价值评价标准具有普遍性,制度环境的价值评价标准的普遍性

---

① 袁贵仁:《价值学引论》,北京师范大学出版社1991年版,第177—180页。

是指在一定的历史条件下,它具有普遍适用性。并且,制度环境的价值评价标准还具有客观性,制度环境的价值评价标准反映了一定历史条件下大多数人的需要和产生这种需要的历史条件。

2. 制度环境发展的最终尺度

人的发展是衡量制度环境发展的最终尺度。作为制度环境的评价标准,我们坚持认为,制度环境的合理性、制度环境的合法性和制度环境的现实性,最终都是体现在人的全面发展之中的。而人的发展是人通过以生产劳动为基础的实践活动,在遵循客观规律和客观条件的前提下,按照人的方式能动地改造自然、社会和人自身的过程中实现的生产实践。在实践活动中,使自然界人化,从而形成人的正常生存条件,创造出人的世界、人的社会。人由此摆脱纯粹自然状态,使自己成为社会存在物,成为作为人的人。人是唯一的由人的劳动而摆脱纯粹动物状态的生命。人的社会、人的历史、人的世界是人自己创造的。作为人类社会发展过程中不可缺少的规范人类活动的制度环境及其发展过程也是人推动的。所以,人是制度环境发展的主体。

唯物史观认为人和制度分属生产力和生产关系系统,生产力决定生产关系是通过人的中介作用来实现的,人在生产关系(制度)的选择中具有主动地位。人既是社会与历史的剧作者,又是社会与历史的剧中人。人必须以自己创造并生活于其中的社会与历史作为自己活动的舞台。马克思、恩格斯指出:"历史的每一阶段都遇到一定的物质结果,一定数量的生产力总和,人和自然以及人和人之间在历史上形成的关系,都遇到有前一代传给后一代的大量生产力、资金和环境,尽管一方面这些生产力、资金和环境为新的一代所改变,但另一方面,它们也预先规定新的一代的生活条件,使它得到一定的发展和具有特殊的性质。……人创造环境,同样环境也创造人。每个个人和每一代当作现成的东西承受下来的生产力、资金和社会交往形式的总和,是哲学家们想象为'实体'和'人的本质'的东西的现实基础"。[①] 这些历史的积淀,包括以物质形态与精神形态存在的成果,是对特定历史时代人们活动的规定,也是特定历史阶段的人的存在和发展的现实基础。

制度环境是人的发展环境的重要组成部分,它既以现实的存在规定和作用着人的发展,也以历史的存在规定和作用着人的发展。马克思毕生所追求的目标就是要建立一个合乎人的发展的环境,这就是自由人的联合体。因此,在我们看来,只有揭示制度的本质和制度环境的客观历史过程,才能正确解决和回答制度环境与人的价值实现之间的相互关系问题,才能正确解答制度环境的评价标准问题。马克思和恩格斯指出,迄今人类的发展是以牺牲人的个性为代价而获取的人类整体的发展。在人类发展的最初阶段即人的依赖性阶段,个人从属于自然的血缘共同体。由于人的活动相对单一,分工还不普遍,还没有形成丰富的社会关系,个人在共同体中,与他人一起从事一种活动的各个方面。此时,个人只能在对共同体的从属关系中发展自己,个人的这种原始丰富性是实现共同体要求的工具,而不是目的,这时的制度环境还处于初始阶段。人类发展的第二阶段,人在物的依赖基础上具有了独立性。这种独立性使人不再以"先赋身份"被固定在他的土地和角色上,不像以前那样,连同自己的肉体也属于共同体,人身依附于他人,他能改变居留地点和生活地点而不受共同体从属性的束缚,个人有了发展。但是在这种物的依赖关系中,人所获得的这种独立性也只是表面形式,真正具有独立性和个性的不是个人,而是资本,

---

① 《马克思恩格斯全集》第3卷,人民出版社1961年版,第43页。

是一种新的异化于人的外在关系。与第一阶段的"人的依赖关系"状态相比,第二阶段的人仍然处于受限制的状态,但是人的发展的第二阶段又为人的发展的第三阶段创造条件。建立在个人全面发展和他们共同的社会生产能力成为他们的社会财富这一基础上的自由个性,则是人的发展的第三阶段。马克思在这里不仅勾勒了人的发展的基本轮廓,而且揭示出人的发展能够影响到社会制度环境发展的规律。随着社会的发展,制度环境中人性的成分越来越多,从这个角度出发,制度环境史就是人性的不断展开、丰富和实现的历史,因而,在当今社会就是要建立新的、更合乎人的"全面发展的"人性的制度环境。

　　人类进入现代社会以来,由于人对自身主体地位与人权意识的提高,使制度在发展过程中越来越体现出人性化的趋向,即制度环境越来越体现出以人为目的,以维护人的基本权利为价值导向,制度环境越来越表现出与人的本性、人的要求相一致的趋向。当代制度环境发展的这种人性化特征最集中地表现在制度环境以人为中心。这与以人为中心的社会发展观的确立直接联系,或者说以人为中心的发展观,为制度环境的人性化发展趋向提供了思想依据,并促进制度环境人性化评价标准的改革。应该说,制度环境的发展呈现出这样一种趋势,制度环境不再是对人的限制,而是形成一种有利的环境,以人的目的为价值取向和标准,以注重、维护人的自由、人的主体地位、人的发展、人的需要为目标,从而为实现人的本质创造条件。合乎评价标准的制度环境能最大限度地满足人的需要,最小限度地限制人的需要。制度环境所维持的社会及其发展是以人为中心的,那么制度环境也不例外,它必然也是以人为中心的,人也是制度环境发展的根本目标、基本动力、终极尺度。制度环境以人为中心的现实体现,就是制度环境是为人服务的,为人的自由而全面的发展创造条件的。

从历史发展来看,随着一种较为稳定的社会共同体的形成,制度环境的评价标准也就相应地产生了,即任何一个社会都面临着如何在社会成员之间合理地分配各种社会效用价值的问题,每一个社会都有人为探寻一种理想制度来解决这个问题。正如唐代兴所认为的:人类生存的公正问题,既是一个严肃的伦理问题,又是错综复杂的政治问题,更是一个极为普遍的人本要求问题。① 制度环境是否合乎评价标准是其他所有社会规则是否公正的前提,一种理想的社会制度应该能够体现公正、合理、现实的原则;但是,任何现实制度环境都不可能完全符合道德理想。因为,任何现实制度环境不是按照公正的道德理想人为地设计出来的,而是各种力量交互影响、各种利益相对平衡的结果。它不仅受制于各种具体的社会历史条件,如经济基础、政治资源和文化环境等,也同样受制于人(尤其是人的理性和德性)的发展水平的制约,制度环境的评价标准的起源、功能、原则、特点以及最终如何实现,都与人的发展密切相关。另外,不同制度环境对人的发展的影响和制约是十分明显的,合乎评价标准的制度环境可以促进人的发展;而不合标准的制度环境将会导致人的异化。

人离不开他所在的那个世界。人在改变自己所生活于其中的那个丑陋世界的同时,也在改变自身的丑陋性;人在使不太完美的生活世界变得比较完美的同时,也在努力使自己变得日趋完美。而马克思毕生致力于的就是要建设一个合乎人的发展的环境,这就是自由人的联合体。马克思曾说过一段令人警醒的话:"既然人是从感性世界和感性世界中的经验中汲取自己的一切知识、感

---

① 参见唐代兴:《公正伦理与制度道德》,人民出版社2003年版。

觉等等,那就必须这样安排周围的世界,使人在其中能认识和领会真正合乎人性的东西,使他能认识到自己是人。既然正确理解的利益是整个道德的基础,那就必须使个别人的私人利益符合于全人类的利益。既然从唯物主义意义上来说人是不自由的,就是说,既然人不是由于有逃避某种事物的消极力量,而是由于有表现本身的真正个性的积极力量才得到自由,那就不应当惩罚个别人的犯罪行为,而应当消灭犯罪行为的反社会的根源,并使每个人都有必要在社会活动场所来显露他的重要的生命力。既然人的性格是由环境造成的,那就必须使环境成为合乎人性的环境。既然人天生就是社会的生物,那他就只有在社会中才能发展自己的真正的天性,而对于他的天性的力量的判断,也不应当以单个个人的力量为准绳,而应当以整个社会的力量为准绳"。① 拉法格也曾讲过:"为了使人变好,需要改变他们生活的环境。人自己创造了自己的社会环境,但是它又是环境的作品。'当你改变环境时,你同时也在改变人的风俗、习惯、激情和感情'"。② 我们认为,从人学角度研究制度环境的评价标准有着十分特殊的意义,这是因为制度环境构成了一个人来到世上就必须生活于其中的最基本的生存环境,每个人的幸福和痛苦,快乐和悲伤,前途和命运等等都与之息息相关,对于这样一种对人的生存发展有着如此巨大影响的对象,人学研究倘若拒之于自身思想视线之外,必将是一个重大的理论遗漏。

　　制度环境的价值包含有应然性价值,它具有深厚的社会基础,并以人性为基本的价值依据。人性是具体的、丰富的,它是通过现

---

① 《马克思恩格斯全集》第 2 卷,人民出版社 1957 年版,第 166—167 页。
② [法]拉法格:《拉法格文选》上卷,人民出版社 1985 年版,第 364 页。

实生活中每一个活生生的人表现出来的。现实生活中的人们对制度环境的遵守，表明了人们对制度环境中的价值的认可。制度环境一旦得到了人们的普遍认同和接受，制度环境中的价值就能内化为人们的内在精神，成为人性力量的有机组成部分，进而引导人性的深化和完善，促进人的发展。制度环境的本质内容就是通过制度的建设和创新，使社会环境和人之间相互制约、相互促进，使制度和环境朝着人的需要和人的本性方向发展。制度环境能够在人性方面抑恶扬善，塑造全面发展的人的个性，协调私利与社会公利的矛盾。制度环境可以抑恶扬善，可以化解冲突，可以提升人性和道德。

制度环境发展最终所要求的是人的素质的提高和人的内在心性方面的完善。为了使人的发展和制度环境的发展相协调并确立发展的新方向，就必须突破制度环境建设中旧的发展思维框架，确立以人为本的制度环境发展观。以改善人的素质和能力，开发和发展人的潜力，创造和满足新的合理需要，通过制度环境建设，去清醒观察和合理处理人与人以及人与自然的关系，明智地设计人类现在和未来的生产方式和生活方式。康德认为，制度环境的推进是由上而下的强迫过程。而在我们中国，制度环境建设既需要由上而下，由政府主动推动；更需要由下而上，切实依靠人民的力量和人们的参与来推动制度环境的建设。其实，实现人的自由、全面发展是马克思主义理论的价值旨归，是对人的终极关怀。而我们建构制度环境的目的就是为了人的生存与发展状态的改善，这就是制度环境的评价标准。同时，"人的本质不是单个人所固有的抽象物，在其现实性上，它是一切社会关系的总和。"①所以，制

---

① 《马克思恩格斯选集》第1卷，人民出版社1995年版，第56页。

度环境是人的本质力量的对象化，也就是对人的本质力量的确证和表现。人不仅是社会关系和建构制度环境的目的，而且是它们发展的本质和目的。制度环境发展的历史是人的本质力量发展的历史，是人类改造客观世界和社会关系的主体能力提升过程。

因此，从人作为社会的主体和制度环境建构的主体的角度来说，人的发展是制度环境发展的最终尺度，也是我们正确审视制度环境评价标准的核心问题。为了使人的发展和制度环境的发展相协调并共同发展，就必须确立以人为本的制度环境发展观。通过人们对自身的地位和作用的认识去合理地处理人与自然、人与人以及人与社会的关系，科学地设计人类现在和未来的生产方式和生活方式。制度环境对人的活动、行为的限制只是一种手段，是通过对社会的必要规制形成稳定而良好的社会秩序，其目的是满足人的需要、促进人的全面发展。其实，在人性原则中，制度环境的创新，不是为了给人以限制，而是为了给人性的解放和实现输入最充分的能量，提供最优美的环境，奠定最坚实的基础。换言之，此时的制度环境，不再是人性的限制、制约、约束、压抑，而是人的解放和实现。正如马克思在《神圣家族》中说："必须这样安排周围的世界，使人在其中能认识和领会真正合乎人性的东西，使他认识到自己是人。……既然人的性格是由环境造成的，那就必须使环境成为合乎人性的环境"，而这正是制度环境价值评价的最核心标准。

（二）制度环境的功能彰显

我们认为，人的发展是衡量制度环境在历史与现实中合理程度的最终根据。合理的制度环境是人按照事物的本性和人的内在本性而建立起来的属人的存在。人的一切社会关系和制度环境都是根据人的需要和目的建立起来的,人本身就是一切社会关系和规范社会关系的承载者。人不仅是社会关系以及制度环境的目的,而且是它们发展的本质力量。脱离了人、离开了人的有目的的生产和创造活动,世界只是一部没有意识的偶然性占统治地位的自然演化史。人是人类社会历史发展的主体,创造历史的主体是人,有了人才有了无限丰富的社会历史过程。制度环境发展的历史是人的本质力量发展的历史,是人类改造客观世界和社会关系的主体能力以及人的主体素质提升的过程。因为人的全面发展是制度环境日趋合理的本质和终极目标,人的实践活动也是制度环境发展最宝贵的资源和根本动力。人的素质、人格、品质的提升都是制度环境更新和高效运行的重要保证。

1. 制度环境的规范形态

现代的制度环境功能的充分发展,离不开人的实践活动及人的现代人格、现代品质和素质的形成。制度环境一旦形成,在实际生活中就会发生一定的作用,制度环境的作用体现着制度环境的功能。"制度好可以使坏人无法任意横行,制度不好可以使好人无法充分做好事,甚至走向反面"。① 尽管制度环境有许多功能,但其最基本的功能则是约束与激励,其他的功能都是从这一基本功能中衍化出来的。制度环境是通过权利与义务规定主体行为和主体间的规则体系。因而,制度环境作为一种规范形态,主要侧重于两个方面:一是主体行为本身,二是主体之间所形成的关系。

作为规定主体行为的规则,制度环境的功能主要表现为约束作用。约束作用包括两个方面:一是限制;一是保障。限制就是明确规定主体行为的活动界限,或者说确定主体选择的范围。保障

---

① 《邓小平文选》第2卷,人民出版社1994年版,第333页。

是指防止主体的权利受到侵犯和损害,以保证主体在履行其义务的同时享有其应有的权利。限制与保障是统一在约束功能之中的,限制本身意味着保障,而保障实际上也就是限制。只有如此理解制度环境的约束功能,才能够使制度环境具有其确定性和明晰性,才能够使生活在制度环境中的主体产生预期和安全,从而达到社会的稳定和发展。制度环境的利益基础内在地决定了制度环境的约束功能。戈森认为,之所以需要约束是因为"一方面,个人的力量不足以保护自己不受侵袭或损害;另一方面,在很多情况下看来难以确定每个人可以达到而又不损害他人的界限。这两方面的情况必然使社会创造出一种权力,支持受到损害威胁的个人的力量,并在可疑的情况下确定个人权利的界限。"①

在现实生活中,由于主体的需要、动机和目的不同,利益也必然不同。而在交往的过程中利益的不一致,必然导致冲突的发生。现代社会的分化和分层的加速,使利益冲突有迅速扩大的趋势,这不仅存在着个体主体利益之间的冲突,而且存在着个体与社会之间的利益冲突。制度环境作为调整主体间利益关系的规则体系,目的在于解决主体交往过程中所发生的利益冲突,这是通过制度环境的激励功能来实现的。"制度构造了人们在政治、社会和经济方面发生交往的激励结构。"②制度环境的激励功能包括两个方面:合作与竞争。竞争是鼓励主体的利己、求利的行为活动,以激发主体的创造性、积极性和潜能;合作则是引导和促进主体之间形

---

① ［德］戈森:《人类交换规律与人类行为准则的发展》,陈秀山译,商务印书馆 1997 年版,第 142 页。

② ［美］诺思:《制度、制度变迁与经济绩效》,刘守英译,上海三联书店 1994年版,第 3 页。

成和保持良性的互助关系,以推动社会利益的实现。竞争与合作对制度的激励功能来说缺一不可,合作是竞争中的合作,竞争是合作中的竞争。只有竞争与合作的统一,制度环境才能成为主体之间良性的交往关系模式,既保持个体的积极性、创造性和潜能,又能推进社会的发展和进步。通过制度环境对权利的界定以及权利和义务的平衡,使主体间产生一种有效的合作关系,从而使主体间的利益冲突减至最低程度。

2. 制度环境的社会功用

具体的,我们认为制度环境功能的直接彰显表现在其范围限制上。在组成制度环境的不同制度安排中,国家正式制度是最具约束力的一种。它以国家强制力为后盾。除非发生重大的政治改变,否则制度环境创新对国家正式制度的任何逾越,都可能会被视为违法行为而遭到政府的禁止,严重的还会受到制裁。制度环境对企业制度变迁最重要的影响,是它为制度变迁设定了可创新的范围。只有在此范围内创新出的制度环境才能被承认,否则会因与现行制度相违背而被废除,或是带来制度环境的变化。对于国家制度环境中的非正式部分可以分两种情况讨论:一是在弱意识形态制度环境下,国家意识形态很少直接介入到对企业制度环境的限定中,它主要通过对人们思维方式和知识结构等间接影响来作用于企业制度变迁过程;而在强意识形态制度环境中,意识形态影响力大大增强,直接规定着企业制度的变迁方向。另外,民间制度环境虽然约束力不如国家制度环境,但同样可对企业起到限制作用。事实上许多企业制度环境创新,都是以突破民间制度约束的形式表现出来。民间风俗习惯组成的非正式制度环境体系是相对限制力最弱的一环。它对企业制度环境的创新作用更多是以间接影响的方式体现出来。

　　而制度环境功能的间接彰显，首先表现在对知识的影响上。制度环境在本质上是一种知识产品，如汪丁丁就认为制度是关于如何协调人们分工的知识载体。因此，制度环境创新的过程实际就是知识产品生产的过程。作为一种知识产品，它的生产必然是建立在现有知识存量的基础上，是对现有知识的拓展。制度环境就是通过对这些已有知识的影响，而间接影响着制度环境创新的过程。制度环境本身就是相关知识存量的组成部分。制度环境创新者只有对现有的制度环境充分了解以后，才能在制度环境创新上有所作为。知识的继承并非无条件的，他们的传播具有一定的选择性。例如国家出于统治的需要，总是大力宣扬与意识形态相符的知识，而对那些相抵触的则予以摒弃。这种传承上的选择性，限制了创新者头脑中的可选择集合，使人们不自觉地按照统治者的要求进行制度环境创新，从而间接影响着制度环境创新的过程。在这个意义上，新制度环境可看成是原有制度环境升华的产物。有什么样的制度环境，就会产生出什么样的新制度。我们知道，制度环境的创新总是由人来完成的。创新者的智力能力和学识水平直接决定着制度环境创新的活跃程度。创新者的智力能力属先天因素，不在本书的研究范围内，但其学识水平的高低却与制度环境息息相关。制度环境创新者在一国的人才结构中，处于金字塔的顶部位置，需要经过长期的知识教育和技能培养才能最后成才。因此，国内教育制度环境的完善程度直接决定着制度环境创新者的数量和整体学识水平的高低，从而间接影响到制度环境创新的过程。除国家制度外，民间传统对教育重视的程度，也影响着国内制度环境创新者的数量和创新能力。一般说来，传统上越重视教育的民族，人才出产量越多，学识水平也越高。制度环境创新者供给数量的增多和质量的提高，必然会增加制度环境创新的产出。

另外,制度环境的间接彰显,更深层次表现为对创新者思维方式的影响上。创新者会创新出怎样的制度及其环境,取决于创新者脑中固有的思维方式。制度环境中一些非正式制度组成部分,正是通过作用于创新者的思维方式而影响到制度环境变迁的方向。国家意识形态是统治者进行统治的思想基础。为维持统治的合理性和合法性,统治者会利用各种方式在国内大力宣传和灌输意识形态理论。受此长期影响,人们会不自觉地产生与统治意识相一致的思维方式。这就使制度环境创新具有了一种惯性,除非国家发生重大变革,制度环境创新总是按照既有的方向发展。民间的传统习俗对人们思维方式的影响也是一样,只是方式更加隐蔽。从儿时父母的言传身教,到后来学校、工作中的人际相处,传统的影响无所不在。虽然许多创新者都希望摆脱传统思维方式的影响,但即使在反传统的制度环境创新中,我们也能发现许多与传统暗合的地方。可以说传统习俗是对制度环境创新影响最深远同时也是最不易被发觉的因素。忽视了这一因素的存在,会对我们理解制度环境的功能彰显造成很大的障碍。

合乎评价标准的制度环境功能,还表现为对激发个体道德上的功能和作用。

首先,提供环境熏陶作用。人的思想、观念,包括道德意识、价值取向等是由人们所处的社会客观环境所决定的,特别是由环境中的制度因素所决定的。从人的本质属性来说,人是应该有道德需要的,但这种需要是在社会生活中形成的。一个不谙世事的孩子,本没有善恶是非观念,其最初的道德"需要"源于想做个"好孩子",而得到家长或是教师的表扬,最终得到幸福感觉的体验。这种善行得到不断的激励,慢慢地就有了道德意识。这种意识如能得到社会制度环境的支持和保证,就会在个体的心灵深处扎根,最后内化为个体自觉的需要,且这种需要会随着年龄与智慧的增长而不断升华。更重要的是生活在这样一种制度环境下的人们,由于长期享受到制度提供的社会普遍关爱和人际关怀,会对社会和他人心存感激进而习惯于在考虑他人和社会共同利益的前提下来实现自己的理想和愿望。同时还会出于对这样一种良序社会的充分认可,而自觉地以一种守法精神来维护现存的制度。这些行为本身就是一个人拥有道德需要的表现,从中可见制度环境合理在激发个体道德需要中的意义。相反,长期生活在缺乏公正、舆论监督无力的社会里的人们是难以产生道德需要的。通常情况下,当人们发现自己或他人的合法权益受到不法侵害或是生活中明显存在不公正现象时,首先会期待制度的干预,如果制度环境提供了这种帮助,那么个体就会因为感觉"正义"得到伸张从而获得一种心理平衡,会因为对现有制度环境的信任而产生良好的愿望。相反,如果制度环境无法提供这种帮助,大部分原本善良但缺乏坚强道德意志的人们,就可能因为心理不平衡而动摇原有的正确价值观和道德需要,于是采取一些非正当的途径来解决问题。当然,从道德的角度来说,个人应当有自觉不利用制度环境缺陷的义务。

　　其次,提供行为激励作用。制度环境激励功能主要是通过社会结构的制度性安排,按设定的标准与程序将社会资源分配给社会成员或集团,以引导社会成员或集团的行为方式与价值观念向设定的价值标准方向发展。这里的激励既包括奖励,也包括惩罚。我们可以将制度环境的这种激励分为事先激励和事后激励。事先激励是指一个社会的制度环境安排对其成员行为后果能起到一种预设作用,使每个成员能清楚地知道在现有的制度环境安排下,自己的行为可能产生的后果,并根据这种可能的后果按照趋利避害的原则来选择自己的行为;事后激励是指一个社会现有的制度环境安排能对其成员的行为后果做出公正合理的评价,并能根据行为的实际效果实施相应的奖惩。道德高尚者应获得与其贡献相当的回报或者至少不因其善行而遭受自己意愿外的损失与伤害;不合理的行为能得到矫正,不道德的行为能受到应有惩罚,或至少不因其恶行而大行其道。只有这样,才能在全社会产生扬善抑恶的良好风气,从而提升个体的道德需要。

综上所述,我们认为,合乎评价标准的制度环境与道德需要是互动的。合乎评价标准的制度环境能激发和提升个体的道德需要,而个体的道德需要反过来又能成为促进制度环境更好发展的一种强大精神力量。因为制度环境是由人制定并由人来执行的,个体内在的道德需要和道德素质,直接关系由其制定的制度环境的是否合乎评价标准,关系到这样的制度环境是否能够在实践中得到有效的贯彻执行。制度环境的伦理内涵所针对、约束的对象是基本制度环境及各种制度环境安排,为人的生存和发展提供良好的社会环境。而制度环境的功能彰显就是使制度环境能够促进人与社会的和谐发展。因此,我们一方面要加强制度环境建设,充分发挥制度环境在激发和提升个体道德需要方面的积极功能,同时又要通过个体道德需要的激发和提升,来促进制度环境的进一步完善,使制度环境的伦理内涵与制度环境建设之间形成一种良性互动,从而更好地发挥合乎评价标准的制度环境功能。

第七章 文化环境

思想文化是社会发展中的先行者,正如德国诗人海涅所说的"思想走在行动之前,就像闪电走在雷鸣之前一样"①,它引导社会形成一种群体意识,成为民族凝聚力和创造力的重要源泉。纵观历史,一个民族的觉醒或崛起,总是以文化的率先变革作为思想发动的先机。文艺复兴、启蒙运动曾对欧洲工业化给予了巨大推动;美国革命、改良运动为美国现代化注入了勃勃生机;五四运动也曾在中国近代和现代社会进步的历程中熠熠生辉。思想文化对社会发展起着保驾护航的作用,一种社会思想意识一旦成熟,在社会中占据主导地位,它就会要求政治上层建筑与之相适应,形成相应的政治法律思想和组织设施,确保其贯彻实施。所以,创新尤为重要的就是思想文化的创新,而实现思想文化创新的重要保障,就是良好的思想文化环境。

一、文化环境概述

文化环境是作为既定存在和影响人类活动的原因条件而出现的,文化环境的主体内容是精神文化,其核心是占主导地位的世界

---

① [德]亨利希·海涅:《论德国宗教和哲学的历史》,海安译,商务印书馆1972年版,第150页。

观和价值观。文化环境以一个国家和地区的民族特征、文化传统、价值观、宗教信仰、教育水平、社会结构、风俗习惯等情况作为基础,并对社会环境有着潜移默化的影响。

(一)"文化"概念解析

我们要了解文化环境的内涵与外延,首先要从文化入手。文化是人类社会特有的现象,它贯穿于人类社会的各个发展阶段和各个领域,体现了人的本质和人的发展程度。

文化作为一个功能性概念,一般是从作为社会主体的人的活动结果这一角度来加以把握的,有狭义和广义之分。狭义的文化是指人类为了改造自然和社会而进行的精神活动及其成果,即观念形态的文化,是政治思想、道德、艺术、宗教、哲学、科学等社会意识形式所构成的领域。广义的文化是指人类在认识和改造世界的过程中所展现出来的人的本质、力量、尺度等方面及其成果,即一切打上人类活动印记的事物或所有被"人化"的事物。它反映的是在历史发展过程中人类的物质和精神力量所达到的程度和方式,包括人类活动的整个过程及方式。从文化本身的领域来看,文化可分为物质文化、行为文化和精神文化。物质文化是人们改造自然界以满足人类物质需要为主的那部分文化产物,它包括生产工具——工艺技术文化、生态文化等等。行为文化是人类处理个体与他人、个体与群体之间关系的文化产物,包括个人对社会事务的参与方式、人们的行为方式,以及作为行为方式的固定化、程式化的社会经济制度、政治法律制度、婚姻制度等等。精神文化是人类的文化心态及其在观念形态上的对象化,包括人们的文化心理和社会意识诸形式。三者相互影响、相互作用和相互渗透而形成一个"文化场",即广义上的文化环境。

（二）"文化环境"概念解析

广义上的文化环境应该是人类社会在一定历史条件下存在于主体周围、影响主体思想和行为的物质文化、行为文化和精神文化的总和。但是，文化环境是作为既定存在和影响人类活动的原因条件而出现的，并非所有作为结果出现的东西，都能成为以后人类活动的原因，不是所有的文化都会对主体思想和行为产生影响，所以文化环境的外延要比文化的外延窄一些。文化环境的主体内容是精神文化，其核心是占主导地位的世界观和价值观。所以，文化环境是人类社会在一定历史条件下存在于主体周围、影响主体思想和行为的精神性成果，包括精神文化和凝结在物质产品中的精神因素。构成文化环境的主要要素是教育、科技、文艺、道德、宗教、哲学、民族心理和传统习俗等等。具体来说：

一方面，文化环境对文化具有依赖性。文化是人类在认识和改造世界的过程中所创造的成果，文化环境依赖于人类所创造的物质文化和精神文化，没有人类创造的文化成果，也就谈不上文化环境；同时，人类认识自然和改造自然的实践活动永无止境，人类不断创造新的文化成果，文化环境的内涵和外延也要随着文化的不断发展而逐渐丰富和扩大。

另一方面，文化环境又具有相对独立性。因为环境这个概念就是要揭示在人类主体之外影响人类主体活动的那些存在，尽管这种存在可能是主体活动本身造成的，但它一旦形成，就外化为一种外在存在并影响着主体和主体的创新活动，使其按照自己的轨迹有规律的运动着，形成自己的特点、结构和功能，构成社会环境的组成部分。文化环境的相对独立性，表现在文化环境的发展变化与文化的发展变化的不完全同步性。也就是说，人类创造的文化成果的多寡,与文化环境的优劣之间存在着不一致性。一般来说,文化环境落后于社会文化,具有滞后性。在一定历史条件下,社会的主体文化已经基本建立之后,才会逐渐建构起与之相适应的文化环境。这意味着,人类文明程度越高,创造的物质文化成果越丰富,就越能形成较好的文化环境。当然,也存在人类文明程度较高,创造的物质文化成果也较为丰富,但是并没有形成较好的文化环境的情况。文化环境的相对独立性还表现在文化环境对文化的反作用。人类创造的文化成果是形成文化环境的基础,但是文化环境一旦形成,就开始作为一种独立的存在对文化产生反作用。在一定社会历史条件下,文化环境与文化的发展趋势相适应时,就促进文化的进一步发展;否则,就会起到阻碍作用,甚至导致文化衰退与没落。

二、文化环境详解

由上,我们知道所谓文化环境是人类社会在一定历史条件下存在于主体周围、影响主体思想和行为的物质文化、行为文化和精神文化的总和。我们可以对文化环境作具体分析,即分析文化环境的基本特征和文化环境的动态过程。其中,我们在分析文化环境的动态过程时,把文化环境的结构与功能分别地加以研究。但是在实质上,文化环境的结构和功能是统一的,它们都立足于一定生产方式的基础上,并归根结底为社会物质生产的更深层自然历史过程所决定。

(一)文化环境的特征

文化环境作为既定存在和影响人类活动的原因条件,具有主客观统一性、社会历史性、形态多样性三个基本特征。

1. 主客观统一性

文化环境是人类社会在一定历史条件下,存在于主体周围、影响主体思想和行为的精神性成果。文化环境是否具有意义,核心在于是否体现了人的特点和人的尺度。人们总是自觉不自觉地依据现实的经济、政治和社会生活,在现有的人类创造的文化成果的基础上去营造自己的文化环境。文化环境具有人化的特点,而且是在这种"人化"对它的创造者以及可能范围内的一切人都有意义的时候,才能真正构成文化环境的内涵。文化环境是由人类主体所创立的,体现了一定历史条件下人们的精神需求和价值取向。从这个意义上讲,它具有主观性;但它一旦形成,就按照自己的轨迹有规律地运动,具有不以主体的主观愿望为转移的客观性。所以从完整的意义上讲,它是主观与客观的统一。

在阶级社会,文化环境总是受到占统治地位意识形态的制约,但是统治阶级的意识形态不是文化环境的决定力量,人类改造世界和改造人自身的实践活动是决定力量。物质资料的生产是人类生存和发展的基本条件,也是文化和文化环境产生和存在的基本条件。马克思指出:"在再生产的行为本身中,不但客观条件改变着……而且生产者也改变着,炼出新的品质,通过生产而发展和改造着自身,造成新的力量和新的观念,造成新的交往方式,新的需要和新的语言。"①因此,文化和文化环境的发展,归根结底依赖于人类生产方式的发展。从文化环境发展的总趋势来看,是不以任何人、社会集团、阶级的意志为转移的。文化环境是由人类主体所创立的,最终还要服务于人类主体,通过传递社会文化信息的形式

---

① 《马克思恩格斯全集》第46卷(上),人民出版社1979年版,第494页。

达到影响人的行为方式、扩大人的认识能力、提升人的精神境界的目的,从而进一步促进文化的发展和社会的进步。

2. 社会历史性

从社会的角度来看,文化环境是在人与人交往中存在和发展的,它的存在与发展离不开主体性活动。构建文化环境的主体性活动,不是抽象的、孤立个体的生物性活动,而是社会性的群体活动。构成文化环境的是各种观念、意识形态、物质产品,它的内容是受特定的经济关系决定的,而经济关系的核心是利益关系、阶级关系。因而表述各种观念、意识形态的思想体系,总是直接或间接、公开或隐蔽地维护属于社会经济关系中的各个利益集团。在阶级社会中,文化环境总是受到占统治地位意识形态的制约而呈现出阶级性特征。这是因为,在阶级社会中,构造文化环境的各种观念、物质产品都是由属于一定阶级的人创造的,他们的情感、意志、兴趣、目的都会受到一定阶级意识形态的制约。

文化环境是一个动态变化的过程,也是一个开放的结构。它随着社会的发展而呈现出不同历史时代的特征,每一时代的社会文化和文化环境,都同以前时代的传统文化成果之间有着某种继承的关系。无论是传统文化本身还是它的社会历史意义,都具有两重性。只看到传统文化的消极方面而加以简单否定,从而取消了传统文化中的精髓;或者只看到传统文化的积极方面而忽视它的那些落后于时代的内容,都无益于继承传统文化的精华,构建有利于现实社会存在和发展的文化环境。只有继承、吸收以往人类的一切优秀文化思想成果,才能构建出体现这个时代的精神、反映这个时代的物质生活条件的文化环境。当然,继承绝不是简单地照抄照搬,而是有选择的,是扬弃。究竟保留什么,抛弃什么,归根结底由社会存在,特别是由生产方式、经济基础的需要所决定。

3. 形态多样性

任何文化都是历史的、具体的，由于地域、民族、社会发展程度不同，文化形态呈现多样性。马克思就曾经把早期人类文化差异比作"早熟的儿童"、"正常的儿童"、"粗野的儿童"。同样，根植于人类文化成果基础上的文化环境也具有形态多样性的特点，这种多样性的特点是依靠历史、通过历史并且同历史一起保存下来和发展起来的，记录着各民族历史发展的轨迹和特殊性。

文化环境是以本土文化为主，并广泛吸收和融合外来文化而形成自己本区域、本民族的文化特征。文化环境一旦抛弃了自己传统所形成的各种形式，也就抛弃了自己的历史，从而失去了自己进一步发展的基础和条件。不同时代、不同区域、不同民族的文化环境各具特色，才使世界文化百花齐放、争奇斗艳。世界上每一个成熟的民族都有属于自己的特有文化形态和文化环境，而这种特有的文化和文化环境就成为民族亲和力和凝聚力的重要源泉，是维系国家统一和民族团结的精神纽带。例如：中国文化环境主要是受先秦以来不断发展的儒家文化的影响，欧洲的文化环境则主要受古希腊、古罗马和基督教文化的熏陶。当然，我们在承认文化环境多样性的同时，必须看到它们是在保持统一性的前提下的多样性。任何文化环境不管在形式上如何独特，它们总是建立在一定生产方式、一定社会形态基础上的，也只有随着"仿佛是社会组织的骨骼的物质基础"①的发展而发展，所以，可以寻找到它们之间的某种统一性。文化的多样性是以统一性为前提的，而文化的统一性又以多样性为基础，从而构成了文化的统一性与多样性的统一。

---

① 《马克思恩格斯全集》第46卷(上)，人民出版社1979年版，第791页。

（二）文化环境的结构

文化环境作为一个系统有其内在的特殊结构。所谓文化环境的结构,就是文化环境诸要素所固有的相对稳定的联结方式。我们可以从不同角度、不同侧面去剖析。

1. 对人类主体影响维度

从文化环境对人类主体影响的深度、广度层面来分析,文化环境包括基础层次的文化环境、中等层次的文化环境、比较高层次的文化环境。

第一是基础层次的文化环境,它的存在遍及社会各个角落,影响面最为广泛,涉及所有人类主体的生活与行为。包括风俗习惯、大众文化生活的模式、宗教、教育、舆论等等。例如大众文化生活的模式,如文艺、戏曲、影视等。几乎所有人,不论有文化还是没有文化,都会受到它的熏陶和影响,形成群众的文化生活状况、教育科技状况、道德和社会风气状况等等。

第二是中等层次的文化环境。这里主要有各类特定主体的活动环境,它的存在、影响和作用主要涉及各类特定主体的活动,其范围显然比基础层次文化环境要小,影响要具体。包括社团文化环境、企业文化环境、校园文化环境、社区文化环境等等。例如企业文化环境,其中有自然环境成分,更重要的是文化环境成分。企业文化环境对企业的未来发展和广大职员的影响是直接的、持续的、潜移默化的和非常深远的。

第三是比较高层次的文化环境。它主要涉及各类人才的精神创造活动,这里涉及的各类人才主要是社会的管理者、决策者、国家公务员、科学家群体、教师等等所谓领导管理型人才、创造发明型人才、文化传播型人才。他们本身是知识阶层,他们的活动所需要的环境相对地说也属于较高层次。其组成部分包括政治思想、哲学宗教、科技教育、伦理道德、法律规范、文学艺术等。

文化环境的三个层次划分也是相对的,主要依据于文化环境对人类主体影响的深浅程度和范围大小。三个层次呈现由低级到高级的发展态势,但又是相互联系、相互渗透、相互作用的。任何一个人在其成长中的某一阶段上,例如在童年、青年时代,都曾经受到过基础层次、中等层次文化环境的熏陶,甚至留下了不可磨灭的影响。高层次的文化环境,也可以通过舆论媒体、国家机器、学校教育等等渠道,影响甚至制约每一个社会主体。总之,这三个层次的文化环境相互联系、相互渗透、相互作用而共同构成文化环境,并在文化环境的不同层面上发挥自己的社会作用,促进文化环境的进化和发展。

2. 内部构成维度

从文化环境内部构成的层次来分析,文化环境包括文化产品、文化活动方式、文化观念。

人类在自觉能动的活动中所创造的一切产品都是"文化产品",一个人进行实践和认识活动,总是先从文化产品开始。文化产品包括物质性产品和精神性产品。文化环境结构中的文化产品是指凝结文化观念的物化形态(如烈士丰碑、历史博物馆、民族英雄纪念馆等),以及各种有丰富内涵的人文景观。由于不同时代、不同民族的文化产品,总是具体体现了各自所属时代和民族的特征,通过历史上某一时期的文化产品,我们可以了解这个时期的文化、文化环境及其社会发展状况和水平。可见,文化产品是文化环境最具体、最现实的要素。

在文化产品背后,是人们活动中表现出来的文化活动方式。文化行为方式包括人们生产文化产品的过程、方式以及人们在生产文化产品过程中的交往方式、风俗习惯等。从文化环境的建构来看,文化环境是人们活动经验的保存和传递。从不同类型的文化环境之间的比较来看,文化环境之间的差异,不仅表现在文化产品上,更重要的是表现在活动方式的差异上,后者是前者存在的原因。因为从文化环境对人的影响来看,主要不在于提供现成的文化产品,而在于帮助人们掌握基本的活动方式。受特定的文化环境的影响,人们学习和继承特定的活动方式,获得从事各种必要活动的基本能力。所以,文化活动方式是文化环境最重要的要素。

在文化活动方式的背后,是以文化符号形式表现的"文化观念"。文化观念是指在一定的文化环境下人们对于外部世界、自身以及人同外部世界关系的基本观点和看法,包括政治思想、哲学宗教、科技教育、伦理道德、法律规范、文学艺术等意识形态和非意识形态。它一方面是对文化活动方式的形式化和理论化,另一方面是文化活动方式得以运行的基础,因而是文化环境的核心要素。由于人们对于外部世界、自身以及人同外部世界关系的基本观点和看法不同,才会产生不同的活动方式,才会有不同的文化产品。不同时代和民族的文化环境之间的差异,归根结底是文化观念的差异。因此,文化观念的最终形成是文化环境形成的标志。

文化产品、文化行为方式和文化观念是构成文化环境系统的三个基本要素,它们相互联系、不可分割。文化产品是文化活动方式的产物,又是文化观念的具体体现;文化行为方式是文化产品产生的前提,又是建立在一定的文化观念基础上的;文化观念是文化活动方式的理论升华,又要通过文化产品和活动方式具体地体现出来。文化环境的三个基本要素相互联系、相互作用构成文化环境的整体,推动着文化环境的进化和发展。

(三)文化环境的功能

文化环境主要的不是功能性概念而是结构性概念,但是它无疑也是有功能作用的。文化环境的功能是多方面的,其中主要是它的社会功能和认识功能。

1. 文化环境的社会功能

文化环境的社会功能指文化环境在社会存在和发展中的作用。文化环境与人本身是不可分割的,社会发展和人的发展都是在一定社会的文化环境中进行的。文化环境作为人类社会在一定历史条件下存在于主体周围、影响主体思想和行为的物质文化、行为文化和精神文化的总和,决定了其作用并不都是积极的,而是具有积极和消极两重性。中国传统文化及其文化环境对中华民族的影响和作用就是这样。中国传统文化中的糟粕,给中华民族的历史发展带来了不少消极影响和作用。但从整个人类发展过程看,没有文化和文化环境,人类社会就不会由低级阶段向高级阶段发展,从这个意义上讲,文化环境对整个社会的稳定、发展和进步具有重要的作用。

(1)传递信息功能

所谓传递信息功能,即文化环境具有传递社会经验从而维持社会历史连续性的功能。文化环境是人类社会在一定历史条件下存在于主体周围、影响主体思想和行为的精神性成果。文化环境能够依靠人类创造的符号系统即文化观念起到固定、表达、储存、传递社会信息的作用。它不仅可以对社会历史经验进行储存,而且可以通过传递的形式影响人类主体对社会历史经验进行复制和交流,使社会信息的传递突破时间和空间的限制,越出个人直接经验的范围,把社会的过去、现在和将来,把直接经验和间接经验联结在一起。恩格斯指出:"现代自然科学已经把全部思维内容起源于经验这一命题加以扩展,以致把它的旧的形而上学的限制和公式完全推翻了。由于它承认了获得性的遗传,它便把经验的主体从个体扩大到类;每一个体都必须亲自去经验,这不再是必要的了;它的个体的经验,在某种程度上可以由它的历代祖先的经验结果来代替。"[①]文化环境的这一信息功能,体现了文化环境的历史延续性,使社会经验一代一代地传递,从而使人类历史的发展呈现出连续性的特点。

(2)教化培育功能

教化培育的功能,即文化环境具有影响人、塑造人的功能。文化环境作为人类创造的文化成果,反过来又具有影响和塑造人的作用。露丝·本尼迪克特说:"个体生活的历史中,首要的就是对他所属的那个社群传统上手把手传下来的那些模式和准则的适应。落地伊始,社群的习俗便开始塑造他的经验和行为。到咿呀学语时,他已是所属文化的造物,而到他长大成人并能参加该文化的活动时,社群的习惯便已是他的习惯,社群的信仰便已是他的信仰,社群的戒律亦已是他的戒律"[②]。文化环境的重要作用,就在于通过文化产品、文化活动方式和文化观念影响和制约人的生活方式和行为模式,使人有效地适应社会环境和人际关系,成为社会的人。每一代人都在旧的文化环境下,继承人类历史的一切文化成果,同时又以自己的实践和认识创造和发展了新的文化形式和文化环境。而文化环境的每一次重大更新和优化,在影响和改变

---

① 《马克思恩格斯全集》第20卷,人民出版社1971年版,第610页。
② [美]本尼迪克特:《文化模式》,王炜等译,三联书店1988年版,第5页。

满足人类需求手段的同时,又带来更新更高的需求;这种更新更高的需求,又促使人类创造新的满足需求的手段,创造和丰富着新的文化形式和成果,形成新的文化环境。并使人类在新的文化环境影响下,通过掌握新的文化形式和成果,增强人类征服自然和改造自然的能力,不断推动着人类社会和人自身由低级向高级、由片面向全面发展。

(3)推动社会发展功能

文化环境具有推动社会前进发展的功能,即文化环境为经济发展和社会进步提供精神动力和智力支持。任何社会核心价值观的形成和发展,都是在一定的文化环境下形成并受其影响的。任何社会的价值观都是多元的,其中必然有一种价值观居于主导地位,其他价值观都是从属或依赖于核心价值观。社会核心价值观是一定社会存在和发展的精神支撑,直接决定了一定社会经济理论和政治理论的建构。在选择和形成核心价值观的过程中,文化和文化环境起到了重要作用,其中文化环境中的教育、科技、文艺、道德、宗教、哲学等等因素的作用特别重要,为经济发展和社会进步提供精神动力和智力支持。文化环境是影响社会经济增长的基本动力之一,并决定着经济增长目标的合理性。作为社会环境的组成部分,文化环境状况还参与规定了社会变革的客观需要。社会变革是在一定的社会历史条件下酝酿产生的,文化环境为社会变革准备了舆论和理论的前提,并指导和影响人们进行社会变革的方向与变革道路的选择。

2. 文化环境的认识功能

人类的认识是在实践基础上,主体通过中介系统对客体进行观念的把握的过程。人的认识活动总是在一定文化环境下进行的,文化环境以其特有的方式渗透在主体、中介和客体中。只有把人类的认识活动置于人类实践活动和相应的文化环境下加以考察,才能把握人类认识的发生发展过程及其规律性。

首先,文化环境扩大了人类认识的主体性、提高了人类的认识能力。

文化和文化环境作为具有普遍性的概念被理解的时候,意味着人类自己发现了自己,即意识到自己对自己本身的依赖,对自己的劳动实践活动、自身的创造性实践能力的依赖。人类特有的社会性遗传方式,使每一代人都生活在先辈们创造的文化环境中。良好的文化环境是历史上优秀文化成果的积淀,能强化人类的主体性认识、加强人类认识世界的自发力量。在这种文化环境中,人们在继承历史上一切优秀的思想文化成果的基础上,又以自己的实践和认识活动创造和丰富着文化的新的形式,通过文化环境的社会遗传方式,人的认识能力便历史地扩大起来了,提高了人自身的思想道德素质、科学文化水平和逻辑思维能力等,从而使人类达到更好地认识自然和改造自然的目的。

其次,文化环境提供给人类一定的认识背景,并形成特定信息选择、加工和理解系统。

人类社会的文化发展成果构建了固定的模式、情景,即文化环境。人类的认识活动都是在既定的文化环境中进行的,也就是说文化环境为人类的实践和认识活动提供了一定的文化背景,使人的思维被模式化、情景化。在一定意义上,文化环境是历史的巨大的无意识的积淀,这种积淀是具体的、历史的。由于每一个民族的发展历程各有其特殊性,各民族的文化和文化环境也各有其独到之处。李约瑟指出:"当希腊人和印度人很早就仔细地考虑形式逻辑的时候,中国人则一直倾向于发展辩证逻辑。与此相应,在希腊人和印度人发展机械原子论的时候,中国人则发展了有机宇宙的哲学。"①文化和文化环境作为各民族既得的思想传统,以一种潜在的惯性力量制约着人的思维过程,形成各民族特定的认识背景以及信息选择、加工和理解系统,形成各民族特定的理解力、认识方式和行为方式。例如:中国封建制度的基石和主要特色是家国同构,宗法一体,神权、王权、父权合一。中国传统文化环境最基本的功能,是维持和强化作为宗法制度基础的血缘关系,血缘关系模式就是古代中国人最普遍的一种思维模式。各民族特定的理解力、认识方式和行为方式,虽然在一定程度上造成各民族间交流、交往的困难。但是,各民族文化和文化环境的多样性,是文化环境进一步发展的基础和源泉,失去多样性,文化环境也就失去了生命力。

三、创新文化环境的营造

创新需要有适合的土壤和环境,当前,摆在我们面前的紧要任务是要有目的、有意识地建构和营造一种有益于创新精神生成与发展,且能迅速推动创新的文化环境。文化环境是一个潜在的、深层次的、至关重要的因素,如何营造有利于创新的文化环境是我们当前需要解决的重要环节。胡锦涛同志在十七大报告中指出:"深化文化体制改革,完善扶持公益性文化事业、发展文化产业、鼓励文化创新的政策,营造有利于出精品、出人才、出效益的环境。"

---

① [英]李约瑟:《中国科学技术史》第 3 卷,《中国科学技术史》翻译小组译,科学出版社 1975 年版,第 337 页。

（一）解放思想，营造百家争鸣的文化氛围

要实现创新，必须解放思想，突破思想垄断，解除思想禁锢，创造思想自由、精神独立的大气候，为创新提供"宽厚、宽容、宽松"的舆论环境和社会氛围。

解放思想、实事求是的思想路线早在党的十一届三中全会前后就顺利解决了。解放思想就是使思想和实际相结合，使主观和客观相符合，就是实事求是。解放思想作为一个动态的持续深化发展过程，着重回答的是如何才能使主观和客观相统一的问题。一般说来，解放思想包含两方面含义：一是对原先的认识进行再认识，其中又包含对原来认识中正确部分的坚持和对错误部分的纠正；二是在研究新情况、解决新问题、总结新经验的基础上形成新的认识。当前，影响和制约解放思想的主要因素有如下几方面：

首先，建国后，我国长期实行计划经济体制，传统的社会主义模式观念成为人们思想的牢笼。单一的计划经济时代所形成的封闭性、单向性、趋同性的思维方式，在意识形态领域已经形成思维定势，成为一种思想传统，成为束缚人们创新的框框。其次，"左"的思想在我国根深蒂固、长期泛滥，阻碍人们思想创新。任何急躁冒进都可能导致新的曲折，不仅达不到我们要达到的目标，反而使我们已取得的改革开放的成就难以巩固。历史上不乏这样的教训，"左"的思想在中国民主革命时期和社会主义建设时期都曾盛行一时，特别是在"文化大革命"期间更是达到了登峰造极的地步。对"左"的思想我们应该保持足够的警惕。再次，中国经历了两千多年的封建社会历史，受漫长的封建制度及其思想的影响，诸如官本位与权力崇拜意识、宗法与等级观念、唯书唯上习惯、家长制和"一言堂"作风等等带有封建色彩的东西仍然很有市场。特

别是传统、保守、惰性的中庸价值观,这种厚古薄今、顶天承命的意识易使人养成随大流的习性,缺乏反潮流、反媚俗的勇气,至今仍然无时无刻地阻碍着人们的观念创新。最后,在从计划经济向市场经济转轨的过程中,由于法制不健全,许多人从双轨制中获利,形成新的既得利益集团,他们为了维护自己的既得利益,将成为进一步解放思想的新的阻碍。

因此,只有突破制约思想解放的阻碍,破除一切陈旧观念和错误思想的束缚,才能真正实现思想文化创新。解放思想就是倡导独立思考,打破习惯势力和主观偏见的束缚,推陈出新、继往开来,也就是要创新。思想解放既要求破旧、又要求创新。就破旧和创新对于社会实践的意义看,破旧是创新的手段,创新是破旧的目的,创新比破旧意义更大,也更有价值。所以,解放思想和思想创新在本质上是一致的。解放思想在本质上要求不断研究新事物和探索新规律,进行创新。解放思想的过程就是创新的过程,创新性是解放思想的本质特征,是解放思想的精髓所在。创新作为一种实践活动,其主体和客体都是人,创新活动离不开人的主体性活动。所以,创新活动的开展与创新人才的成长有着相互促进、相互影响的作用,没有创新人才,就不可能实现创新;没有创新活动,也不可能促进创新人才的成长。可见,培养创新人才是解放思想、实现创新的关键。

在我国春秋战国时代,诸侯争霸、礼崩乐坏、社会失序,社会的动荡变化使人们的思想摆脱了权威的束缚,各种学说百花齐放,形成了独特的"诸子百家"的文化景观和文化氛围,出现一大批影响后世的思想家。所以,创建有利于创新的社会环境是培养创新人才的前提和基础,从某种意义上讲,培养创新人才的环境主要体现为一种良好的文化氛围,让创新人才不断得到这种文化氛围的熏陶、激励而健康地成长。创新文化是在开展创新活动中产生的并与整体价值准则相关的群体创新精神及其表现形式的总和。创新文化环境则是在一定历史条件下存在于主体周围、影响主体创新思想,有利于主体开展创新活动的各种创新文化的总和。一个国家、民族或个人的创新能力不强,从根本上来说就是创新文化和文化环境的落后,淡化了创新意识和创新精神,弱化了创新能力,制约了创新活动的开展。只有解放思想,建设一种激励创新、崇尚创新、支持创新、勇于创新的社会氛围、精神状态和制度形式,即创新文化环境,才能冲破书本和权威的束缚,实现不断创新,形成促进社会进步的独特思想和学说,为社会发展提供强大的智力保障。

(二)支持创新的价值标准,树立以人为本的价值观体系

价值是主客体之间的一种特定关系,即客体和主体需要之间的满足与被满足的关系,它表示客体对于主体所具有的意义。主客体关系是人类一切活动的固有关系,而价值关系则是主客体关系中最普遍的、基本的内容。人类的一切对象性活动都是人作为主体与客体相互作用的过程。在相互作用中,人不仅仅受客体的作用和制约,而且必然有目的地按照人自己的尺度和需要去改造客体,使自身的本质力量对象化,使客体为主体服务,即通过作用于客体而获得价值。因此,价值是人类对象性活动的普遍的基本内容。有价值,必然就会有价值观,人们对客观存在的价值进行认识和反映,形成关于价值的一些基本观点、看法及态度,形成价值观。价值观"是一定社会群体中的人们所共同具有的对于区别好与坏、正确与错误、符合或违背人们愿望的观念,是人们基于生存、享受和发展的需要对于什么是好的或者不好的根本看法,对于某类事物是否具有价值以及具有何种价值的根本看法,是人所特有

的应该希望什么和应该避免什么的规范性见解"①价值观是意识形态的实质和核心，也是文化的核心，或者说文化的核心就是一系列有机组织起来的价值观念。

在中国漫长的封建社会，儒、道、释三种思潮是中国人价值观的理论基础，中国传统文化是建立在宗法制度基础上的血缘文化，家国同构，宗法一体，神权、王权、父权合一，中国人的价值观念的核心是"君权至上"和"家族本位"，个人从属于宗族和国家。"君权至上"的观念和宗族意识压抑了个体主体意识，个人处于从属地位，从属于"家长"和"君主"。这种价值观影响之深远，一直延续，直至今天，依然有其存在的市场。新中国成立后，社会主体价值观发生了巨大变化，核心是实现社会主义和共产主义理想。然而，这种极其崇高的价值观与当时中国极其落后的生产力水平和社会经济状况形成巨大的反差，价值观与现实的强烈对比、价值观实现的遥不可待、人们心理预期的有限承受力，最终使这种价值观慢慢模糊起来。特别是在计划经济时期，国家是全社会计划的决策者和代表者，是社会最高的也是唯一的主体。国家依靠自上而下的行政命令、直接指令来维系社会的协调和统一。全社会各地区、各层次的行为者，都在统一的行政管理体系中执行一致的计划，向同一个主体和计划负责。个人只是国家这个大机器的"零部件"，只能随着国家机器的大系统运转，而不是独立主体，个人的主体意识和主体地位相当薄弱。虽然我们也提倡以"全心全意为人民服务"为宗旨，"一切为了群众，一切依靠群众，从群众中来，到群众中去"的群众路线和群众观点，但是这些都是作为执政的手段和形式，没有真正上升为社会主体意识的高度。落后的生

----

① 袁贵仁：《价值学引论》，北京师范大学出版社1991年版，第379页。

产力水平以及与之极不相称的社会管理体制、薄弱的科学教育状况,都最终导致旧的"君权至上"和"家族本位"的价值观始终根深蒂固。

改革开放三十年来,计划经济体制的打破和市场经济体制的建立,国家权力下放,地方、单位的本位意识和个体的主体意识明显增强,人们的价值主体意识也普遍觉醒。在市场经济体制下,社会呈现从单一主体向多元主体转变的趋势。在主体多元化趋势不可阻挡的情况下,利益也不断的分化,同时市场经济本身又以市场竞争和追求利益最大化为原则,就必然促使多元利益主体产生多元价值观念。"人们的观念、观点和概念,一句话,人们的意识,随着人们的生活条件、人们的社会关系、人们的社会存在的改变而改变。"[①]然而我们长期主要以经济理论的思想解放和经济理论的创新为主线,以财富为标准衡量中国的发展,忽视了随之逐渐形成的多元价值观念。单纯强调经济增长和市场建设的转变,已经造成了人们价值观念的扭曲,一切以金钱为中心的拜金主义、享乐主义以及以自我为中心的极端个人主义和功利主义等等思想充斥社会,人们的价值观有的开始庸俗化,变成了纯粹的名利,既失去了理想主义的精神,也不具有现实主义的理性。与此同时,封建社会的价值观念一时泛滥,从封建社会沿袭下来的儒、道、释等思想对创新文化环境建设的负面影响都不可低估。特别是传统的、保守的、惰性的中庸价值观,传统血缘文化所形成的中国人崇拜祖先、顶天承命、厚古薄今和因循守旧的性格,都使中国人缺乏科学上的冒险精神、创新精神和竞争精神,使很多创新的萌芽或者被扼杀,或者被扭曲成病态。我国有成千上万的知识分子,满腹经纶者不

---

① 《马克思恩格斯选集》第1卷,人民出版社1995年版,第291页。

在少数,但循规蹈矩者众、思想活跃又勇于创新者寡。所以,树立科学的、有利于促进创新和社会进步的价值观体系已经势在必行,正在展开的改革开放以来的"第三次思想解放"应着重于新的价值观体系的建立,从单纯强调经济增长转变为对和谐社会的追求,从以财富增长为标准转变为以人为本的方向上来。

胡锦涛指出:"坚持以人为本,树立全面、协调、可持续的发展观,促进社会经济和人的全面发展。"很明显,在确保"全面、协调、可持续发展"的过程中,树立"以人为本"的价值观体系。以人为本的科学社会发展观的提出,是坚持以经济建设为中心、以生产力标准为唯一尺度的社会发展的必然结果。实践证明,生产力标准的"合理性是历史的、相对的。"强调生产力标准是适应改革开放初期特定历史条件的产物,是为了适应将中国社会发展从阶级斗争、意识形态领域转向改革开放、现代化建设的需要而提出来的。继生产力标准后,邓小平又进一步提出"三个有利于"的发展标准,把是否有利于发展社会主义社会生产力、是否有利于提高社会主义国家的综合国力、是否有利于提高人民的生活水平作为衡量社会发展与进步的标准。由于我们在建设具有中国特色社会主义的实践中忽视了"以人为本"的根本原则,使经济快速发展的同时,社会中人的问题日益突出。如贫富两极分化、弱势群体的出现、人文精神缺失、社会失序、一部分人的生活质量得不到提高等问题。这表明"单纯的生产力不是全面评价社会发展的唯一尺度",发展生产力不一定会带来人的全面发展。它在实践层面容易被庸俗化为纯粹追求物质财富,而忽视从人民群众是否真正得利的角度来把握发展生产力。因此,随着改革开放的深入,树立"以人为本"为核心的价值观体系,是我国生产方式发展到一定程度的必然,是时代的产物。

　　树立"以人为本"为核心的价值观体系与我国当前的多元价值观念的存在并不矛盾。价值的主体性特征表明,任何客体对于不同主体的价值都是不同的,其性质和程度都同主体本身的特性有关,这是理解现实中价值多元的基础。价值的多元化并不意味着在价值领域中不存在价值的统一性,不需要或不可能实现价值的统一。恰恰相反,就人类社会的整体而言,价值又是一元的。现实的主体之间的关系,归根到底无非是两种:一种是彼此从属的,一种是彼此对立的。在这两种情况下,都会以各自的方式走向价值的一元化。主体之间的从属关系,是指任何个人总是从属于一定的群体,而群体逐级从属于社会和人类。他们都是各自在一定的范围内的独立的主体,在从属关系上又是更高一级主体的部分。部分服从整体也是人类社会发展的客观规律。部分服从整体,也就是任何人最终要经受历史本身的取舍。对这一规律有人能够主动地服从它,有人则不自觉或不自愿服从这个规律,那么历史就会以各种方式使他们被动地服从。主体之间彼此对立的关系,是指社会上的人群划分为彼此对抗的阶级或利益集团或个人站在与社会、人类相对抗的立场上。对立中的一方是与历史发展方向相背离的势力,这样的价值主体自身已经失去了存在的历史根据,历史正是要通过淘汰、消灭这些与人民为敌、逆历史潮流而动的一方才能实现前进的。可见,由主体多样化而形成了价值多元化,又是通过社会历史主体的统一性和整体性而实现价值一元化的。多元是一元中的多元,一元是多元基础上的一元。价值的多元化与一元化之间,在社会历史发展的客观进程中达到辩证的统一。中国社会多元价值观的存在,体现了社会主体以及需求的多样性,而评价和检验这些价值观是否科学、有效的客观标准就是实践,看它们是否有利于创新和社会和谐发展、是否有利于人的全面发展、是否实现人民的普遍自由和普遍幸福。

　　以人为本区别于中国传统的民本思想。中国传统民本思想强调"民为贵",不同于传统的"君君、臣臣"的思想,对于抑制过度的剥削和压迫、保护生产力的发展起过一定的积极作用。但是民本思想偏向于实现"重民"、"亲民"目的,只要"重民"、"亲民",而不重视采取何种手段实现民本。所以,民本思想不反对君主专制,它所强调的"民"只能是臣民和子民,在实践中不可能有人民的影子。"以人为本"既把人当成目的,也把人当成手段。它强调人民享有民主、自由、人权,不仅要实现人民的普遍自由和普遍幸福,而且重视实现这一目的的过程和手段。以人为本也区别于"个人利益至上"。"个人利益至上"是一种以自我为中心的价值观,实质是把自己当作目的,把他人和社会变为满足自己欲望的手段,把自我置于社会之上,置于广大人民群众之上。这种价值观违背人类社会的发展趋势。因此,坚持以人为本的价值取向,就要反对"个人利益至上"的价值观,强调人的社会价值与个人价值的统一,人作为目的与作为手段的统一。这就要求在各项工作中,把广大人民群众的根本利益与社会成员的个人利益统一起来。

　　坚持以人为本,这里的"人",不是少数的社会精英、强势群体,而是占人口绝大多数的人民群众。以人为本就是以广大人民群众的利益为根本,而人民群众的利益需求包括生存、安全、平等、民主、自由、幸福等物质和精神需求。所以,归根结底,以人为本就是实现人民的普遍自由和普遍幸福。在2007年两会记者招待会上,温家宝在回答记者提问时强调指出:"社会主义与民主、法制不是相悖离的。民主、法制、自由、人权、平等、博爱等等,不是资本主义所特有的,这是全世界在漫长的历史过程中共同形成的文明成果,也是人类共同追求的价值观。"人民享有普遍自由是实现人民普遍幸福的前提和基础。社会主义自由,就是全体公民都享有自由。要实现社会主义自由,就要进行政治体制的改革。政治体制改革的关键,在于国家和政府应以宪法或者法律的形式赋予广大人民基本权利,包括参政、议政、决策等一系列权利,人民的疾苦、需求、愿望有一个合法的、畅通的渠道得到传达和解决。瓮安、孟连和陇南事件,凸显了言论阻塞的严重后果,无疑给我们以警示:广大人民不具有话语权、决策权,只会激化社会矛盾、导致冲突频发,不利于国家和社会的长治久安。所以,只有人民享有普遍自由,让我们的社会更自由更开放,人民的创造性劳动才会为社会的永续发展提供无穷的动力,才能实现人民的普遍幸福;否则,实现人民的普遍幸福就是一句空话。以人为本是个纲,纲举目张,需要民主、自由、人权等一系列价值观的转变,树立以人为本为核心的社会主义价值观体系,使民主法治、自由平等、公平正义理念深入人心,成为人民群众的普遍价值追求。

坚持以人为本,要用人的发展来衡量社会的发展。凡是有利于人的普遍自由和普遍幸福的发展,才是科学的发展;凡是不利于人的普遍自由和普遍幸福的发展,就是不科学的发展。从以人为本的高度来解放思想,对于先前的一些观念进行修正和发展。改革开放30年后的今天,"让一部分人先富起来"的观念已经不利于当前社会的发展和稳定,我们不能走计划经济平均主义的老路,但如何让利于民、如何让广大人民真正拥有当家作主的公民意识,是我们当前必须从意识形态上解决的问题。对"以经济建设为中心"要重新认识,要从以生产和交换为中心,转到以消费和分配为中心,调整和改善初级分配体系,向广大劳动者倾斜,加大对民生包括基础教育、公共卫生及基础医疗保健、廉租房等公共住房建设等的投入,使广大劳动者获得真正的实惠。要从私有产权逻辑设计的国企改革思路中解放出来,按照公共财政逻辑重新设计国有企业改革的思路,国企的性质是公共性、目标是公共服务,国企是全国人民投资,应该是全国人民受益,不应该全国人民投资、少数人受益。广大人民需求不能得到满足,必然导致人民在社会生活中的不安全感,以至于消费不振、内需疲软,影响我国进一步改革,甚至影响社会的安定团结。

总之,以人为本为核心的价值体系给人们确立了一套全社会所应当奉行的价值,包括价值理想、价值准则、价值规范、价值标准等方面的知识。它告诉人们,什么是我们当代中国社会所强调的主导价值观、人们应当怎样认识和行动,什么价值应当受到社会的鼓励,什么价值应当受到社会的约束等等。从而以这样的主导价值体系引领多样化的价值观念,引领社会全体成员的价值行为。要切实把社会主义核心价值体系融入经济理论、政治理论、社会理论、文化理论的创新中,使之转化为人民的自觉追求。因此,建立健全的制度体系以提供保障势在必行。从一定意义上可以说,制度就是为倡导特定的价值观念制定的"鼓励"与"惩罚"制度,本质上是一种保障和促进价值观建设的监督机制。价值观念的冲突是客观存在的,如个人主义与集体主义矛盾,而制度调节的就是对价值观的选择。通过制度对价值观的范导,有利于社会主义价值观在内容上的具体化、明确化,有利于社会主义价值观在实践中的可行性和可操作性,有利于形成在社会主义社会中占主导地位的主体价值观。

综上,创新需要一个"宽厚、宽容、宽松"的舆论环境和社会氛围,只有让人民群众畅所欲言、各抒己见、使思想充分涌流,才能使国家制度体现人民群众的利益和要求。所有创新活动都有赖于制度的积淀和持续激励,通过制度得以固化,并以制度化的方式持续发挥着自己的作用。如果社会中的公民都愿意遵守当权者制定和实施的制度，不仅仅是因为若不遵守就会受到惩处，而是因为他们确信遵守是应该的，这很大程度上取决于这种制度是否是根据社会绝大多数人所追求的价值观体系所判定的、由社会成员给予积极的社会支持与认可的制度。以人为本的价值观，倡导社会主义民主法治、自由平等、公平正义理念，以实现人民的普遍自由和普遍幸福为宗旨，这符合社会绝大多数人的利益要求和价值取向。以以人为本的价值观导向的制度建设，必然能发挥制度的激励功能和惩治功能，营造出百家争鸣的文化氛围以促进社会创新活动。

第八章　解放思想的环境

理论思维是每个时代的精华,并且无一例外都体现了该时代的实践需要、认识水平,以及实践需要解决的问题和问题的性质。理论思维决定了人们在该时代占主导性的思想观念与思维方式,能促使人的思想观念和思维方式创新,进而成为人们认识世界和改造世界的指导思想,并进一步推动社会进步。而思想解放已经内在地成为社会进步的表现形式:中国春秋战国时期的"百家争鸣"揭开了中国封建社会的序幕;西欧14世纪到16世纪的"文艺复兴"、资本主义兴起时期的"文化启蒙运动"带来了西方资本社会的产生与发展;马克思主义的创立和发展掀起了社会主义革命运动的浪潮。综观历史,人类发展史上每一次巨大的社会变革,都是以人的思想解放作为先导。

一、我国解放思想运动的历史回顾

理论思维的不断解放和创新是一个国家、一个政党由弱到强、由创建走向成熟、由挫折走向胜利并永葆生机和活力的重要法宝。我们这里所说的思想解放运动,主要是指由我们党发起并不断深入推进的在意识形态、思想观念领域里所展开的自我革命,它以指导社会实践为出发点和目的,充分体现了无产阶级政党的主体原则和创新精神。回顾我党思想解放的历程,有成功经验,也有失败的教训。从以往的失败中不断总结经验和教训,是我们进一步推进具有中国特色社会主义的建设的理论支撑。

(一)建国之前

1915年,以《青年杂志》的创刊为标志,在中华大地上掀起一场空前的思想大解放运动——"五四"新文化运动。"五四"新文化运动高扬科学和民主的理性旗帜,对封建旧文化进行了彻底的批判。特别是引进介绍了马克思主义等先进思想,成为苦苦寻求中华民族振兴之路的一代有识之士的指路明灯。从此,无产阶级政党从无到有、从小到大、从弱到强慢慢壮大发展起来。

中国共产党人在旧民主主义革命时期和新民主主义革命时期,始终不懈地研究中国革命的特殊国情,力求探索一条适合中国国情的革命道路,与右倾机会主义、"左"倾冒险主义进行了斗争,特别是深刻总结城市武装起义普遍失败的经验教训,摆脱了俄国"十月革命"模式的影响,找到了一条农村包围城市、武装夺取政权的革命道路,实现了一次思想大解放。第一次国内革命战争时期,工农运动蓬勃兴起,北伐战争节节胜利。但当时中国共产党的领导人陈独秀把马克思主义教条化,认为当时的革命是资产阶级民主革命,无产阶级只是资产阶级革命的附庸,社会主义革命只能在资本主义有了一定程度的发展之后才能进行,放弃了无产阶级对于革命运动的领导权,对于国民党右派的进攻一再妥协退让,直至蒋介石、汪精卫背叛革命,残酷镇压工农运动,第一次国共合作失败,工农运动陷入低潮。中国共产党人决定武装反抗国民党反动派,但是由于错误地认识了革命形势,举行一系列城市武装起义,结果都无一例外地失败了,严重削弱了革命力量。特别是王明、李立三的"左"倾教条主义、冒险主义错误,坚持城市中心论,照抄照搬外国军事经验等,使蓬勃兴起的土地革命运动和工农武装割据的大好局面最终归于失败,被迫走上了长征之路。右倾机会主义、"左"倾冒险主义的错误根源,都是对马克思主义教条化的认识造成的,没有把马克思主义的基本原理、俄国十月革命的具体经验与中国的具体国情相结合,教条地理解马克思主义,机械地套用俄国十月革命的经验。以毛泽东为代表的共产党人在实践中不断探索中国革命的新道路,遵义会议纠正了"左"倾教条主义的错误,使人们从教条主义的枷锁下解放出来。1930年,毛泽东发表了《反对本本主义》,标志着中国共产党解放思想、实事求是思想路线的初步形成。

1941年延安整风运动统一了全党思想,基本确立了解放思想、实事求是的思想路线。之前的1937年,毛泽东通过《矛盾论》和《实践论》的讲话,从哲学的高度批判主观主义特别是教条主义的思想方法和工作方法,为实事求是思想路线的确立奠定了坚实的理论基础。1941年到1942年是抗战最困难的时期,日本帝国主义认为真正威胁日本在华统治的是中国共产党领导的人民抗日武装和敌后战场,用其侵华军队的主力进攻中国共产党领导的抗日武装和解放区。国民党反动派也加紧对解放区的封锁进攻,实现所谓"曲线救害"。与此同时,华北连年发生自然灾害,晋绥解放区的粮食产量下降三分之二以上。党内理论脱离实际的主观主义、教条主义当道,当时不少人尚不知道究竟什么是真正的马列主义,不知道如何对待、学习、运用马列主义以及国际共产主义运动的经验。以王明为代表的"左"倾路线仍有市场,甚至当时一些党的高级干部也对王明的教条主义缺乏应有的认识。同时抗战开始后,大批新党员有待于加强马列教育。1941年5月,毛泽东在延安高级干部会议上作了《改造我们的学习》的报告,号召开展全党范围内的马列主义教育活动。这个号召,很快地在中国共产党内外引起了怎样以从实际出发的观点,而不是以教条主义的观点来对待马列主义原理;怎样使马列主义的基本原理和中国革命的实际相结合等一些重大问题的讨论。毛泽东在《改造我们的学习》、《整顿党的作风》和《反对党八股》三篇文章中,从党风、学风、文风三个方面深刻批判了党内的主观主义、教条主义和宗派主义,第一次明确提出了实事求是的思想,科学解说了实事求是的内涵。对党的思想路线做了经典性的阐述:"'实事'就是客观存在着的一切事物,'是'就是客观事物的内部联系,即规律性,'求'就是我们去研究。"①这次思想解放的运动,坚持以实事求是的认识路线作为思想解放的出发点。根据当时的中国共产党所面临的实际情况,有针对性地进行马列主义教育活动,使广大党员从主观主义,特别是从教条主义的长期束缚中解放出来,掌握了马列主义普遍真理必须同中国革命实际相结合这一根本方向,确立了理论联系实际、实事求是的思想路线,从而极大提高了全党的马列主义水平,在思想上加强了中国共产党的统一和团结,为争取抗日战争胜利和解放战争的胜利,奠定了最重要的思想基础。

(二)建国以后

建国几年来,由于中国共产党的地位和任务发生了变化,一些干部用单纯的行政命令办法处理问题,形成了一种特权思想,甚至用打压的办法对待群众,脱离群众、脱离实际的官僚主义、宗派主义和主观主义有了滋长。国际上,苏共十二大之后,相继发生了波兰事件和匈牙利事件。为了避免中国也出现类似事件,使我们党

---

① 《毛泽东选集》第 3 卷,人民出版社 1991 年版,第 801 页。

能正确处理人民内部矛盾,更好地领导全国人民进行社会主义建设。1957年春天,以毛泽东为首的党中央,决定开展一次全党"整风"运动。此次整风运动主要是为了解决人民内部矛盾,以便更好地进行社会主义建设。4月27日,中共中央正式发出《关于整风运动的指示》,实行"知无不言,言无不尽;言者无罪,闻者足戒;有则改之,无则加勉"的原则,号召各民主党派要真诚地帮助执政党中国共产党。广大党外人士与党员一起积极参加各种座谈会、鸣放会,畅所欲言,向各级党组织和党员干部提出了大量积极的批评与建议,其中绝大部分是正确和中肯的。但也有极少数人乘机攻击中国共产党和社会主义制度,对中国共产党和社会主义制度进行丑化,主张不要中国共产党的领导。中国共产党对右派分子的进攻给予了反击。6月8日,毛泽东为中央起草了《组织力量反击右派分子的猖狂进攻》的指示,《人民日报》发表毛泽东同志撰写《这是为什么》的社论,指出反右的必要性。此后,一场全国规模的反右派斗争迅速展开。这次"整风"运动作为一次思想解放运动,其出发点是为了在全党和全国人民中进行坚持社会主义道路的教育,避免造成思想上和政治上的混乱,以便更好地进行社会主义建设。但是,由于对社会主义改造完成后的基本国情认识不够,沿袭了社会主义革命时期的阶级斗争的思维模式,用阶级和阶级斗争的观点看待人民内部矛盾,对右派进攻的形势的估计严重脱离实际,反右派斗争犯了严重扩大化的错误。批评的言论一概被视为反党反人民反社会主义的右派言论,不分青红皂白地加以批判。反右派斗争的扩大化,造成了严重的后果。一方面,它严重损害了广大人民建设社会主义的积极性,损害了社会主义民主,造成了国内政治生活的不正常。另一方面,在中共八届三中全会上动摇和修改了中共八大一次会议关于我国社会主要矛盾的论断,认为当前我国社会的主要矛盾仍然是无产阶级和资产阶级、社会主义道路和资本主义道路的矛盾。这个判断的作出,很快中断了我们党和国家工作重心的转移,使党和国家长期陷入阶级斗争扩大化误区,阶级斗争扩大化的错误对经济建设的干扰不断升级。随后,在中共八大二次会议上,提出了"鼓足干劲,力争上游,多快好省地建设社会主义"的总路线,在主观思想上片面夸大了人的主观能动作用。在这条总路线指导下,经济工作中普遍出现了急于求成和急躁冒进思想和做法,严重干扰了社会主义经济建设。1957 年的"整风"运动是以解放思想为先导,进而违背了实事求是的路线,走向阶级斗争扩大化的错误,使探索适合中国特色的社会主义建设道路遭受了严重的挫折,不得不引起我们深思。

1966 年 5 月到 1976 年 10 月,中国进入了一个特殊的历史时期,即"文化大革命"时期。"文化大革命"之所以被冠之以"文化"二字,主要是因为这场风暴首先是在思想文化领域掀起的,对吴晗的京剧剧本《海瑞罢官》进行捕风捉影的政治陷害,成为一场政治运动的突破口,进而波及其他领域。反思"文化大革命",毛泽东发动这场运动的主观目的是为了防止资本主义复辟、肃清腐败特权的官僚体制,巩固社会主义制度,探索中国自己建设社会主义的道路。但是沿袭了社会主义革命和社会主义改造时期的思维模式,把阶级斗争依然作为社会主义建设阶段的主要矛盾,把人民内部矛盾当作了阶级矛盾。此前就已形成的阶级斗争扩大化的理论,在"文化大革命"中发展为"无产阶级专政下继续革命理论"。在这一理论指导下,这场运动不可避免地走上了对敌斗争的群众运动的道路。在这次"解放思想"的过程中,始终坚持狂风暴雨式的群众运动,不但未能贯彻"一切为了群众,一切依靠群众,从群众来,到群众中去"的群众路线,反而演变为无政府主义的暴民政治,群众运动达到了为所欲为、无法无天的地步,全面冲击和破坏了中国社会主义建设。从表面上来看,文化大革命初期的红卫兵是以破"四旧"为主导的"思想解放",采取"大鸣、大放、大辩论、大字报"的"开放"形式,实际上是以这样的形式对党内、党外持不同意见者进行舆论压制和轰击,进而进行"封建法西斯专政",采取法西斯手段迫害党内、党外持不同意见者,充分暴露出党和国家在工作、体制等等方面的缺陷。"文化大革命"对我国文化、艺术、教育、科技事业的冲击和破坏极大,在思想文化领域造成了难以估量的损失。从此,人们噤若寒蝉,人人自危,教条主义和个人崇拜长期禁锢和束缚人们的思想,使不少人思想处于僵化和半僵化的状态,严重挫伤了人们建设社会主义的积极性和创造性,其后果在以后若干年内显现出来。

"文化大革命"结束后,党和国家的工作虽然有所进展,但"文化大革命"遗留下来的政治、思想、组织和经济上的混乱极其严重,并没有从指导思想上彻底肃清"文化大革命"的错误。华国锋同志提出了"两个凡是",即"凡是毛主席做出的决策,我们都坚决拥护;凡是毛主席的指示,我们都始终不渝地遵循"。并继续强调"以阶级斗争为纲"。清除"文化大革命"的影响,拨乱反正,正本清源,就成为共和国面临的迫切任务。1978 年前后,在邓小平的积极支持下,针对"两个凡是",我国理论界展开了关于实践标准问题的讨论。邓小平指出:"实事求是是毛泽东思想的出发点,根本点";坚持"两个凡是"的人的观点,"实质上是主张只要照抄马克思、列宁、毛泽东同志的原话,照抄照转照搬就行了";我们一定要"拨乱反正,打破精神枷锁,使我们的思想来个大解放"。① 在中

---

① 《邓小平文选》第 2 卷,人民出版社 1994 年版,第 119 页。

共十一届三中全会前召开的中央工作会议闭幕会上,邓小平做了题为《解放思想,实事求是,团结一致向前看》的报告,指出"两个凡是"违背马列主义、毛泽东思想,实事求是是毛泽东思想的精髓。"天天讲毛泽东思想,却往往忘记、抛弃甚至反对毛泽东同志的实事求是,一切从实际出发,理论与实际相结合的这样一个马克思主义的根本观点,根本方法。"他强调:"解放思想是当前的一个重大的政治问题","不打破思想僵化,不大大解放干部和群众的思想,四个现代化就没有希望。"①1978 年,中共十一届三中全会重新确立了"实践是检验真理的唯一标准"的思想。邓小平同志在报告中强调:"一个党、一个国家、一个民族,如果一切从本本出发,思想僵化,迷信盛行,那它就不能前进,它的生机就停止了,就要亡党亡国。"②批判"两个凡是"和真理标准问题的大讨论,成为中国共产党继延安整风运动之后又一次具有深远意义的思想解放运动,它从根本思想上解除了"两个凡是"的束缚,极大地解放了人们的思想,把人们从教条主义的精神枷锁中解放出来,为克服多年来的"左"倾指导思想奠定了思想理论基础,重新确立了中国共产党的实事求是的思想路线,提出以经济建设为中心、坚持四项基本原则和改革开放的基本路线,标志着我们的党和国家实现了从思想僵化半僵化到解放思想、实事求是的历史性转折,从此进入社会主义事业发展的新时期。

20 世纪 80 年代末 90 年代初,国际共产主义运动遭遇严重挫折,东欧剧变、苏联解体,我国的改革开放面临着严峻的国际形势和挑战。国内形势也不容乐观,随着改革进一步发展,三年经济发

---

① 《邓小平文选》第 2 卷,人民出版社 1994 年版,第 143 页。
② 《邓小平文选》第 2 卷,人民出版社 1994 年版,第 143 页。

展速度在5%左右徘徊,一些社会丑恶现象如权钱交易、官倒、收入差距拉开等逐渐暴露出来,引起群众的普遍不满。在这种情况下,"左"的思想又一次抬头。什么是社会主义,怎样建设社会主义成为困扰人们的首要的思想问题。有声音公然称搞市场经济是"实行资本主义",改革信念一度动摇。1992年,针对当时深化改革、扩大开放的主要思想障碍和思想束缚是"担心走资本主义道路",邓小平在南方讲话中对社会主义本质、检验改革得失的根本标准作了总结性的理论概括:"社会主义的本质,是解放生产力,发展生产力,消灭剥削,消灭两极分化,最终达到共同富裕","要害是姓'资'还是姓'社'的问题。判断的标准,应该主要看是否有利于发展社会主义社会的生产力,是否有利于增强社会主义国家的综合国力,是否有利于提高人民的生活水平。纠正了过去忽视生产力发展的错误观念,并指出了我们发展生产力的根本目的是实现社会主义。"①邓小平进一步强调:"不坚持社会主义,不改革开放,不发展经济、不改善人民生活,就没有出路。"邓小平南方讲话贯穿一个中心思想,就是坚定不移地全面贯彻执行党的基本路线,解放思想、实事求是,使人们摆脱了姓"社"、姓"资"的观念羁绊,极大地解放了人们的思想,促进了改革开放进一步深化。1993年,中共十四届三中全会首次提出"社会主义市场经济"的概念,从而为90年代的改革扫清了意识形态障碍,中国加快了改革开放的步伐。

　　中国的社会主义改革一直伴随着思想观念的解放和理论的重大创新。在多年的经济高速增长后,中国的改革开放大业再度面对复杂局面,已经处于历史的"临界期"。在国内,改革进入"深水

---

　　①　《邓小平文选》第3卷,人民出版社1993年版,第372页。

区",政治、经济、文化和社会改革不同步引致的弊端大量呈现,官商勾结权钱交易、收入差距进一步拉大甚至出现两极分化、法制不健全、既得利益集团的崛起和地位的巩固、农村的改革体制与当前社会经济的矛盾、社会医疗和福利体制薄弱等等一系列问题,使改革阻力不断加大;在国外,全球化浪潮为各种经济政治力量的博弈增加了新的巨大变数,中国经济崛起本身作为全球化的一部分,悄然改变着原有的游戏规则,也在面对新旧游戏规则的尖锐挑战,特别是金融危机的爆发,对于我们改革的导向和目的提出新的考问。无论如何,中国的改革开放已经走到了一个历史性关口。中共十七大报告指出:"解放思想是发展中国特色社会主义的一大法宝",胡锦涛同志强调"解放思想"是社会主义初级阶段的"四大法宝"之首,要"把解放思想落实到改革开放,推动科学发展,促进社会和谐上来","坚持以人为本,树立全面、协调、可持续的发展观,促进社会经济和人的全面发展。"科学发展观的提出无疑是一次新的思想解放,突破了片面强调经济增长的思想框框,从以人为本的高度来解放思想,追求社会进步和人的全面发展,提倡建设以人为本的和谐社会。

二、解放思想综述

通过对我党思想解放历史的简要回顾和总结,不难看出,建国以后的这两次貌似"解放思想"的运动——"整风"运动和"文化大革命",由于阶级斗争思维模式的限制,以及采取了无序的群众运动的形式,其结局是不但没有达到解放思想,发挥群众聪明才智,促进经济发展、社会进步的目的,反而束缚了人们的思想,形成以阶级斗争为纲、一切为阶级斗争服务的僵化思维模式,导致整个社会"唯上"、"唯书",扼杀了人们的思想创新,给党和国家建设造成极大的危害。改革开放以来,以不断提高人民生活水平为出发点,实现几次社会意识形态的转化,使中国社会发生了翻天覆地的变化,而这种变化更促使人们进一步解放思想,推动中国社会的不断发展和进步。因此,我们在对我党思想解放史进行回顾和总结的基础上,还应从理论上正确理解和科学把握思想解放的内涵特征、地位作用,并力求探索解放思想的实践途径。

(一)解放思想的内涵

1. 解放思想的概念解析

对思想的阐释,按照《现代汉语词典》的解释,思想是客观存在反映在人的意识中经过思维活动而产生的结果,是念头和想法。从认识论的角度出发,思想是主观形式和客观内容的统一。首先,思想的形式是主观的,但其反映的内容是客观的。思想的形式包括感性形式(感觉、知觉和表象)和理性形式(概念、判断和推理),这些形式都是主观的,但它们的内容却来自客观世界。思想不是人脑固有的或自生的东西,人脑只是一个"加工厂",用以加工的原材料来自于客观世界,外在的客观世界才是思想的源泉。我们常说的"巧妇难为无米之炊"就是这个道理。第二,思想具有差别性,但造成这种差别的根源是客观的。对于同一客体或同一客观过程,不同主体会有不同的反映。即使同一主体对同一客体,也会产生不同的反映。究其原因,一是人们先天的生理素质存在着差异;二是人们的实践经验、知识水平、价值观念、情感意志、阶级立场等不同;或者二者兼而有之。这些原因都是客观的。第三,思想总是对客体的近似的、甚至是歪曲的反映,但在物质世界总有其客观基础。思想不仅表现在它对客观对象近似、正确的反映,而且还表现在它对客观对象的歪曲的或虚幻的反映,这种虚幻的歪曲的主观映象仍然是对于客观对象的反映,都可以从现实世界中找到其物质原型。所以,思想是对客观存在的主观映象,体现了主观形式和客观内容的对立统一。

由于思想一旦产生便具有一定的相对独立性,思想与社会存在发展之间存在不平衡性。一方面,思想一般落后于社会存在,在它赖以存在的社会存在发生了根本变化之后,旧的思想还可能在一个相当长的时间内存在并继续发挥作用,制约着社会的发展。另一方面,某些先进的思想在一定程度上可能超前于社会存在。这就是说,当某一社会的经济基础尚未建立,而某一种思想却先于这一社会存在而形成了。二十世纪五六十年代,在中国大地上出现的雷锋精神即共产主义精神就是超越于那个时代的。但是,无论是落后于社会存在还是超前于社会存在,在反映客观存在的过程中,思想都有可能被固化而停留在原来已有的思维结果上,成为固定的想法和认识,从而脱离了不断发展的客观实在。这种被固定的、停滞的、僵化的思想,就可能成为人类自身进一步发展的一种束缚。

那么,如何使思想克服惰性与僵化,保持创新的发展状态呢?解放便必然地成为基本的要求和条件。所谓“解放”,是指解除束缚与禁锢,处于自由自觉的创新状态。解放思想是指人的思维活动处于解除禁锢与自由发展的创造状态,能够随着社会实践的推进过程而进行相应的创新发展,从而达到主观与客观相符合、认识与实践相统一,达到实事求是。邓小平指出:“解放思想,就是要运用马列主义、毛泽东思想的基本原理,研究新情况,解决新问题。”“解放思想就是使思想和实际相结合,使主观和客观相符合,就是实事求是。”解放思想作为一个动态的持续深化发展的过程,着重回答的是如何才能使主观和客观相统一的问题。一般说来，解放思想包含两方面含义：一是对原先的认识进行再认识，其中又包含对原来认识中正确部分的坚持和对错误部分的纠正；二是在研究新情况、解决新问题、总结新经验的基础上形成新的认识。江泽民指出："创新就要不断解放思想、实事求是、与时俱进。实践没有止境，创新也没有止境。我们要突破前人，后人也必然会突破我们。这是社会前进的必然规律。我们一定要适应实践的发展，以实践来检验一切，自觉地把思想认识从那些不合时宜的观念、做法和体制的束缚中解放出来，从对马克思主义的错误的和教条式的理解中解放出来，从主观主义和形而上学的桎梏中解放出来。要坚持马克思主义基本原理，又要谱写新的理论篇章，要发扬革命传统，又要创造新鲜经验。善于在解放思想过程中统一思想，用发展着的马克思主义指导新的实践。"

2. 解放思想的哲学解读

解放思想体现了马克思主义唯物论、辩证法、认识论和实践观的统一。从哲学的层面解读解放思想，有助于我们对解放思想内涵有更为深刻的认识。

首先，解放思想坚持了辩证唯物主义认识论。在认识论上历来存在着唯物主义反映论和唯心主义先验论两条对立的认识路线，唯物主义反映论坚持认识是从物质到感觉和思想的认识路线，唯心主义先验论则坚持从感觉和思想到物质的认识路线。马克思主义认识论认为认识在本质上是在实践基础上主体对客体的能动反映，人类认识客观世界的过程就是不断地使自己的主观认识与客观实际相符合的过程。真正科学的解放思想，首先是唯物主义反映论，区别于主观主义。解放思想不是人的思想信马由缰地胡乱创新，它坚持一切从实际出发，强调主观和客观相一致，人们的思想必须是对客观实在的反映,没有对客观物质世界的反映,即使是再聪明的大脑也不能产生思想意识。同时解放思想又是辩证唯物主义的能动的反映论,区别于旧唯物主义消极、被动的直观反映论。解放思想的主体是人,在认识活动中采取主动、积极态势,具有主导性、自主性、创造性的特点和功能,居于能动、支配地位。解放思想的过程就是人们发挥自己的主观能动性,打破思想僵化,把人的思想从旧的思维方式、旧的传统观念的束缚下解放出来,有意识、有计划、有目的进行思想创新的过程。所以,解放思想是一种能动的、创造性的认识活动,不是主体对客观的简单的、直接的再现,而是主体在观念中对于客体的能动的创造性再现。解放思想体现了尊重客观规律和发挥主观能动性的统一,丰富了马克思主义的能动革命的反映论。

其次,解放思想体现了唯物辩证法的基本要求。唯物辩证法和形而上学是两种对立的世界观和方法论,表现在:联系观点与孤立观点的对立;发展观点与静止观点的对立;是否承认事物的内部矛盾是事物发展的动力,这是唯物辩证法与形而上学对立的焦点和实质,也是其他方面分歧的根源。从唯物辩证法的角度看,思想的内部矛盾是推动思想发展的动力。新思想和旧思想不是两个思想,是同一思想的两个方面。旧思想是维持思想现有状态存在的肯定方面;新思想是打破思想现有存在状态,促使思想自身瓦解消亡的否定方面。新思想和旧思想既对立又统一,从当时的历史条件看,旧思想有其存在的根据和理由。但随着条件的改变,就会丧失其存在的根据和理由,从而被适应了新的历史条件、具有强大生命力和发展前途的新思想所战胜,旧思想必然转化为新思想。于是在新思想的内部又开始了新的肯定、否定过程,这个过程是没有完结的,由此推动思想自我运动、变化和发展。所以,解放思想不可能一蹴而就,思想的转化属于非对抗性矛盾,一般通过新质要素的逐渐积累和旧质要素的逐渐衰亡来实现。解放思想是在认识不断累积的基础上实现思想的创新和升华,但不是对原有传统思想的全部抛弃,而是取其精华、去其糟粕,对传统理论范式的突破和创新。否则,所谓的解放思想就不知要"解放"什么,解放思想也就成为无源之水、无本之木,变成不可靠的、不可捉摸的东西。

再次,解放思想贯彻了马克思主义实践观。马克思主义认为,实践是人为了满足一定的需要而进行的能动地改造和探索物质世界的对象性活动。客观性、能动性、社会历史性是其基本特点,它具有主体客体化、客体主体化的双重功能。社会实践是思想解放的客观来源和动力,思想解放的出发点和归宿就是为了满足促进现代化发展的社会实践需要。人类的实践活动包括生产实践、处理和变革社会关系的实践、科学实验和精神生产实践,这些实践活动为思想理论的变革和解放提供了客观的需要和可能。随着科学技术水平的不断提高,人们的实践能力也得到发展,在实践过程中,面对获得的越来越多的关于客观事物的复杂信息,要求人们不能囿于原有的思想认识的圈子,不断拓展思路,达到对事物深刻的认识,创新思想。同时,客观存在的本质和规律在人们的实践过程中逐渐暴露出来,为人们进一步解放思想、发展思想提供了现实的可能。

社会实践处于不断演进发展的历史过程中,要求社会思想与之相适应。但是思想意识具有相对独立性,一般滞后于社会实践的发展。当一种思想不能对新的现象、新的活动方式做出正确的反映,也不能解决实际存在的问题时,这种思想就变得陈旧过时,解放思想也就成为必然。实际上,解放思想本身就是一个主客体之间相互交换信息的过程,人们进行思想创新的实践过程。解放了的思想是否具有客观真理性也需要通过实践加以检验。检验一种思想的真理性就是检验人的主观认识是否同客观对象相符合、相一致，以及符合的程度和范围如何。这种情况决定了检验标准只在纯粹主观的范围内是无法解决的，主观不能检验主观；同时，也不能在纯粹客观的范围内去解决，因为客观事物本身也不能做出回答。因此，能够充当检验思想真理性的标准，只能是具有能把主观认识同客观实际联系、沟通起来的这种特性的东西，而具有这种特性的只有社会实践。实践是主观见之于客观的活动，是客观的物质性活动，同时又能使正确的理论变成直接的现实存在，并引出一定的客观结果。这样就能把原来的思想同客观现实相对照，从而检验出这种思想与客观现实是否相符合以及符合的程度。

由于客观事物的发展没有终点，实践也不会终结，人们在实践基础上对客观事物的反映也当然没有止境。人们在一定时期、一定条件下达成的主观和客观、认识和实践的一致性，随着时间的推移和条件的变化，又会变得不一致。所以，人的思想不是一成不变的，而是要与客观实际保持具体的历史的统一。由于人们的头脑容易受到固有观念的束缚和习惯势力的影响，往往有一定的惯性、惰性，或者说滞后性，会造成主观和客观相违背、认识和实践相脱离的现象，这就要求人们不断调整主观和客观的关系，实事求是地研究新事物和探索新规律，使自己的思想不断进行创新。由此可见，思想解放既是唯物主义的要求，也是辩证法和实践认识论的要求，是唯物论、辩证法和实践认识论的有机统一。

（二）解放思想的特征

解放思想是在社会实践基础上人的思想的自我解放活动，具有主客观统一性、主观能动性、社会历史性的特点。

1. 主客观统一性

解放思想是人们不断探索新现象、解决新问题、进行思想创新的实践过程,具有主观性。解放思想的主体是人,客体是人的思想观念。解放思想不同于一般的物质生产实践活动,作为一种精神生产实践形式,它是凭借教育、文艺、科学技术、舆论媒体等中介系统,在主客体之间进行相互交换信息的过程。而且其结果是产生了一种符合实际或超前于实际的新思想。解放思想的主体、客体、中介、过程和结果都是存在于人的意识之外的,具有客观性。所以,解放思想是主观与客观的统一。

思想观念是人脑的产物,是人脑对于客观存在的主观映像。没有人脑对客观存在的反映,不会产生思想观念,客观存在是思想观念产生的源泉。而客观存在作为人类思维的反映对象,其运动、发展和变化是有规律的,都经历了由低级到高级、由简单到复杂的过程。这要求人们的思想要不断随着事物的发展变化而创新、发展。但是人的思想观念也有其自身存在和发展的固有规律,一般来说,它是对已经发生和现实存在的事物一种反映,存在一定的滞后性、惯性和惰性。解放思想的过程,就是摈弃旧思想的逻辑体系,建立新思想的逻辑体系的过程。新旧逻辑形式都是在一定历史条件下,对于客观实在的真实反映,特别是新思想的逻辑形式是适合新的历史条件,与社会发展的客观规律和发展趋势相一致的。解放思想作为人的一种能动的、创造性的认识活动,就是要求一切从实际出发,适时变革旧思想,重新建构新思想。而新思想的内容着重反映了一定历史条件下,变化发展了的社会所提出的新的利益驱动和价值需求。所以,解放思想所反映的内容是客观的,人们可以采取不同的逻辑形式去反映它、表达它,但其客观内容并不随之丧失或改变,这是不依任何人、社会集团和阶级的主观意志而转移的。

2. 主观能动性

解放思想的主体是人,客体是人的思想观念。人的思想观念是人的思维的产物,但它一旦形成,就具有了相对独立性,有其自身存在和发展的固有规律,这就给主体的认识活动造成了强有力的约束。主体的思想容易受到固有观念的束缚和习惯势力的影响,往往有一定的惯性、惰性和滞后性;但是另一方面,解放思想的主体是人,主体在实践活动中采取主动、积极态势,具有主导性、自主性、创造性的特点和功能,居于能动和支配的地位。解放思想的过程就是人们发挥自己的主观能动性,有意识、有计划、有目的进行思想创新的过程。在一定的条件下,人的主观能动性的发挥程度决定了人们解放思想的范围和程度。

解放思想主观能动性的突出表现就是它的创新性。解放思想就是倡导独立思考,打破习惯势力和主观偏见的束缚,不是要因循守旧、照搬照抄,而是要推陈出新、继往开来,也就是要创新。思想解放既要求破旧、又要求创新。就破旧和创新对于社会实践的意义看,破旧是创新的手段,创新是破旧的目的,创新较破旧意义更大,也更有价值。所以,解放思想和思想创新在本质上是一致的。解放思想在本质上要求不断研究新事物和探索新规律,进行创新。解放思想的过程就是创新的过程,创新性是思想解放的本质特征,是思想解放的精髓所在。"五四"运动是一场伟大的思想解放运动,它带来的首先是思想创新。从全盘西化否定传统,到德先生、赛先生被中国人所熟知;从罗素来访宣传社会改良主义,到马列主义在激辩中迅速传播……在一轮又一轮的思想论战中,失去生命力的旧思想逐渐死亡,新思想开始生根发芽。解放思想主观能动性更重要的表现是它对人类实践的指导作用。任何一种思想,不论它的内容、形式如何具有创新性,如果只停留在理论的层面,而不与实际相结合,对人们的实践活动产生指导作用,那就失去其存在的现实意义。解放思想不仅要创造性地反映世界,形成主观观念,更重要的是通过实践,把观念的东西变成现实的东西,使客观世界发生一定程度的变化,以适应人类的需要,推动人类社会的发展。文艺复兴、启蒙运动曾对欧洲工业化给予了巨大推动;美国革命、改良运动为美国现代化注入了勃勃生机;春秋战国"百家争鸣"带来中国奴隶社会向封建社会的跃进;"五四"运动推动中国革命由旧民主主义阶段进入新民主主义阶段。中外历史上每一次思想大解放对社会所产生的推动作用,都使社会发生重大转折或质的飞跃。

3. 社会历史性

解放思想是一种动态的社会性活动。作为解放思想主体的人,是生活在一定社会关系中的人。马克思说:"人的本质并不是单个人所固有的抽象物。在其现实性上,它是一切社会关系的总和。"社会是人的独特的存在形式,人是什么样的,即人具有什么样的现实本质,完全是由人所处的社会关系规定的。离开社会联系,人就失去具体性,成为孤立个体的纯粹生物,而不是现实的人。因此,解放思想从来不是孤立的、个体的人的活动。只有在一定的历史时期和历史条件下,由于人们的利益需求和价值取向发生变化,人心思变,形成有利于思想解放的社会氛围,才能真正实现解放思想。思想解放是一种动态的社会性活动,是一定社会关系中的人凭借和运用物质性手段,而从事的自我思想的改造活动和创新活动。人的社会存在形态和本质处于不断演进的历史过程中,每一代人都无可选择地生活在先辈的实践活动为其创设的一定历史环境中,并重复着先辈们的实践活动,又通过改变和发展了的实践方式创造出新的历史条件。一旦人们赖以存在和发展的条件改变了,又会产生新的利益需求和价值取向,要求人们的思想适时解放和创新;思想的解放和创新又会极大地调动人们进行生产劳动实践、社会实践和精神生产实践的积极性、主动性和创造性……所以,解放思想是在人自身实践活动中历史地形成又不断地处于历史变化中的。

(三)解放思想的作用

1. 推动社会的发展

解放思想是人的思维方式的重大改变,是社会变革的先导和精神内驱力。人类历史是历史主体依据一定的思想观念改造历史客体而持续进步的过程,思想观念是人们创造历史的观念模型、行动指南和实践摹本,它的保守与僵化会直接导致历史进程的停滞,而它的解放与创新则会直接地推动了历史进程的发展。

纵观人类历史的发展,任何一次社会重大转折与飞跃,无一不是以人的思想的大解放为先导。中国历史上,自先秦的"百家争鸣"、到"五四"新文化运动、再到1978年关于真理标准问题的大讨论。这种关于现实社会的大论战,揭示了现实社会的矛盾,对其弊端和痼疾进行深刻的揭露和批判,并以一种崭新的视角探索和建构未来社会。解放思想所形成的先进思想和科学认识,为社会变革与发展提供了精神动力和理论支持。解放思想的先导作用表现在理论和实践两个层面上。理论层面的先导性就是在思想解放过程中,把得到的关于事物规律的新认识和新观念用来指导认识的进一步发展,实现思想不断创新。实践层面的先导性就是理论与实践相结合,就是把思想解放的理论成果应用于人类的各种实践活动中,指导人们进行生产劳动实践、处理和变革社会关系的实践和精神生产实践等。在思想解放这两个层面的先导性之中，实践层面的先导性更为重要、更具有实际意义。解放思想，取得先进的科学认识，就是为了指导社会实践活动，就是为了把思想解放的成果变成现实的生产力和具体的实践成果。如果思想解放的成果只停留和存在于思想领域，而不应用于社会实践，变成现实的生产力和具体的实践成果，那么思想解放就失去了其应有的实际价值。因此，在思想解放过程中，我们既要重视理论层面的先导作用，更要重视实践层面的先导作用，并且把理论层面的先导性和实践层面的先导性有机地结合起来，更好地发挥思想解放的先导作用。也就是说，我们只有使通过解放思想所获得的先进的、科学的思想为广大人民群众所掌握，才能成为推动历史前进的巨大力量。

2. 加强主体创新能力的精神动力

解放思想主观能动性的突出表现就是它的创新性。解放思想就是倡导独立思考、推陈出新、继往开来，也就是要创新。人是解放思想的创造主体，也是解放思想的改造客体。解放思想从本质上讲就是解放人，是人的思想的自我解放。解放思想是加强主体创新能力的精神动力，因为实现解放思想必然要求主体具有勇于创新的能力；也只有在解放思想的过程中，才能不断建构新的逻辑思维体系，提升主体的创新能力。

马克思主义把人的本质看成是社会实践性，这要求人的思想解放必须是以社会实践为基础的。随着生产力水平的不断发展，人类的社会实践活动促使人们不断产生新的利益驱动和价值需求，突破原有的利益和价值诉求的思维模式，实现自我思想解放。解放思想作为人类的一种实践活动，具有优化主体的功能。在人的思想的自我解放过程中，既改造了客体也改造了主体，提高了主体素质和能力，促进人的发展。这种功能是通过主体客体化、客体主体化的双向运动实现的。一方面,通过主体客体化这种形式,人们通过解放思想的实践使自己的本质力量转化为对象物——人的思想理论,成功地实现了主体的意志、目的和要求,反映了人们的利益驱动和价值需求,实现思想理论的创新;另一方面,通过客体主体化这种形式,人们占有、吸收创新的思想理论,创新的思想理论会通过更好地指导人们的实践活动,从而转化为主体本质力量的因素,不断丰富和发展着人的本质力量,建构起新的逻辑思维体系,从而不断提高、强化主体认识世界、改造世界的创新能力,使主体以新的更高的水平去改造客体,进一步解放思想。总之,只有解放思想,才能不断提高主体创新能力,冲破书本和权威的束缚,实现不断创新,形成促进社会进步的独特思想和学说,为社会发展提供强大的智力保障。

三、解放思想环境的实现

近年来,随着改革进入"深水区",国内政治、经济、文化和社会改革的不同步引致的弊端大量呈现,改革阻力不断加大。社会利益结构越来越不均衡的特点更加突出,强势群体拿走了过多的利益,有一些是合理回报;有一些却未必合理,不过是利用制度缺陷、借助自己的特殊地位获得;还有一些甚至是罪恶得利。对改革开放质疑声时有耳闻,否定改革开放的声音一度甚嚣尘上。而且由于新一轮的改革开放同时也是利益格局的大调整,势必大大压缩既得利益集团的既得利益空间。某些改革先行者成了既得利益者,进而成了继续改革开放的阻力。显然,既得利益问题是解放思想无论如何也绕不开的。由于片面强调经济建设,造成整个社会价值观的贫乏和扭曲,中国传统文化成为弥补这一空白的替代品,然而建立在封建制度基础上的中国传统文化鱼目混珠,特别是有些思想与今天科学技术飞速发展的社会现实风马牛不相及,造成了人们的思想混乱,甚至顶天承命、崇拜祖先、厚古薄今的思想意识大行其道。基于上述,我们必须进一步解放思想,针对当前社会的一系列问题,找出一个理性的和妥当的解决办法,否则将会严重阻碍甚至破坏建设具有中国特色社会主义道路的延续。

(一)冲破旧观念、旧思想的束缚

当前,解放思想的阻力主要体现在旧观念、旧思想对人们头脑的束缚,具体说来,旧观念、旧思想主要有以下几种:

1. 传统模式的思想牢笼

建国后,我国长期实行计划经济体制,传统模式的社会主义观念成为人们思想的牢笼。单一的计划经济时代所形成的封闭性、单向性、趋同性的思维方式,在意识形态领域已经形成思维定势,成为一种思想传统框框,束缚着人们解放思想、创新思想。

计划经济是指在生产资料公有制的基础上,根据社会主义基本经济规律和国民经济有计划、按比例发展规律的要求,由国家按照经济、社会建设与发展的统一计划来管理国民经济的社会经济制度。计划经济获得成功必须具备的条件:第一,要有全面、准确、快速和及时的信息收集、加工和传达系统;第二,劳动者和管理人员要有劳动和工作的积极性;第三,生产经营要有决策权;第四,不允许无偿侵占他人的劳动成果。计划经济作为一种体制以及与之相适应的社会意识形态,无疑是进步的,但它是与高度发达的生产力相适应的。我们不能把建国后初期的一系列问题都归咎于计划经济体制及其思想观念,"大跃进"运动和"文化大革命"就不是计划经济的问题,而是某些人的主观思想因素和阶级斗争的思维模式所导致的。当然,从建国直至今天,中国的生产力发展水平始终满足不了实施计划经济的条件,我们不能囿于计划经济体制的框框内裹足不前。然而任何一个社会,传统既是社会的文化记忆,也是强大的观念现实;传统可能会成为思想的习惯,使人很难走出记忆的设置,会模式化地处理一切问题,使人不知不觉地套用思维模式而放弃乃至拒绝创新的可能。"让思想冲破牢笼",就是要摆脱传统观念的束缚,解放思想,勇于创新。凯恩斯就说过:困难不在于建立新的观念,而在于舍弃固有的观念。

2."左"的思想的泛滥

"左"的思想在我国根深蒂固、长期泛滥,阻碍人们思想创新。任何急躁冒进都可能导致新的曲折,不仅达不到我们想要达到的目标,反而使我们已取得的改革开放的成就难以巩固。历史上不乏这样的教训,我们应该保持足够的警惕。

"左"的思想在中国民主革命时期和社会主义建设时期都曾盛行一时,特别是在"文化大革命"期间更是达到了登峰造极的地步。改革开放之初,"左"的思想是改革之路上的一块最大的绊脚石。邓小平"南方谈话"留下了对当年形势影响最深的一段话:"现在,有'右'的东西影响我们,也有'左'的东西影响我们,但根深蒂固的还是'左'的东西。有些理论家、政治家,拿大帽子吓唬人的,不是右,而是'左'。'左'带有革命的色彩,好像越'左'越革命,'左'的东西在我们党的历史上可怕啊!一个好好的东西,一下子被他搞掉了。'右'可以葬送社会主义,'左'也可以葬送社会主义。中国要警惕'右',但主要是警惕'左'。"1958年的"大跃进"运动就是一个鲜明的例子。"大跃进"运动是在不断批判"右倾保守"、批判反冒进的情况下发动的,企图在短时间内迅速发展社会生产力的一次尝试。因此一开始就带有浓厚的"左"的色彩,其结果不但没有加速发展我国的生产力,相反却导致我国国民经济比例严重失调,人民生活水平严重下降,极大地破坏了我国生产力的发展。"大跃进"运动说明当时中国共产党对社会主义建设的客观规律还缺乏足够的认识,对社会主义建设的长期性和艰巨性在思想上准备不足,对"左"的冒进思想在社会主义建设中的危害认识不足。当前,许多人对"进一步解放思想"的认识上依然存在"左"倾冒进思想。在经济体制、政治体制和文化体制的改革上固然要解放思想,但不可冒失唐突,要尊重客观现实,讲策略,讲轻重缓急,急躁冒进只会适得其反,阻碍社会主义建设。

3. 封建宗法制度的影响

中国经历了两千多年的封建社会历史,受建立在封建宗法制度基础上的血缘文化的影响,诸如官本位与权力崇拜意识、宗法与等级观念、唯书唯上、家长制和"一言堂"作风等等带有封建色彩的东西仍然很有市场。特别是传统、保守、惰性的中庸价值观,这种顶天承命、崇拜祖先、厚古薄今、因循守旧的意识,易使人养成随大流的习性,缺乏反潮流、反媚俗的勇气,至今仍然无时无刻不阻碍着人们的观念创新。

叶剑英同志曾经说过:"我们解放思想的重要任务之一,就是要注意克服封建主义思想残余的影响。——我们要破除封建主义所造成的种种迷信,从禁锢中把我们的思想解放出来。"①资本主义在中国没有得到过充分的发展,我们的社会主义是从半殖民地半封建的基础上开始建设的。封建主义,包括它的思想体系、风俗习惯,在我们国家、我们党内还有一定的影响。在过去的主流意识形态中,确有某种封建主义的东西束缚着我们,比如个人崇拜、权

---

① 《叶剑英选集》,人民出版社1996年版,第501—502页。

威崇拜,把某些权威人物的话奉为"一句顶一万句"的"最高指示";在"文化大革命"中搞以神化毛泽东为核心的现代迷信活动;采取封建法西斯专政手段解决人民内部矛盾等。1980年8月18日,邓小平在中央政治局扩大会议上作了《党和国家领导制度的改革》的讲话。他在讲话的第四部分,重点论述了"肃清思想政治方面的封建主义残余影响这个任务",并要与"制度上做一系列切实的改革"联系起来。改革开放以来,由于家庭联产承包责任制的实施、私营经济等多种经济形式的出现,小生产的温床又滋生出新的封建主义的形式,等级森严的社会体制、君父观念的伦理纲常、专制主义的意识形态、人身依附的宗法观念的次生形态沉渣泛起,封建迷信活动大行其道。由于封建主义没有从思想上肃清,封建的官本位思想、权力崇拜意识和裙带关系等等仍然存在于社会,相应的制度改革也必然举步维艰。例如,在当前的村一级民主选举中,宗法观念及其势力是阻碍基层民主选举的主要障碍。现在,从理论上、政治上、思想上彻底清算封建余毒,依然是我们党和国家的重要任务之一。

4. 既得利益集团的阻碍

在从计划经济向市场经济转轨的过程中,由于法制不健全,许多人从双轨制中获利,形成新的既得利益集团,它们为了维护自己的既得利益,将成为进一步解放思想的新的阻碍。

由于新的既得利益集团的利益是过渡性的、暂时性的,在当前制度不健全、不完善的前提下,他们当然也希望改革继续进行以维护自己的既得利益,把自己的既得利益以制度的形式稳定下来。我们现在面临一种危险,在制度变革时,为了维护已得到的利益,少数既得利益集团可以凭借强大的经济实力支撑,同时特殊利益集团的身份是合法化的,甚至是权威的,它们进行制度的变革与调整一向被认为是当然的,所以它们可以通过这种名正言顺的权力,进而再扩大这种好处,使既得利益进一步巩固和加强。一旦少数既得利益集团的思想意识实现制度化,改革的性质和目的就会发生改变,不再是为了谋求大多数人的利益,而是倾向于少数特定的利益集团的利益,使国家有可能陷入大多数发展中国家民主化进程中所经历的境地,即精英统治。改革的方向一旦沿着既得利益集团的需求发展,有些重大的国家决策可能受到某些既得利益集团的影响,可能在背后潜藏着对既得利益集团的照顾或者是认可,因此形成某些集团对社会公共资源的掠夺,甚至变成官商勾结,形成"特殊利益集团"。所谓的特殊利益集团,在现代社会主要是指官僚性"既得利益集团",就是公共行政权力机构中的官员和工作人员将手中的公共权力私有化,把所掌握的能够为自己带来特殊利益的公共权力视为既得利益。一个可以观察到的现象是,国有企业作为国家政策的执行工具的职能在弱化,而它作为利益实体的角色在强化。国有企业的经营者亦官亦商,既得到作为商人的好处,也同时以官员的身份影响政府决策,以获得更多的好处。另外,地方政府与商业精英的结合越来越紧密,官商不分,与民争利。一方面,地方政府对投资者给予优惠条件,甚至超越法律;另一方面,地方商业精英越来越多地通过人大和政协参与地方政治决策的过程中。其结果是出现一系列社会问题,如腐败问题、收入差距拉大问题、低收入群体扩大问题等等,使社会进一步两极分化,不平等的社会结构将日益加剧。更为严重的是,既得利益者的利益源于制度安排,他们维护这种利益首先主要体现在维护这种制度。制度变革打破了原有利益格局,不可能不触动原制度下的既得利益。既得利益集团的利益受损,发生了实际利益的下降,它就肯定会反对新制度。所以,少数既得利益集团的思想意识将是我们进一步解放思想的一大阻碍。

（二）运用唯物、辩证、科学的方法

当打破上述四种旧观念、旧思想对人们头脑的束缚后，要想进一步实现解放思想，必须运用唯物、辩证、科学的方法。

1. 实事求是法

解放思想和实事求是互为存在和发展的条件。没有解放思想，摆脱陈旧思想的羁绊和束缚，就不能做到实事求是；同样，没有一切从客观实际出发，实事求是，也就不能真正实现解放思想。因此，解放思想就是使思想和实际相结合，使主观和客观相符合，就是实事求是。毛泽东指出："'实事'就是客观存在着的一切事物，'是'就是客观事物的内部联系，即规律性，'求'就是我们去研究。"[①]并将实事求是与主观主义进行了鲜明的对比，进一步指出，要凭客观存在的事实，详细地占有材料，在马克思列宁主义一般原理指导下，从这些材料中引出正确的结论。"这种态度，有实事求是之意，无哗众取宠之心，这种态度，就是实事求是的表现，就是理论和实际统一的马克思列宁主义作风。"[②]然而真正贯彻实施却是说起来容易做起来难，它要受到各种主客观条件的限制。"实事"是客观存在的一切事物，从主客体关系的角度来说，就是人们的实践客体和认识客体。实事作为人们实践和认识活动所指向的对象，具有客观实在性，其存在和发展的规律不以人的意志为转移，这就要求作为主体的人必须正确处理人与实事的关系。

首先，在认识过程中，坚持物质、实事第一性，思想意识第二

---

① 《毛泽东选集》第3卷，人民出版社1991年版，第801页。
② 《毛泽东选集》第3卷，人民出版社1991年版，第801页。

性,思想意识是物质、实事的主观反映。人们在求是的过程中所得到的认识成果都源于实事,都是对实事的反映。既然实事是认识的出发点,这就要求人们从客观情况出发,以对客观情况的调查为基础性环节,按照世界的本来面貌反映世界。人们的思想、观念、理论只有与客观实际相符合,人们在实践中才能取得预期的结果和成功,反之则必然导致实践的失败。因此,我们在任何时候、任何问题上都必须坚持一切从事实出发,不把自己的主观意识注入实事或当成实事本身,保证实事的客观独立性。其次,实事求是的主体作为能动的因素,具有主观能动性。要想"求是",即揭示事物内部的规律性,就必须发挥人的主观能动性,也就是要在"求"上狠下工夫。由于"实事"当中包含着"是",任何"是"总是通过"实事"表现出来。因此,只有在能动地改造世界的过程中才能认识客观对象的内部联系和本质规律。当然,人们不断"求是"的过程,不是主观对客观的简单的、直接的再现,而是一种能动的、创造性的活动,是主体在观念中对于客体的能动的、创造性再现。只有提高主体的能力,包括知识结构水平、社会实践能力、群体协作能力、科学思维方式、良好的心理素质等,才能很好地发挥主体的主观能动性,避免孤立、静止、片面地看问题,正确地认识和掌握实事的客观规律,真正做到实事求是。最后,在实践基础上,主体对客体的能动性反映从来不是一蹴而就,一劳永逸的,要经历由实践到认识、由认识到实践的多次反复才能实现,而且这种反映只能是近似地、相对地反映,主体对于实事之规律的探求必然是一个无限发展的过程。所以,不断改进求是手段、完善求是过程、优化求是环境,保证实事求是的顺利进行。

总之,解放思想不是凭空地乱思乱想,而是实事求是、一切从实际出发、理论联系实际。

2. 矛盾分析法

矛盾是客观事物所固有的,是普遍存在的,是事物发展的动力。矛盾分析方法是根本的认识方法,是运用马克思主义的矛盾观点,具体分析事物内部的矛盾及其运动状况,达到认识事物,获得正确认识的方法。解放思想是一个变化的、发展的充满着矛盾的过程。因此,要求人们必须用矛盾的观点看待事物,具体分析事物的矛盾,掌握事物发展的基本规律,解决事物的矛盾。

第一,坚持矛盾同一性和斗争性相统一的方法。矛盾的基本属性就是斗争性和同一性,同一是对立中的同一,对立是同一中的对立,二者是相互联系、相互制约的。恩格斯说:"所有的两极对立,都以对立的两极的相互作用为条件;这两极的分离和对立,只存在于它们的相互依存和联结之中,反过来说,它们的联结,只存在于它们的分离之中,它们的相互依存,只存在于它们的对立之中。"①我们理解了矛盾同一性和斗争性互相联结、互相制约的道理,在解放思想的过程中,要坚持在对立中把握同一,在同一中把握对立,在与不同思想的交流融合、碰撞斗争中实现思想解放。

第二,坚持矛盾普遍性和特殊性相统一的方法。矛盾的普遍性和特殊性,又称共性和个性。一方面,共性比较稳定,是无条件的、绝对的。个性多变,是有条件的、相对的。共性代表个性,个性说明共性。共性只是概括了个性之中共同的、本质的东西,不包括个性全部内容和特点,个性比共性更加丰富。另一方面,共性存在于个性之中,并且只能通过个性而存在;个性也不能脱离共性而存在,是共性的具体表现;在一定的条件下,共性和个性相互转化。共性和个性的辩证关系原理,要求我们在实践中具体问题具体分

---

① 《马克思恩格斯选集》第3卷,人民出版社1995年版,第349页。

析。也只有从客观真实的情况出发,分析研究实际情况,具体分析
不同事物的矛盾,突破教条主义"一刀切"的做法,才能切实落实
解放思想。

第三,坚持内部矛盾和外部矛盾相统一的方法。内部矛盾是
事物内部的矛盾,又称内因;外部矛盾是事物外部的矛盾,又称外
因。"外因是变化的条件,内因是变化的根据,外因通过内因而起
作用"。① 人的思想发展受到内外因两方面的制约,解放思想就是
应当顺应和利用客观条件,不断地冲破自我、不断地扬弃自我。此
外,矛盾体系内还有主要矛盾和次要矛盾、矛盾的主要方面和次要
方面之分。研究主要矛盾和次要矛盾、矛盾的主要方面和次要方
面之间的辩证关系,就是要坚持两点论和重点论的统一,运用这种
唯物辩证的方法指导我们探索人类思想运动发展的规律,在解放
思想的过程中,既要看到思想反映实际所呈现的两种不同倾向,同
时又要善于抓住主要矛盾的主要方面,避免避重就轻,选择和发展
符合事物发展规律的思想理论,切实落实解放思想。

3. **系统方法**

"人的思想是一个由多因素、多维度、多变量构成的具有较强
自组织机制的开放的整体系统"。② 作为一个系统,思想具有整体
性、结构性和开放性。思想与实践之间、思想与主体之间、思想与
思想之间相互作用,存在着复杂多向的交叉效应。

首先,任何人的思想都不是简单的各种观念、想法、念头的胡
乱拼凑,它都是由一定的主体,按照其自身的利益需求和价值取向

---

① 《毛泽东选集》第1卷,人民出版社1991年版,第302页。

② 刘相、刘德军、王忠武:《人类思想解放史论》,人民出版社2007年版,第546页。

进行整合。就思想理论体系而言,更是由思想家们对某一阶级、阶层或集团的思想经过概括、总结而自觉创立的,具有理论化、系统化的特点。这种思想理论体系的构建,使许多不自觉、不明确、表面上看起来孤立零散的思想,通过思想家的整合形成一个"整体",显然这个整体不等于各个孤立零散的思想简单相加,它是按照一定的思维逻辑方法和形式构建的有机整体,具有了整体性效应,这一思想理论体系的功能和作用超越了各个孤立的零散的思想。在改革开放的实践过程中,遇到很多前所未有的新问题亟待解决,在经济、政治和文化各个方面都形成了一些针对性很强的解决问题的思路、想法,纷繁杂乱。如何整理总结改革开放的经验教训,并使之理论化、系统化,形成完整的、科学的理论体系,仍然是我们当前的重要任务。这样,我们才能在长期的"摸着石头过河"的过程中,解放思想,勇于创新,充分发挥思想理论体系的功能和作用,探索建设具有中国特色社会主义的未来发展趋势。

其次,任何思想系统都有一定的结构。在信息等质等量的情况下,主体构建的思想依然会存在差距。因为每一个主体构建思想时,受主观因素的影响,处理信息的逻辑思维方法和形式不同,对相同信息的摹写、选择、建构不同,导致所形成思想的结构不同,出现差异性,甚至思想性质截然相反。所以,解放思想必然会带来百家争鸣、百花齐放的局面。各种形式开放自由、内容丰富多样的思想交流,有利于人们摆脱羁绊和束缚,广开言路、畅所欲言,促进人们进一步解放思想。这种百家争鸣、百花齐放局面必然会导致各种思想观念之间的大讨论,一些极端的思想也许一时会引起社会的思想混乱,但在各种思想观念相互辩论、碰撞、斗争的过程中,人们的思想会逐渐地完善和成熟起来,慢慢统一到适合中国改革开放的具体国情上来,使主观意识与客观实际相统一。

最后,人的思想是一个开放的系统,不是孤立的和封闭的,处于与主体、其他思想、实践、环境等系统的相互作用中,这种相互作用的过程,就是思想与其他系统之间进行信息交换的过程。由于人的思想开放程度的大小有所差别,导致主体思想在接受、消化、吸收外来信息方面有所不同。主体思想开放程度越大,就越有机会获得更多的物质、能量和信息,不断拓展自己思想的深度和广度。从某种意义上讲,用系统的观点看问题,避免用孤立、片面的观点看问题,也是实现了解放思想。然而,思想的整体性和统一性也易于使主体囿于一定的理论体系中,形成固定的思维模式,以至于束缚人们解放思想。所以,解放思想首先要冲破一定理论体系和思维模式的限制,打破旧的思想结构和模式,通过与主体、其他思想、实践、环境等系统的相互交流和作用,博采众长,不断吸收有利于进一步解放思想的积极因素。

综上,我们决不能停留在对马克思主义的某些原则、某些本本的教条式理解上,或者停留在对社会主义的一些不科学的甚至扭曲的认识上,或者停留在那些超越社会主义初级阶段的不正确的思想上。建设具有中国特色社会主义,必须一切从实际出发,解放思想。解放思想在本质上就是思想创新,任何创新都是新事物,新事物在力量上比较弱小,在内容与形式上也不够完善和成熟,存在这样或那样的问题或缺陷,较易受到传统势力的扼杀。所以,解放思想就是要优化社会结构、解除思想禁锢、改善社会环境、营造民主自由的氛围。在价值观日趋多元化的今天,为创新提供"宽厚、宽容、宽松"的舆论环境和社会氛围,关键是要树立以人为本的核心价值观,在全社会统一思想,形成全社会对构建一个有利于创新的文化环境的广泛认同和参与,并且通过创设新的、更能有效激励人们行为的系统性、基础性的制度体系来保障思想创新,为解放思想提供制度支撑。

第九章　以人为本的环境

社会就是人的活动,也是人的活动的产物。人在自己的历史活动中创新了社会,也就同时创新了人自身。古往今来,人的存在与本质、人的主体性地位是被历来思想家们所关注的。荀子说:"水火有气而无生;草木有生而无知;禽兽有知而无义。人有气、有生、有知,并且有义,故最为天下贵。"(《荀子·王制》)这种对人和人性的肯定和赞美使人类自身充满了力量,激励人类从必然走向自由。但是长期以来,由于我们受"左"的思潮的影响,只讲阶级不讲人,忽视了人的主体性存在、人的价值和人的全面发展。改革开放以后,人们开阔视野,正本清源,认真研读了马克思的哲学文本,从过去被扭曲的理解中解放出来,以人为本的科学发展观就是对马克思主义人学的继承与发展。

一、"以人为本"思想的历史追溯

人类社会发展的历史,在一定意义上说,就是人的主体地位和作用不断显现的历史。然而,在人类历史的长河中,人的生存和发展问题却时常被外在物,包括自身创新物所遮蔽、压制,甚至统治。以人为本的思想在不同阶段也就具有了不同的使命,从人类早期的"以人为本"反对"以神为本",历经封建等级社会反对以"皇权为本"、"封建伦理纲常为本",到近现代的反对"以物为本",以人为本具有不同的内涵。

（一）"以人为本"的思想起源

"以人为本"的思想发端于中国商周时代。齐国著名的思想家管仲是最早提出"以人为本"概念的。他在《管子霸业》中说："夫霸王之所始也，以人为本，本治则国固，本乱则国危。"这里的"以人为本"是一种治国之术，其意思是说，只有把人的问题解决好了，才能"本治国固"，最后达到称王称霸的目的。虽有其明显的工具性，但瑕不掩瑜，毕竟对人的善待和重视是其意愿的一种表达，中国传统的民本思想基本上就是沿着这条思路传承下来的。因此，儒家倡导的仁者爱人绝不仅仅是一种简单的道德说教，同时也具有深厚的人本主义意蕴。孟子的民本思想，提倡"民贵君轻"。在《孟子·尽心下》中说："民为贵，社稷次之，君为轻。"荀子则在《荀子·王制》中又以"民水君舟"论对"民本论"做了进一步的阐释："君者，舟也；庶人者，水也。水则载舟，水则覆舟。"这个论断深刻揭示了民众的基础性地位和重要作用。我国古代思想家的这些民本思想在客观上限制了王权，保护了民众的部分利益，减轻了统治阶级对老百姓的剥削和压迫，缓和了社会矛盾，但是却没有超出维护封建统治的范围。因为他们所倡导的爱民、重民、亲民不过是存社稷、固君位、达邦宁的手段，没有真正赋予民众以政治权利。所以，我国古代的民本思想归根结底是"以君为本"。

（二）"以人为本"的范畴演进

真正以哲学形态系统阐发的人本主义思想还是产生于西欧。人本主义思想最早可以追溯到古希腊时期。古希腊哲学家普罗泰戈拉曾经指出："人是万物的尺度，是存在的事物存在的尺度，也是不存在的事物不存在的尺度。"这一哲理名言被认为是人本主义的最早宣言。在西方中世纪,宗教对人的统治达到了登峰造极的地步。经过漫长的欧洲中世纪神学统治之后,14世纪末,伴随着资本主义生产关系的产生,以意大利"文艺复兴"为先声兴起了一场波澜壮阔的人文主义运动。它把斗争矛头直指宗教神学和封建等级制度,提倡个人的自由平等和现实享乐,要求人们把思想和行为的重心重返个人生活本身,极大地解放了人的个性,确立了人类对自然界进行认识和改造的主体地位,使人摆脱了对神的力量的恐惧和依赖,恢复了人的尊严、价值和信心。这场运动以其理性和人道主义的内核而成为人本主义思潮的肇始。到了17、18世纪,随着资本主义生产方式在社会中占据了统治地位,人本主义又以资产阶级人道主义的形式表现出来。他们从人的"自然本性"或"天赋人权"来论证人的自由、平等、博爱的天然本性。经过休谟等18世纪法国唯物主义者的锤炼和提高,至19世纪初,以康德和费尔巴哈为代表,德国古典哲学形成了较为完整的近代形态的人本主义思潮。康德重视人的生存和价值,强调人是目的而不是手段,并提出"人为自然立法",这在他那个时代是难能可贵的。费尔巴哈提出以人和自然为研究对象的"人本学"。费尔巴哈推崇人,把人看成是至高无上的存在和哲学的最高对象,代表了那个时代人的自我意识的觉醒。尤其是费尔巴哈和他同时代人对宗教的批判,揭示了宗教是人的本质自我异化的实质,不是上帝创造了人,而是人按照自己的本质创造了上帝,上帝的本质就是人的本质,神学就是人本学,从而确立了人的主导地位。但是,人本主义由于受抽象人性论的限制,撇开具体的社会关系来解释人性,把人看成是脱离历史条件和社会关系的生物学个体,是脱离现实世界、现实社会的"人的一般";把人的本质理解为单个人所固有的抽象物;把资产阶级自私自利的本性说成是永恒的、普遍的人性。由此造成人与自然、人与社会、人与自身的分离乃至对抗状况的思想根源。

到了现代,人本主义思潮在形态上发生了很大的变化。面对着资本主义科技理性过度张扬而造成的人的高度异化的事实,人本主义开始与理性主义分道扬镳,采取了非理性主义形态。从19世纪中叶起,以叔本华和克尔凯郭尔为代表的一些哲学家们就开始向传统的理性主义公开挑战。他们不满于对普遍人性和自由、平等、博爱的一般颂扬,要求转向人的个体生命、本性和本能,认为这是人的真实存在。他们强调人是包括肉体、活动、意志、情感在内的完整的存在,传统哲学的弊病就在于忘记了人,必须使哲学向人和人的交往及全面性回归。20世纪后,在德、法等国出现的一批人本主义思想家继承了先辈们的思想,并在资本主义社会人的异化急剧加深的背景下,把人本主义思潮进一步推向系统化和完整化。特别是以西方马克思主义命名的马克思主义人本主义者,见解深刻,著作众多,影响巨大。无论是以霍克海默、马尔库塞为代表的法兰克福学派,还是以萨特为代表的存在主义等学派,他们之间虽有分歧,但都表现了对人的命运的关切和对人的自由、尊严的追求。他们与其前辈不同,不再简单地拒斥科学和理性,而是企图将理性和非理性结合起来,给人以更大的生存和发展空间。值得注意的是,马克思主义人本主义者把马克思的思想资源运用于其学说中,使其人本主义思想更具先进性和深刻性。他们突出人的中心和主体地位,揭露资本主义全面异化的事实,从而为消除异化、实现人的解放提供思想武器;他们把人的解放看作既是政治经济上的革命,又是包括意识、心理、需要、本能、文化等方面在内的"总体革命"。这样,现代西方哲学,特别是西方马克思主义的人本主义就站在时代的高度,在历史上第一次全面地整合了西方既有的人学思想,与科学主义思潮共同成为当今时代的哲学主流派别之一。

(三)"以人为本"的价值观体系

在中国漫长的封建社会,儒、道、释三种思潮是中国人价值观的理论基础,中国传统文化是建立在宗法制度基础上的血缘文化,家国同构,宗法一体,神权、王权、父权合一,中国人价值观念的核心是"君权至上"和"家族本位",个人从属于宗族和国家。"君权至上"的观念和宗族意识压抑了个体主体意识,个人处于从属地位,从属于"家长"和"君主"。这种价值观影响之深远,一直延续直至今天,依然有其存在的市场。新中国成立后,社会主体价值观发生了巨大变化,核心是实现社会主义和共产主义理想。在计划经济时期,国家是全社会计划的决策者和代表者,是社会最高的也是唯一的主体。国家依靠自上而下的行政命令、直接指令来维系社会的协调和统一。全社会各地区、各层次的行为者,都在统一的行政管理体系中执行一致的计划,向同一个主体和计划负责。个人只是国家这个大机器的"零部件",只能随着国家机器的大系统运转,而不是独立主体。个人的主体意识和主体地位相当薄弱。虽然我们也提倡以"全心全意为人民服务"为宗旨,"一切为了群众,一切依靠群众,从群众中来,到群众中去"的群众路线和群众观点,但是这些都是作为执政的手段和形式,没有真正上升为社会主体意识的高度。落后的生产力水平以及与之极不相称的社会管理体制、薄弱的科学教育状况,都最终导致旧的"君权至上"和"家族本位"的价值观始终根深蒂固。

改革开放三十年来,经济体制的打破和市场经济体制的建立,国家权力下放,地方、单位的本位意识和个体的主体意识明显增强,人们的价值主体意识也普遍觉醒。中国改革开放以来的实践在基本目标上一直与以人为本相契合。邓小平首先举起人学批判的旗帜,平反冤假错案,恢复人的价值和尊严,从思想上彻底否定文化大革命对人和人性的侮辱与摧残。紧接着邓小平发动了对贫穷社会主义理论的批判,指出:"贫穷不是社会主义,社会主义要消灭贫穷。不发展生产力,不提高人民的生活水平,不能说是符合社会主义的。"①继生产力标准后,邓小平又进一步提出"三个有利于"的发展标准,把是否有利于发展社会主义社会生产力、有利于提高社会主义国家的综合国力、有利于提高人民的生活水平作为衡量社会发展与进步的标准。生产力标准的"合理性是历史的、相对的",强调生产力标准是适应改革开放初期特定历史条件的产物,是为了适应将中国社会发展从阶级斗争、意识形态领域转向改革开放、现代化建设的需要而提出来的,中国用改革开放和使人民富裕起来的事实体现了以人为本的诉求。但是,由于我们在建设具有中国特色社会主义的实践中忽视了"以人为本"的根本原则,使经济快速发展的同时,社会中关于人的问题日益突出。如贫富两极分化、弱势群体的出现、人文精神缺失、社会失序、一部分人的生活质量得不到提高等问题。这表明"单纯的生产力不是全面评价社会发展的唯一尺度",发展生产力不一定会带来人的全面发展。它在实践层面容易被庸俗化为纯粹追求物质财富,而忽视从人民群众是否真正得利的角度来把握发展生产力。

　　社会进步不仅体现在物质财富的不断丰富,更重要的体现在人的全面而自由的发展。江泽民的"三个代表"重要思想把代表

---

① 《邓小平文选》第2卷,人民出版社1991年版,第116页。

最广大人民群众的根本利益与代表先进的生产力和先进的文化结合起来,站在时代高度去把握和代表人民的利益,这是对人和人的权益理解的细化和深化。随着改革开放的进一步深入,党的十六届三中全会正式提出"以人为本"作为当代中国新的科学发展观。胡锦涛指出:"坚持以人为本,树立全面、协调、可持续的发展观,促进社会经济和人的全面发展。"很明显,在确保"全面、协调、可持续发展"的过程中,树立"以人为本"的价值观体系。从单纯强调经济增长转变为对和谐社会的追求,从以财富增长为标准转变为以人为本的方向上来。这是坚持以经济建设为中心、以生产力标准为唯一尺度的社会发展的必然结果。2008 年美国金融危机爆发也凸现了中国内需不足的问题,内需的启动意味着国内利益格局的调整,缩小贫富差距,克服腐败,对改革中受损的社会集团以适当补偿,在医疗、养老、失业等民生问题上采取一系列切实措施,使绝大多数人真正具有购买力。这必然会触及既得利益集团的利益,没有充分的人民民主推动和舆论监督机制,下一阶段的社会改革就不能顺利进行。所以,以人为本的科学发展观的提出,就是要重新确立社会主义主体价值观,成为今后指导我们党的路线、方针和政策的价值维度和标准;就是要把生产力标准与以人为本理念结合起来,把生产力的发展与人的全面发展结合起来。以人为本的科学发展观既体现社会主义的科学性,又体现社会主义的价值观,从而在具有中国特色社会主义建设中推进物质文明和精神文明的全面协调发展,以崭新的面貌和气势确保人民的根本利益。这就在理论和实践的结合上把民本主义、人本主义等有价值的思想融入到"以人为本"中,从而使"以人为本"的理念能够承前启后,集中一切人学思想的精华,实现了人学学说的一次历史性的整合。

二、马克思主义哲学语境中的"以人为本"

马克思创立的唯物史观,将人类的历史发展视为一个自然过程,认为历史按照其内在的逻辑,在自身动力的推动下,经历着由简单到复杂、由低级到高级的不间断的运动发展。马克思的这一伟大发现,为我们认识和研究人学指明了必由的路径。人学是马克思主义哲学的重要组成部分,事实上,哲学关于自然、社会的认识,归根结底最后都是为了具体地把握人。人的现实的存在和本质、人的主体性地位、人的自由全面发展是马克思始终关注的问题。马克思的人学把人放在人类历史发展中去考察,他所研究的是人在从资本主义社会向社会主义社会过渡过程中所面临的问题和解决方式。所以,马克思的人学既要回答这一过渡过程中人的问题,也要回答社会主义初级阶段人的现实生活问题。我们党提出了"以人为本"的科学发展观,就是用马克思主义理论为指导来解决社会主义现代化建设过程中人的发展问题、社会的发展问题。"以人为本"的科学发展观是马克思人学的新的理论形态。

(一)人的社会历史性

人是什么? 这个问题在哲学史上历来是哲学家们特别关注而又意见纷争的问题。马克思以前的哲学家们不理解世界的属人性质,都是在人的实践和创新之外去研究人的本质,把人看成一种抽象的人而非现实的具体的人,他们所了解的人性只是一种超社会、超历史的永恒不变的抽象人性。马克思的实践唯物主义开辟了一条崭新的道路,从实践基础去理解人,克服了历史上长期以来对人的抽象解释,给人的本质以科学的解释。

实践是人的实践，人是实践的主体，实践是人特有的存在方式。人只有结成一定的社会关系，构成能够同自然力量相抗衡的社会力量，才能进行改造自然的活动，才能有劳动实践活动。由于没有作为生命个体和生命需求而存在的人，也就不会有人的实践，所以，马克思指出："任何人类历史的第一个前提无疑是有生命的个人。"人首先是一个生物体，具有生命和自然力，生命的存在是人的超生命本质及其活动的物质载体，是人得以存在和发展的物质基础。然而人的生命及其肉体组织是在劳动实践活动中发展出了理性思维能力，又在理性思维的作用下使人的活动具有了主观能动性，因而使人脱离了自然界。马克思批评费尔巴哈说："诚然，费尔巴哈比'纯粹的'唯物主义者有很大的优点：他承认人也是'感性对象'。但是，他把人只看作是'感性对象'，而不是'感性活动'……他从来没有把感性世界理解为构成这一世界的个人的全部活生生的感性活动。"①劳动创新了人，脱离了劳动实践就不会生成人，因而也就不会有现实的人类社会。正如马克思所说："这种活动、这种连续不断的感性劳动和创造、这种生产，正是整个现存的感性世界的基础"。②

人的实践活动是社会性的活动。人只有结成一定的社会关系，构成能够同自然力量相抗衡的社会力量，才能进行改造自然的活动，才能有劳动生产实践。因此，人是社会的主体，不能离开社会去理解人。社会是人的独特存在形式，人的本质就只能是一种社会性的存在本质。马克思主义认为人都具有实践性的本质，这是人所共有的性质，但人的本质的现实存在却是各不相同的，是具

---

① 《马克思恩格斯选集》第1卷，人民出版社1995年版，第77—78页。
② 《马克思恩格斯选集》第1卷，人民出版社1995年版，第77页。

体的。社会是以生产劳动为基础的无数个人的实践活动所构成的,在生产中形成的生产关系就是社会关系,"社会本身,即处于社会关系中的人本身。"①社会关系既然是个人在生产实践活动中的社会结合形式,处于不同社会关系中的个人必然具有不同的社会性质。因此,人的本质是一切社会关系的总和。马克思说:"人的本质不是单个人所固有的抽象物。在其现实性上,它是一切社会关系的总和。"②

　　人是社会的存在,也必然是历史的存在。人的本质不是人以外的力量的先验规定,也不是一经形成便永不改变的规定,而是在人自身活动中历史地形成又不断处于历史变化中的本质。人是通过自身的实践活动创新了自己的存在和本质的,实践永远处在变化和发展之中,人也必然通过实践不断地重新创新和发展自己的存在和本质,因此人的本质不是固定不变的,处于不同历史时期和历史条件下的人具有不同的社会存在形态,也具有不同的本质;人的社会存在形态和本质是一个历史地发展着的过程,只要人存在,这个过程就永远不会终结。马克思曾批评费尔巴哈说:"他没有看到,他周围的感性世界决不是某种开天辟地以来就直接存在的、始终如一的东西,而是工业和社会状况的产物,是历史的产物,是世世代代活动的结果。"③人类所特有的社会性遗传方式,使人类在既得的社会历史条件下进行实践活动,继承前人的实践成果并利用前人的实践成果作为手段,去创新新的历史条件,不断创新和发展着人类的存在和本质。人的存在和本质都是依赖于社会历史

①　《马克思恩格斯全集》第46卷(下),人民出版社1980年版,第226页。
②　《马克思恩格斯选集》第1卷,人民出版社1995年版,第60页。
③　《马克思恩格斯选集》第1卷,人民出版社1995年版,第76页。

的,是由社会历史决定的,体现了人类及其社会发展的连续性和间断性的统一。

(二)人是进行自身创新的主体性存在

主体性是人的根本属性,主体性原则是马克思人学的重要原则。人是一种社会实践的存在,实践是人有意识、有计划、有目的的创新性活动。人在实践活动中,把人以外的一切存在变成自己的活动对象,变成自己的客体,与此同时,也就使人自己成为主体的存在。人们作用于对象物的认识活动、改造活动都是主体性活动,其目的就是为了使活动对象服务于自身。

一般来说,主体是指从事着实践和认识活动的人。客体是人们实践活动和认识活动所指向的对象。主体与客体的分化是人的实践活动的结果。在实践活动过程中,人要把自己的本质力量凝聚在客体中,即把自己的知识、技能、意图物化到对象中,最后达到占有对象的目的。当然,人在实践过程中不仅改造了对象,也改造了自身,在把自己的本质力量对象化于客体的同时,也把客体的属性、规律内化为自己的本质,充实和发展了自己的力量。"生产不仅为主体生产对象,而且也为对象生产主体"。① 但就人的实践活动本质来说,是人占有对象而不是相反。人属于能动的主导的方面,是自己活动的发动者、组织者和承担者;是人自己主宰着自己的活动。这就是说,人是支配人的活动的主体。可见,所谓主体性在根本上就是实践性。主体的实践性规定了客体,仅是指进入人的活动领域和主体发生联系的那些客观事物。马克思说"人的活

---

① 《马克思恩格斯选集》第 2 卷,人民出版社 1995 年版,第 10 页。

动借助劳动资料使劳动对象发生预定的变化"。① 广义地说,整个客观世界的事物都可以是主体的客体,但只有那些已成为人的活动对象的事物才能构成现实的客体。

人作为主体性存在,首先是创新性地反映世界,形成主观观念。在认识活动中,人们总是根据实践的需要,带着一定的主观倾向和要求,抱着一定的动机和目的去选择反映对象,而且这种反映并不只是停留在感性认识阶段,而是上升到理性认识阶段,把握事物的本质和规律,预见事物发展的趋势,在观念中建立一种理想的或幻想的客体。马克思曾通过鲜明的对比说明人的意识的这一特点。他指出:"蜘蛛的活动与织工的活动相似,蜜蜂建筑蜂房的本领使人间的许多建筑师感到惭愧。但是,最蹩脚的建筑师从一开始就比最灵巧的蜜蜂高明的地方,是他在用蜂蜡建筑蜂房以前,已经在自己的头脑中把它建成了。劳动过程结束时得到的结果,在这个过程开始时就已经在劳动者的表象中存在着,即已经观念地存在着。"②人作为主体性存在,更重要的是通过实践活动,把观念的东西变成现实的东西,使客观对象发生一定程度的变化,以适应和满足人类的需要。在这里,人不是被动地接受自然界提供的生存资料,而是以社会的方式主动地创新自己作为人所需要的生存资料。人在实践活动中的创新性主要表现在通过不同的形式和功能的活动寻求主体和客体、人与世界关系的和谐统一,对于现成的客观世界及其规律加以顺应和利用;对于不合自身需要的现实世界进行改造和重建;对于历史上和现实中尚未产生和存在过的理想客体进行观念建构和实际改造。所以,人作为主体性存在区别

---

① 《马克思恩格斯全集》第23卷,人民出版社1972年版,第205页。
② 《马克思恩格斯全集》第23卷,人民出版社1972年版,第202页。

于其他动物的关键所在,就是人具有主动性、积极性和创新性。

(三)人的价值是自我价值和社会价值的统一

价值是主客体之间的一种特定关系,即客体和主体之间的满足和被满足的关系,它表示客体对于主体所具有的意义。主客体关系是人类一切活动的固有关系,而价值关系则是主客体关系中最普遍的、基本的内容。人类的一切对象性活动都是人作为主体与客体相互作用的过程。在相互作用中,人不仅仅受客体的作用和制约,而且必然有目的地按照人自己的尺度和需要去改造客体,使自身的本质力量对象化,使客体为主体服务,即通过作用于客体而获得价值。因此,价值是人类对象性活动的普遍基本内容。

自在的自然物质不是一种为人的存在,不具有满足人作为人的需要的价值属性。只是通过人的能动的创新活动,才赋予了物以能够满足人的需要的价值意义。价值是人的创新物,是作为主体的人的实践活动的产物。这表明,物所具有的能够满足人的需要的功能,实质上是人创新价值的活动具有能够满足自己需要的功能,物对人的意义实质上是人的活动对人自身的意义。通过创新物的价值满足自己的需要,是人满足自己需要的特殊方式,这种特殊方式显示了人本身的价值。人的价值即人对人自身的意义,就在于人能够创新价值以满足人自身的需要。人的需要是历史地发展的,"已经得到满足的第一个需要本身、满足需要的活动和已经获得的为满足需要用的工具又引起新的需要"。①人创新价值的活动也是随着人自身需要的发展而发展的。人的需要永远不能满足,人为满足自身需要而进行的价值创新也永远不能停止。

① 《马克思恩格斯全集》第3卷,人民出版社1960年版,第32页。

　　人的价值分为自我价值和社会价值两个方面。人的自我价值是人对自身的意义,也就是指社会对于个人需要的满足。人的社会价值是人对社会的意义,也就是指个人通过自己的实践活动为满足社会和他人物质的、精神的需要所做出的贡献和承担的责任。毫无疑问,人自身需要有意义,人应当实现自我的价值,否则,就谈不上人的主体性。然而,人是社会的人,人自身意义的体现和实现是离不开社会的,孤立的、封闭的自我是不存在的。同样,纯粹地、绝对的自我价值在现实中也是不存在的,它只是作为支配某些人的价值观念而存在罢了。人自身的意义或人自身希望具有的意义,归根到底都是在人自身与社会的关系中所体现的意义,即人自身对社会的意义。所以,个人价值是社会价值的必要前提;社会价值是个人价值的外在表现。人的自我价值总是与人的社会价值相联系并从属于社会价值的。马克思说过:"不应认为,这两种利益是敌对的,互相冲突的,一种利益必须消灭另一种的;人类的本性本来就是这样的:人们只有为同时代人的完美、为他们的幸福而工作,才能使自己也达到完美。"①

　　作为一种主体性价值,主体能动性的因素在人的价值实现过程中起着重要作用。人的价值实现包括主体能力、主体作用、主体地位等主体性内容的实现,人在实践活动中发挥主体能力,设立价值目标即价值取向,这只是实现人的价值的必要条件而不是充足条件。人的价值的实现必然受社会条件的制约,条件不同,人的价值实现的方式和程度也就不同。由于人们的社会分工不同、人们在社会关系中所处的地位不同、人们生活的社会环境不同、所受教育程度不同等等,人的价值的实现会呈现出十分复杂的情形。在

---

① 《马克思恩格斯全集》第40卷,人民出版社1982年版,第7页。

许多情况下，人的价值追求因缺乏其借以实现的条件而泯灭。可见，主体确定什么样的目的即为满足何种需要而创新，主体确定的目的有没有实现的可能即有没有客观依据，这对于人的价值的实现都具有决定性的意义。任何个人的价值目标只有同社会发展的方向、时代的要求相一致才是有意义的，只有正视现实社会条件、从客观实际出发才是具有实现的现实可能性。所以说人的价值的实现并没有一种先定的、一成不变的模式，人的价值的具体内容和形式是随着历史的发展而不断生成、扩大、更新和丰富的。人的价值追求和确立对于提高人的主体地位具有积极意义，人的价值的实现的总的发展方向和趋势是人的主体性的不断提高。

价值根源于人的需要及其创新性实践活动，又服从和服务于人的生存和发展的需要。作为世界上最有意义的生命存在，人类创新价值的目的不仅在于人是以自己创新的价值不断满足自身的需要，追求社会财富的增长和社会的发展进步，更重要的是以不断推动和实现人的全面发展为终极价值追求。人作为价值主体是价值的创新者、占有者和享受者，是价值之本。

（四）人的自由全面发展

人的本质在其现实性上是一切社会关系的总和。人在实践中不断创新社会关系，从而也不断地铸造着自身，人的变化发展同人生活于其中的社会关系的变化发展是相一致的。人创新社会关系的活动是向着全面性的方向发展的，人在创新全面的社会关系的历史进程中也使自身达到全面性。

马克思认为："个人的全面性不是想象的或设想的全面性，而是他的现实关系和观念关系的全面性"。只有当社会关系的发展达到了某种丰富性即全面性时，人才能在全面的社会关系中进行全面的活动,并通过全面的活动亦即通过人们之间普遍的相互交往而获得全面的发展,达到自身的全面性。根据社会关系的历史发展和人的发展的内在联系,马克思把人的发展过程概括为三个基本历史阶段:第一个历史阶段是人的依赖关系占统治地位的阶段,在这个阶段,个人没有独立性,直接依附于一定的社会共同体。人们的社会联系只限于共同体内部,只是在孤立的地点上和狭窄的范围内发生地方性联系。在这种原始的社会关系下,"无论个人还是社会,都不能想象会有自由而充分的发展,因为这样的发展是同[个人和社会之间的]原始关系相矛盾的。"①第二个历史阶段是以物的依赖关系为基础的人的独立性的阶段。在这一阶段形成了普遍的物质交换、全面的关系、多方面的要求以及全面的能力的体系。由于社会关系以异己的物的关系的形式同个人相对立,人的发展依然受到社会关系的束缚和压抑。然而,它"在产生出个人同自己和同别人的普遍异化的同时,也产生出个人关系和个人能力的普遍性和全面性"。②从而为第三个历史阶段的到来创新了条件。第三个历史阶段是"建立在个人全面发展和他们共同的社会生产能力成为他们的社会财富这一基础上的自由个性"的阶段,在这一阶段,社会关系不再作为异己的力量支配人,而是置于人们的共同控制之下。人们将在自觉、丰富、全面的社会关系中获得自由、全面的发展,成为具有自由个性的人。

自由,就最一般的意义而言,是同受限制相对立的。如何摆脱外在限制获得自由,即探究人获得自由的条件和途径,是马克思主义哲学的基本宗旨。人的外在限制在于客观必然性,人永远不能

---

① 《马克思恩格斯全集》第46卷(上),人民出版社1979年版,第485页。
② 《马克思恩格斯全集》第46卷(上),人民出版社1979年版,第109页。

摆脱客观必然性的制约，不能超出客观必然性所限定的范围，这就是人的自由的限度。但是，必然性所规定的可能性范围仍然是十分广阔的，人在必然性所规定的可能性范围内仍能根据自己的需要作出选择，并通过实践把选定的可能变成现实，获得自由。马克思说"人不是由于有逃避某种事物的消极力量，而是由于有表现本身的真正个性的积极力量才得到自由"。① 人不能不受到外在的限制，但是人又能够运用自己的实践力量去打破外在的限制，这才是人的自由之所在。马克思主义固然肯定意识选择的自由性，但是否认人的自由选择的无根据性、无限制性。认为自由是以必然为根据的，正是由于事物有客观必然性可循，人的意识才能有预见性；也正是由于客观必然性提供了选择的可能性，人的意识才能有选择的自由性。必然性既是自由的限度，也是自由的根据。人只有在必然性提供的可能性范围内进行选择才有自由。恩格斯说："人对一定问题的判断越是自由，这个判断的内容所具有的必然性就越大"。② 这里自由的判断就是自由的选择。人在客观必然性所决定的多种可能性中进行选择，就是为了把自己选定的可能性变成现实，否则，选择就失去了意义。人的实践活动就是变可能为现实的力量。当人们在实践中将自己在客观必然性规定的范围内所作的选择变成了事实，达到了预期的目的时，也就是在实践上驾驭了客观必然性，获得了实在的自由。正如恩格斯所说："自由不在于幻想中摆脱自然规律而独立，而在于认识这些规律，从而能够有计划地使自然规律为一定的目的服务。"③毛泽东作了更为

---

① 《马克思恩格斯全集》第 2 卷，人民出版社 1957 年版，第 167 页。
② 《马克思恩格斯选集》第 3 卷，人民出版社 1995 年版，第 455—456 页。
③ 《马克思恩格斯选集》第 3 卷，人民出版社 1995 年版，第 455 页。

简练明确的概括:"自由是对必然的认识和对客观世界的改造。"①
当然,历史领域中的自由和必然的关系问题本质上是人的生存实
践问题,而不仅仅是认识问题。

马克思主义哲学关于人的本质是一切社会关系的总和的论
断,是对人自身进行哲学反思的基本结论,又成为考察人自身一切
问题的方法论。它指明,人的问题在实质上只是人和社会的关系
问题,因而也就必然从人和社会的关系中考察人的一切问题。主
体活动主要受社会条件和主体能动性因素的制约,主体活动结果
适合于主体自身和整个人类生存发展的需要,能够为主体合理地
占用和享用,对于确立和提高主体地位具有积极意义。

三、科学发展观语境下的"以人为本"

马克思主义人学的基本观点为以人为本思想提供了哲学基
础。作为科学发展观的本质和核心"以人为本"在当代中国具有
特定内涵。根据党的十六届三中全会的明确表述"坚持以人为
本,就是要以实现人的全面发展为目标,从人民群众的根本利益出
发谋发展、促发展,不断满足人民群众日益增长的物质文化需要,
切实保障人民群众的经济、政治和文化权益,让发展的成果惠及全
体人民。"这可以看作是对作为科学发展观的"以人为本"的方针
的完整、准确的表述。它表明,以人为本就是以广大人民群众的利
益为根本,而人民群众的利益需求包括生存、安全、平等、民主、自
由、幸福等物质和精神需求,归根结底,以人为本就是实现人民的
普遍自由和普遍幸福。区分以人为本与民本主义、人本主义、个人

---

① 《毛泽东著作选读》(下),人民出版社1986年版,第833页。

主义的关系,对理解当代中国的以人为本思想及人在当代中国社会发展中的地位和意义具有极端重要性。

(一)以人为本与民本主义

中国的民本主义发端于中国商周时代,经历春秋和战国时期儒家的不断丰富与发展,逐渐形成其思想体系。孔子明确地把"民"的重要性放在其思想体系中的首位。"所重民、食、丧、祭。"(《论语·尧曰》)认为民是第一位的,并且把"爱民"放在为政的首位,明确提出"古之为政,爱民为大。"(《礼记·哀公问政》)孔子主张统治者要重民,"使民如承大祭"(《论语·颜渊》);要惠民,使人民群众得到切实的利益:"有君子之道四焉。其行己也恭,其事上也敬,其养民也惠,其使民也义。"(《论语·公冶长》);要富民、教民:"子曰:'庶矣哉'""冉有曰:'既庶矣,又何加焉'曰:'富之'"(《论语·子路》)。《论语·颜渊》中还提到只有民富了,君才能富,国家才能强盛:"百姓足君孰与不足;百姓不足,君孰与足。"孔子注重对人民的教化,"曰:'既富矣,又何加焉?'曰:'教之'"。(《论语·子路》)他还提出"有教无类"(《论语·卫灵公》)的原则,使得平民百姓有了享受教育的权利。孔子的这些爱民、重民、惠民、富民、教民思想显然是有其积极意义的,为后世儒家的民本思想奠定了基础。

孟子是中国历史上第一个比较明确地提出民本哲学思想的思想家,他对历代王朝兴废存亡的经验和教训进行了总结,指出"桀、纣之失天下也,失其民也。失其民者失其心也。得天下有道:得其民,斯得天下矣。得其民有道:得其心,斯得民矣。"(《孟子·离娄上》)在孟子看来,人民是国家兴衰存亡的最根本因素,国家政权的巩固,社会的和谐与安宁,都要得乎民心,顺乎民意。

"保民而王,莫之能御也。"(《孟子·梁惠王上》)而得民心的关键就在于为政上,"王如施仁政于民"(《孟子·梁惠王上》),即要反对"虐民"、"暴民"的思想,要看重人民,要顺从民意,对待人民要"以不忍人之心,行不忍人之政"。(《孟子·梁惠王上》)孟子提出:"诸侯之宝三,土地、人民、政事",(《孟子·尽心下》)而在组成国家的三个要素中,人民这个要素有着特别重要的意义,因此强调"民为贵,社稷次之,君为轻"(《孟子·尽心下》)的主张,认为民众是国家的根本,充分肯定了民众在社会中的基础性地位,强调了君对民的依赖关系,《孟子·梁惠王上》云"乐民之乐者,民亦乐其乐,忧民之忧者,民亦忧其忧"。荀子提出了重视人民作用的"民水君舟"说:"君者,舟也;庶人者,水也。水则载舟,水则覆舟",形象地描绘了民对君的利害关系。荀子的"民水君舟"说和孟子的"民贵君轻"说,具体发展了战国以前就已存在的"民惟邦本,本固则邦宁"的重民思想,把先秦儒家民本思想发展到一个更高阶段,构成了比较完整的民本思想体系。民本主义是在"君治民"、主权在君的前提下,主张贵民、爱民的,主体为君,客体是民,民是君的治理对象,所以贵民是君贵民,不是民本身贵。所谓"民"不过是伦理政治体系中的君父、君主"视民如子"的"子民"而已。荀子曾把庶民与"骇马"相提并论,他说:"马骇舆,则君子不安舆;庶人骇政,则君子不安位。"(《荀子·王制》)孟子同样有人民"与禽兽奚择"(《孟子·离娄下》)的比喻。这种民本主义从其思想内蕴和实质来看,无非是中国历史上的一种统治之术,劝解君主顺民意、争民心,是统治者为了维护其统治地位而不得不实行的一种怀柔手段。所以,民本主义思想是君主主体论,是从君治民出发的君本位主义,是君主主权论。

　　现代的以人为本思想是在总结我国长期发展经验的基础上提

出来的,其最基本的内涵就是以胡锦涛同志为总书记的党中央明确阐述的:"坚持以人为本,就是要以实现人的全面发展为目标,从人民群众的根本利益出发谋发展、促发展,不断满足人民群众日益增长的物质文化需要,切实保障人民群众的经济、政治、文化权益,让发展的成果惠及全体人民。"①以人为本的"人"是指人民,人民是一个历史概念,但在社会发展的各个阶段上,人民始终是以占人口大多数的劳动者为主体的、根本利益一致基础上形成的最大的人群共同体。在当代中国,人民是指所有社会主义劳动者、社会主义建设者、拥护社会主义的爱国者,以及维护祖国统一的爱国者所结合而成的最大群体。人类历史的全部事实证明:人民是人类文明和社会财富的创新者,是推动历史进步的主要动力,因而人民理应成为社会主义新社会的主人,成为社会财富的占有者和享用者,这是人类社会历史发展的必然。所以,正确的历史观和价值观不仅要把人放在首位,而且要把人民放在首位。以人为本突出人民是社会的核心和主体,尊重人民的基本需求、合法权益和独立人格;支持人民当家做主,使社会发展成果惠及全体人民;创造有利于人民平等竞争、全面发展的环境,充分发挥人民的聪明才智,一切相信群众、一切依靠群众、一切为了群众。所以,以人为本是人民主体论,是人民主权论。

(二)以人为本与人本主义

人本主义思想产生于西欧,最早可以追溯到古希腊时期。伴随着资本主义的产生,以反对宗教神学和封建等级制度、倡导理性

---

① 胡锦涛:《在中央人口资源环境工作座谈会上的讲话》,《人民日报》2004年4月5日。

和人道主义为宗旨的人本主义思潮风起云涌。早期"人本主义"更多地强调"人性",反对"神性"。近代人本主义把人的主观能动性主要看作指向外部认知能力,认为人的本质是抽象的普遍人性即类的规定性,更多地强调人的类存在、类价值,强调人自身的权利。现代人本主义则从类本位转向个体本位,强调个体人的独特生存状态和意义,强调人是包括肉体、活动、意志、情感在内的完整的真实存在。人本主义的核心强调人是哲学的出发点和归宿,要求尊重人的生命、情感、意志、本能的意义和价值,把人当作世界的本真和最高存在。但是,人本主义从抽象人性出发,从人和动物相区别的意义上理解人,把人看作纯生物学的人,因而它往往抽去人的社会关系和具体历史条件,强调人的生物性、共同性、普遍性,而忽视人的社会性、个性以及实践性。人本主义在人与自然的关系上,认为自然与人是对立的,人是自然的主人,自然只是为我所用之物;在历史观上,认为人是不受社会规律制约的绝对自由的主体,是历史的绝对主人。人本主义是以人为目的,同时也是实现目的的手段。这样,人作为目的就变成了无法实现的空想,从根本上否定人。所以,人本主义从根本上来说"是指把人类社会历史看成人的异化和异化的扬弃的过程的人本主义历史观,即一种唯心史观。"①

　　以人为本的哲学基础是唯物史观,是从人和动物的区别、不同社会群体的人之间的区别、个人和个人的区别三种意义上来理解人。"以人为本"关注的是活生生的具体的人,是处在各种社会关系中的现实的人。既包括类存在意义上的人,也包括社会意义上

---

　　①　胡群英、黄楠森:《不能笼统地肯定或否定"以人为本"的思想》,《前线》2000年第6期,转引自 http://www.bjqx.org.cn/qxweb/n1534c198.aspx。

的人的各种各样有独立人格、性格的一切人。"以人为本"不仅关
注人和动物的区别,也关注人的个性差异、社会差异。人的类本质
是人共有的,它是人之所以成为人而区别于其他动物的根据。人
就是在一定社会关系中进行着的自由自觉的创新性实践活动的社
会存在物,正是人的这种特殊本质,决定着人的意义或价值。人和
人的本质就是社会关系的总和,离开了人生存其中的自然、社会,
离开了人的历史,人的存在是不可想象的。以人为本还强调主体
是人,作为主体的人是有意识、有目的的自觉的活动者。人作为主
体性存在离不开自然界、人类社会这个客体,否则,人就失去了作
为主体的地位和意义。以人为本就是要正确认识和充分尊重
"人"的主体地位,充分发挥人的主体能动性和创新性,实现"人"
作为实践主体、历史主体和价值主体的目的和意义。在人与自然、
人与社会、人与自身的相互关系和相互作用中,人总是扮演着主体
的角色。人的能动作用和创新性的发挥,直接关系到社会进步和
人类自身的发展和解放。所以,一切源于人,一切依靠人,一切为
了人——这是在马克思主义理论指导下的中国共产党倡导的"以
人为本"科学发展观的应有之义。但是,因而强调环境和客观必
然性,忽视人是错误的;一味强调人忽视环境和必然规律也是错误
的。以人为本既反对环境决定论,也反对主体决定论。

(三)以人为本与以个人为本

在马克思主义之前人本主义大体经历了三个阶段、四种不同
形态:文艺复兴时期自然主义的人本主义;启蒙运动时期理性主义
的人本主义;19 世纪空想社会主义的人本主义;19 世纪德国费尔
巴哈的人本主义。除了 19 世纪空想社会主义的人本主义是强调
集体性、人类性的人本主义之外,其他几种形式基本上是主张"以

个人为本"的。

在马克思主义之前的旧人本主义普遍地把人理解为个人，主张"以个人为本"的利己主义和功利主义。法国蒙台涅论述了人的价值在于人自身的观点，提出了"我考虑我自己"的名言。历史地看，这样的理解是以对个人价值的肯定来反对封建统治和教会的权威，对于整个资本主义文明的形成，都是起过积极的革命作用。但是，正如客观历史运动使得资本主义本身的存在随着历史发展逐渐失去其必然性与合理性一样，"以个人为本"这种在近代哲学支持下所形成的对于人的理解也已经受到马克思主义的批判和清算，不应该再成为今天我们对于马克思主义"以人为本"思想的解释。霍布斯和边沁提出的人类是受基本的利己主义和自私欲望所驱动的理念，从根本上说就是每个人都以自己为本。个人对他人和社会的需要被解释为个人需要他人作为客体。其他人、其他存在，不是被看成满足自我的手段就是被看成障碍。当然，"他人"也会同样地"以自己为本"，以同样的方式对待别人。在这种情况下，当然不可能真正实现对人的普遍的人本关怀，它所能实现的就是霍布斯所说的"人对人就像狼一样"。不过，霍布斯、边沁以及大多数利己主义者一般都假定，每个人都被充分地赋予了理性能力，能够清楚地计算和思考，从而能够有效地寻求自身的利益，而不必赤裸裸地损人利己。但我们知道这种理性也决不足以造成对人的普遍的人本关怀。关于这一点，沃尔夫站在利己主义立场上已经说得十分清楚了：人是天然利己的，因此也必然不会将其他个人当成目的而只是当成她或他实现自身目的的手段。这种个人至上的利己主义和功利主义把个人的利益和幸福作为最终出发点和归宿，而把他人和社会看成是达到个人目的的手段，这必然导致人与人之间的冲突和争斗，破坏人际关系的和谐与人类社会的进步。

　　"以人为本"与"以个人为本"最根本的不同在于它不把"人"直接理解为"个人"。在这里,人这一概念是一个总称。人类,作为种属的一般形态;人群共同体,作为不同社会类型的特殊形态;个人,作为个别形态。每一种形态都不是独立形态,各自只反映了人的存在某一角度的现实。马克思主义并非不承认人在生命形式上是一个独立的生命体,事实上,马克思反对把个人、群体、人类分割开来甚至对立起来。无论是脱离社会的个人,还是脱离个人的社会,在马克思主义看来都是一种不可取的抽象。因此,在马克思主义人学中,个人并不是被淡化,"以人为本"仍然要落实到对每个人的关怀。但是问题的核心在于,马克思主义认为,这个目标不是通过直接从个人出发来实现的,由于任何个人不可能脱离人类的一定社会共同体而孤立地以单个人的形态存在,而总是"实际上是属于一定的社会形式的",社会生活在本质上是实践的。每个个人都处在一定社会组织形式中从事一定的实践,并在由实践所建立的社会关系中形成自己的本质,个人本身不是被预先规定所固定了的、被给定了的存在。"人的本质并不是单个人所固有的抽象物。在其现实性上,它是一切社会关系的总和。"因此,马克思主义并不把孤立的个人当成最可靠的根据,也不把孤立的抽象的个人当成最基本的出发点。人既然是在社会中生成的,要关心人就必须从关注社会、实际地改造社会,使之更适合人的存在与发展着手。对人的关怀必然包含对于人所处的社会的宏观关注。

　　以人为本,就是从人们的实践需求和价值取向出发,重视实践主体的多样性及其个性差异。每个人都是处在社会实践活动中的人,由于社会分工、所处阶层和阶级、实践环境等的不同,每个人的实践需求自然不同。以人为本,首要的前提是承认并尊重个体及其个体差异。但是,人不仅作为个人而存在,人还作为群体而存在。个人与群体之间是一般与个别的关系,一般存在于个别中,个别不能离开一般而存在。作为群体的人具有共同实践需求和价值取向,从这个意义上讲,以人为本还应该重视实践主体的统一性及其共同人性。所以,以人为本就是尊重个人多样性及其个性差异,既把实践主体的多样性及其个性差异合理控制在社会各领域都可承受的范围之内,又力求在实践主体的多样性及其个性差异中寻求统一性、共同性和互补性,实现实践主体的多样性和统一性的辩证统一。今天,我们构建和谐社会,就是这样一种"以人为本"宏大襟怀的体现。因为只有在和谐社会中,才有可能使社会成员得到切实的关注和尊重。离开了这一宏观视角,把对人的关怀理解为"以个人为本",从个人入手,鼓励每个人以自己为本,或鼓励每个人向社会、政府提出以个人自己为本,要求社会、政府来满足自己,都会与以人为本的基本精神背道而驰。

（四）以人为本的科学内涵

"以人为本"这一个概念是要把人看作主体和目的,强调要尊重人、依靠人、为了人和解放人。我们党用这一概念把它作为科学发展观的原则,是在对社会历史发展过程中人的主体地位和作用日益突出的回应。以人为本是人们处理和解决一个问题的态度、方式、方法。它的根本含义是突出以人为中心,一切为了人,一切依靠人,人是最高的出发点和最后的落脚点。人是目的,一切活动最终是为了满足人的物质文化需要,推动人的全面发展。

1. 以人为本是对人的主体作用与目的地位的肯定

"以人为本"在唯物史观体系中,既肯定了人的主体作用又体现了人的目的性地位,在唯物史观中它与社会发展的规律性有机地结合在一起。

(1)以人为本——实践中的主体作用与目的地位的体现。

实践是人的存在方式。马克思把他的哲学称为实践唯物主义这是因为在社会历史活动中,人和社会及其相互关系都是建立在实践基础上的。

首先,实践是人类有目的能动的改造和探索现实世界的一切客观物质活动。这里包含了人自觉的能动性,又包含了客观的不以人的意志为转移的成分。人的实践创新了社会历史活动的基本内容。从实践作为客观运动过程和结果来看,它是一种具有客观性的物质活动。人作实践的主体,其社会本质就反映了这一点;人的本质在其现实性上是一切社会关系的总和,个人无法超越他所处的社会关系,人不能随心所欲的创新历史等。

其次,实践是主体的对象性活动,又必然包含有主体的价值取向,体现了主体力求超越现存状况之上的目的性。这同作为实践主体的个人都是有意识、有目的的存在物直接相关。他的本质在其理想追求层面总是向往自由和未来的全面发展的。唯物史观所包含的人的自由和全面发展是共产主义者的终极追求目标等,都体现了以人为本的目的性方面。

(2)以人为本——历史主体性与目的性的体现。

人是历史的主体,一切历史活动都要以人为前提基础,人同样也是历史的动力和目的。

第一,人是历史的主体,是一切历史活动的承担者,是历史的前提。社会是人的集合体,历史是人的活动的展开过程。所以,"任何人类历史的第一个前提无疑有生命的个人存在"。① 新的社

---

① 《马克思恩格斯全集》第3卷,人民出版社1960年版,第23页。

会形态代替旧的社会形态。人也随着社会形态的更新得到了发展。马克思把人的本性和能力的这种发展分为三大社会形态,即人的依赖性、物的依赖基础上的人的独立性和人的自由个性。马克思写道:"人的依赖关系(起初完全是自然发生的),是最初的社会形态,在这种形态下,人的生产能力只是在狭窄的范围内和孤立的地点上发展着。以物的依赖性为基础的人的独立性是第二大形态。在这种形态下,才形成普遍的社会物质交换,全面的关系,多方面的需求以及全面的能力的体系。建立在个人全面发展和他们共同的社会生产能力成为他们的社会财富这一基础上的自由个性,是第三阶段"。①

第二,"以人为本"最根本的是把人作为目的,人类社会发展的最终归宿是为人,促进人的全面发展。人的活动最终是为了满足自身日益增长的物质文化需求。人类社会的第一个历史活动,就是满足人的衣、食、住行的物质资料生产,这是人们从事实践的动因,而其深层次的价值目标是活动主体的全面发展。人的全面发展和自由个性是马克思人学思想追求的最高殿堂。

2."以人为本"以促进绝大多数人的全面发展为终极目标

在对人的研究中,海德格尔讲过,"如果我们把人而且只要我们把人当成在其他生物之中的一种生物来和植物、动物及神划清界限的话,是不是我们就根本走在通向人的本质的正确道路上呢? ……人们在这样办的时候还总能说出关于人的正确东西来。但人们也必须明白,在这样办的时候人就终归仍然落入生物性的本质范围之内,即使人们不把人和动物等同起来而是把人说成有

① 《马克思恩格斯全集》第46卷(上),人民出版社1979年版,第104页。

特殊的差异,也仍然如此。"①因此,对人的理解,不能只从人与动物的区别来理解,也不能只去研究"人"这一对象,要研究现实生活世界中的人。现实的人生活在自然、社会和组织之中,且与周围世界有着必然的联系。人与自然、社会、他人和组织的关系决定着人的生存发展可能,反映人的生存发展状况。可以说,现实的人本身就是一种关系存在。

社会是人的社会,发展从根本上说就是人的发展。所谓"人的全面发展",是指消灭了社会分工所造成的人的能力方面的片面性,人们可以"根据社会的需要或者他们自己的爱好,轮流从一个生产部门转到另一个生产部门"②那样的全面发展。这种全面发展,只有到共产主义社会才能实现。然而,以实现共产主义为最高纲领的共产党在领导经济、社会发展中,不能不从现在做起,在各个方面为人的全面发展创新条件。

总之,人是自己的历史主体和根本。正是人的有目的的活动和它所创新的人的世界、社会人的生存条件、生存方式、人的本性等,以及它们不断改变,才构成了历史丰富的内容。

四、以人为本、创新作魂、打造和谐

人是世界上最复杂的存在物,人不仅存在,而且对自己的存在意义和价值有所认识、有所反思、有所选择,人是未特定的存在物,人的生存是靠后天的物质生产实践劳动来维持的,实践是人的生

---

① 转引自熊伟主编:《存在主义哲学资料选辑》上卷,商务印书馆1997年版,第356页。

② 《马克思恩格斯选集》第1卷,人民出版社1995年版,第243页。

存方式，发展是人生存的永恒主题。人是物质存在、精神存在和社会存在的统一体，具有物质属性、精神属性和社会属性。任何时代、任何民族，人的生存都需要面对人与自然、人与社会、人与自我之间的关系，物质需要、精神需要和社会交往需要是人的不同层次需要，多层次需要体现出人之为人的生存特性，人永远行走在自我生成的路上，这种生成依靠创新来实现。

（一）以人为本

由上述，以人为本的人是一个与物相对应的概念，讲的是人与物的关系，是指在发展中不能只见物不见人，要以人的发展作为根本目的。从广义而言，以人为本涉及的方面很多，包括人的政治、经济、精神文化方面的需要和权益，生存、发展、安全、健康方面的需要和权益，人的价值、尊严、社会地位方面的需要和权益。概括地说，以人为本，就是要以实现人的全面发展为目标，从人民群众的根本利益出发谋发展、促发展，不断满足人民群众日益增长的物质文化需要，切实保障人民群众的经济、政治和文化权益，让发展的成果惠及全体人民。只有坚持以人为本，把人当成发展的根本出发点和落脚点，一切以满足人的需要和权益为归依，我们才有可能使全体人民的人民性、每个人的个性得到发展，也才有可能构建一个和谐的社会。

理解"以人为本"首先是对人的主体地位与作用的肯定，即强调人是主体，既是社会存在与发展的主体，又是价值评价的主体。社会的存在与发展是以人的存在与发展为前提，而人的全面自由发展的程度又是衡量和检测社会进步发展的标准和尺度。其次，"以人为本"是一种价值取向，即在社会发展中强调尊重人、解放人、塑造人和依靠人。其关键是尊重人，尊重人就是尊重人的类价值、社会价值和个性价值，尊重人的独立人格、需求、能力差异、人的平等、人的创新性和权利、尊重人性发展的要求等等；解放人就是使人不断冲破各种僵化体制、机制的束缚，充分发挥人的能力和潜能；塑造人，即使人成为权利的主体也是责任的主体，是两者的统一。其三，"以人为本"是一种思维方式，即在思考和解决问题时既要秉持并运用历史的尺度又要确立并运用人的尺度，要关注人的生活世界，对人的生存和发展命运给予终极关怀，又要关注人的共性与个性，树立起人的自主意识并同时承担责任。

　　具体地说，真正落实以人为本的理念，必须处理好几种关系：首先，处理好人与自然的相互关系就是要摒弃攻击传统"人类中心论"而否定人类中心地位的观点，确立人始终是万物中心的主体意识，同时，克服"自大狂"式的主体情结，不断增强可持续发展的能力。人类要准确定位自身的存在，正确利用自然作为客体手段的意义，不断提高人类对自然规律的把握和运用能力，提高同代人的生存质量，对代际人来讲就是保持人类赖以生存的生态环境具有良性的循环能力。目前，从全球范围看，人口爆炸、资源枯竭、环境污染、生态破坏、气候反常等具有全球性的问题日益严重，"以人为本"就是要求树立全民环保意识，合理开发、节约和高效地利用各种自然资源，促进人与自然的和谐发展，实施可持续发展战略，走可持续发展道路。

　　其次，处理好人与社会的相互关系就是要摒弃绝对性的"自我中心主义"，确立人始终是对象性关系存在的主体意识，克服统治性质的"占有性"主体弊端，不断促进人与社会的和谐发展。人与社会的相互关系内含着人与人的关系。一方面社会发展依赖于人的发展，是物质文明、政治文明、法治文明和制度文明的全面、协调、可持续的发展；另一方面，社会发展的目的是人，社会要为人的发展创新各种经济、政治、文化等条件，注重社会公平，努力使社会发展成果惠及全体人民，实现人的平等发展、和谐发展。我国改革开放二十年在取得重大成果的同时，也存在只见物不见人，只顾片面追求经济发展速度，却不顾及或很少考虑人的发展速度、贫富差距加大等经验教训。"以人为本"就是要求把人作为发展的基点，积极创新人们能充分发挥其聪明才智的社会环境，充分发挥人的主体能动性和创新力，加强人与社会的互动发展，不断促进人的全面发展。在发展经济的同时，努力改善人的生存条件，提高人的生活质量，提升人的素质；同时，缩小贫富差距，关注弱势群体，不断地满足广大人民群众日益增长的物质文明和精神文明需求。

处理好人与自身的关系就是要摆脱人类生存意义中功利性存在的绝对化、唯一化倾向，确立人始终是过程性生成存在的主体性意识，克服工具理性的思维弊端，努力实现工具理性和价值理性的统一。人类要充分意识到：人的本质的实现过程是人在对自然和社会规律把握的基础上对自身生理、思维的了解认识、反思改造的过程，是人为追求真、善、美的统一而不断进行实践活动的过程。"以人为本"就是要求每一个人都要追求德、智、体、美、劳、心全面、自由、健康地发展，每一个人都要提高自身思想道德素质、科学文化素质和健康素质；就是要求每一个人的合理需要都得到全面满足，综合素质得到全面提高，个体才能得到充分发挥；就是要在人对人本身为目的的追求中，摆脱物对人的束缚，努力实现人类自身的解放和自由。

最后，处理好人和组织的关系就是要求各级组织及其工作人员清除封建的官本位意识，真正为每个人能力的充分发挥提供机会与平台、政策与规则、管理与服务，其中制度建设是第一位的。制度建设的范围很广，既有各种法律、章程、条例、准则等，又有社会的风俗、习惯、传统、惯例、道德、伦理等。制度与政策、方针、路线、决策不同,制度以其规范的严格化、体系的完整化、过程的程序化、执行结果的强制化为特征,并以一定的社会组织权力作保障。制度能为创新提供一个稳定的框架,同时也造就了在此框架中人们行为的动力、规范及其独立存在的形式,即营造了一种环境。当逐渐确立起来的制度演变成习俗惯例后,它们便在不同范围、程度和层次上成为人们共同接受的原则,人们按照它们去思想、去行动,经过无数次重复后,这些做法便自然而然地演变为人的活动方式。当然,以人为本作为和谐发展观的核心价值观,也是我们各级组织建立健全各项制度的核心和标准,应当通过制度建设使以人为本的理念制度化。一方面,通过组织层面上的各种舆论媒体加以大力宣传以人为本的理念,鞭挞各种侵犯人权、危害社会公正的行为,弘扬以人为本的社会主旋律;另一方面,利用各级组织的力量,特别是国家强制力维持社会公正,尽量从法律规范上明确规定哪些行为是不合法的、哪些行为是合法的,以强制手段制止任何侵犯人权、危害社会公正的行为。这样才能保障社会真正贯彻以人为本的科学发展观,实现人的自由全面发展。

总之,从当今历史发展的新高度和新挑战出发,重提以人为本,对当代中国社会发展具有重大的历史意义。随着对人的日益重视和以人为本的科学发展观的充分展开和落实,必然给当代中国社会生活带来新的重大变化。

(二)创新作魂

人类历史是一个不断创新的过程。人类在改造世界的实践中总会有新的认识,在新的认识指导下改造世界又总会有新的提高,总会"有所发现,有所发明,有所创新,有所前进"。社会实践是不断发展的,人的认识是不断深化的,创新活动是永无止境的。创新是一个相对的概念。创新既有质的飞跃,也有量的变化;既有大的突破,也有小的改进;既有内容的更新,也有形式的改变。创新是继承与发展的辩证统一。创新作为对已有成果的丰富、扩展或扬弃,离不开对前人成就的扎实研究和深刻了解,离不开一点一滴的积累和长期不懈的努力,离不开坚韧不拔的意志和百折不挠的精神。

其实,环境及其创新与人的发展互为条件、相互促进,二者在共生互动中维持着特定的社会秩序。环境及其创新是社会交往的产物,同时也是人的选择的产物。人是环境的主体,人创设了环境,也实现了环境的创新。环境及其创新体现了人的主体性、能动性、创新性。因而,人的发展是环境完善与创新的主体条件和根本动力,没有人的一定发展,没有发展着的人的客观需要,环境建设与创新就不可能,也没有实际意义。同时,一种环境安排被实施后,就会作为一种既定的环境和现实的力量,对人的行为进行规约,使这种主体性、能动性的发挥遇到边界的限制;人的发展,人改造自然与社会所取得的成就,是环境作用的直接产物,即环境创新人、塑造人。因此,在推进社会发展过程中,我们应坚持环境创新与人的发展同时并举,偏废或忽视哪一点都不行。

现阶段,我国正处于由传统社会走向现代社会的转型之中,以社会变迁为主要特征的社会转型必然伴随着深刻的环境问题。环境问题作为社会转型的重要内容和实现方式,不仅成为社会转型的现实表征,同时也成为社会转型追求的一个目标。而衡量建构和创立新环境是不是推动社会转型的积极力量,要以是否符合社会转型良性运行的客观要求,是否能有效地规范多元化利益主体之间的矛盾关系,以及缓和与消解社会转型中秩序与自由之间的紧张关系,从而有利于人自由而全面的发展为客观标准。注重人的自由而全面的发展,是如本书前几章所述的各类创新环境的本质与运行机制决定的一个根本性战略目标。保证和不断促进社会全体成员自由而全面的发展,成为社会主义环境建设与创新的必然诉求。

　　无疑,我国社会转型的完成,将为我国经济和社会的持续发展、社会的长治久安创新一个良好的环境,也将为人的素质能力的全面提升、个性的充分发展创新一个更为宽广的空间。但是目前,我国的改革还有待进一步深化和彻底。如:经济体制改革还不彻底,市场体制尚需完善,由此导致的一系列经济社会问题还很严重;特别是政治体制改革的难度很大,尚未进行大刀阔斧式的改革,政治体制改革的严重滞后,阻碍经济体制改革的深化,延缓我国社会主义民主政治建设的步伐。所以,制约我国经济社会发展的体制性障碍依然突出,环境短缺、环境瓶颈的状况依然严重存在,而且,由于种种主客观原因,还出现一些新的环境缺陷、环境"虚置"、环境腐败的弊端。这不仅不利于经济和社会的发展,延缓社会转型的完成,而且还造成对人的发展和创新的种种制约和限制乃至束缚。因此,加强环境建设与创新,促进人的发展,是我国目前社会转型时期的重要任务,也是实现社会转型良性运行的内在要求。

　　列宁说过:"全人类的首要的生产力就是工人,劳动者"①。毛泽东也指出"人民,只有人民,才是创新世界历史的动力"。这就告诉我们,我们的发展,必须依靠最广大的人民群众,把人的积极性和创新性视为发展的最重要、最根本的动力。人民群众是发展

------

① 《列宁选集》第3卷,人民出版社1995年版,第821页。

的主体,人民群众的积极性和创新性是发展的动力,我们在发展中要着力调动人的积极性和创新性。现在的问题在于怎样调动人的积极性和创新性,调动什么样的积极性。在社会主义市场经济的条件下,不讲物质利益当然是不对的,但仅仅用物质刺激的方式也未必就能真正地调动起人的积极性。实践证明,要真正调动人的积极性和创新性,在充分照顾人们的物质利益的同时,还必须重视社会公平。只有这样,才能真正把一切积极因素调动起来,让一切劳动、知识、技术、管理和资本的活力竞相迸发出来,让一切社会财富的源泉充分涌流出来,为发展提供经久不衰的恒动力。

(三)打造和谐

以人为本与和谐社会,是两个相互区别又密切联系的概念。以人为本是科学发展观的核心,强调人是发展的动力,人是发展的目的,同时人是发展的标志,社会发展的最终目标是促进人的全面发展;而和谐社会则是强调全体人民各尽其能、各得其所、和谐相处,其最终目的也是实现人的全面发展。社会主义和谐社会包括以下几个层面问题:一是社会发展的和谐问题,要实现经济、政治、文化、社会协调发展;二是社会关系的和谐问题,要处理好社会各阶层的矛盾冲突,协调人民内部矛盾和各种利益关系;三是实现人与自然的和谐。以人为本与和谐社会在本质上是一致的,以人为本是社会发展的指导思想,和谐社会是发展的目标。以人为本是和谐社会的前提,和谐社会是以人为本的保证。只有坚持以人为本的科学发展观,才能真正构建起社会主义和谐社会。同样,只有构建和谐社会,才能更好地保证人的全面发展目标的实现。可以说和谐社会就是以人为本的社会,二者都统一于全面建设小康社会的奋斗目标之中,统一于促进人的全面发展和人类彻底解放的历史进程之中。因此,解决好社会关系的不和谐,创建良好的创新环境是构建和谐社会的关键,也是构建和谐社会的重点和难点,具体说来有以下几点:

1. 经济环境:发展人本经济环境

经济环境发展是人类为了满足自身需求并实现自身发展的一种主体活动。马克思、恩格斯对西方传统经济学中见物不见人的倾向展开了批判,首次将人作为经济学的主题而纳入研究对象。恩格斯针对古典学派而写道:"经济学所研究的不是物,而是人和人之间的关系,归根到底是阶级和阶级之间的关系。"①我们今天把以人为本当成科学发展观的本质和核心,其题中应有之义,就是在当代中国经济发展过程中,要由以物为本走向以人为本,这实际上就是倡导人本经济环境。

"人本经济环境"就是以人为本的发展理念贯彻到经济活动中,把人当作经济活动与经济发展的主体、尺度和目的。改革开放初期的经济主要是短缺经济,物质财富不能满足大多数人的需要,因此,我们比较关注物质财富的增长。今天,我们从总体上已经基本解决了温饱问题,在发展经济的过程中,就应更多地去关注人的问题。坚持以人为本,不仅把人作为发展经济的手段,大力开发人力资源和关注人才培养,努力将经济增长方式转变到依靠人的知识、素质和创新能力上来,而且更要把人当作经济发展的目的,满足人的物质文化需要,促进人的全面发展。

2. 制度环境:坚持执政为民

把以人为本落实到政治制度活动中,就是要求我们党树立执政为民的执政理念。执政理念是指导执政治国活动的基本观念,

---

① 《马克思恩格斯全集》第 13 卷,人民出版社 1962 年版,第 533 页。

是执政理想、执政准则、执政思路的集中体现。执政为民的执政理念，主要包括以下内容：

首先，执政为民要相信人民群众。唯物史观认为，人民群众是历史的创新者。马克思主义政党相信人民群众是社会历史的主人，相信人民群众自己解放自己。坚持以人为本，就是承认和肯定人民群众在历史发展中的主体地位。

其次，执政为民要依靠人民群众。以人为本，强调人的主体地位，强调人是社会发展的主体。大力开发人力资源，充分发挥人的积极性、主动性和创新性。实施人才强国战略，是我国加快社会发展的根本保证，也是治国兴邦之道。

最后，执政为民的目的是为了人民群众。人是人的活动及社会发展的最高目的和归宿。以人为本的执政理念主要是解决人的活动与社会发展是"为了谁"的问题。人的任何活动，归根到底都是为了满足人的各种需求，促进人的全面发展。

3. 文化环境：塑造新型人格

人类历史发展的实践不断证明，一个国家、民族的前途命运，不仅仅取决于它的财富的多寡，而越来越依赖于它的公民的文明素养，即人们所受的教育、人们的学识、开明和品格的高下。特别是在日益临近的知识经济时代，具有创新能力的人才将成为国际竞争的根本，其中，文化力将成为一种核心竞争力。

文化的实质是塑造人格，改造人的内在精神世界。因而，文化建设的根本是人的素质，文化是什么样的，人也就是什么样的。文化建设应落实到提高人的素质上来，那种离开提高人的素质的文化建设，大多会流于形式。因此，以人为本体现在文化建设上，就是要提高人的素质，塑造新型人格。

我们应通过全面提高人的素质，来塑造适应社会发展的新型人格。人格是指一定时代的人所具有的综合素质类型。在我国社会主义现代化建设的过程中,我们要逐步推动传统人格向现代人格的转变,塑造自主独立、开拓创新、契约法治、诚信负责的新型人格。

4. 解放思想环境:构建和谐社会

在社会建设上,坚持以人为本,就是使民众各尽其能,尊重人们利益诉求,保障人们各得其所,形成和谐相处的经济、制度和文化环境,建设一个以人为本的社会,而这都离不开解放思想环境的构建。

首先,以人为本的社会,是一个不断解放人和开发人进而使人各尽其能的社会。只有不断解放人和开发人,才能形成一个各尽其能并充满创新活力的社会。为解放人和开发人,使民众各尽其能,我国应进一步从思想和制度上给人松绑;切实采取尊重劳动、尊重知识、尊重人才、尊重创新的方针,使一切有利于社会进步的创新愿望得到尊重、创新活动得到支持、创新才能得到发挥、创新成果得到肯定。

其次,以人为本的社会是一个尊重人民诉求的社会。在各种创新活力竞相迸发的同时,各个阶层和群体也必然表达他们的权利诉求、民主诉求、公正诉求以及政治诉求。对于这些利益诉求,我们应充分尊重,并积极整合他们的合理要求,努力凝聚他们当中的有效力量。这有利于形成一种各得其所而又和谐相处的局面。

再次,以人为本的社会是各得其所的社会。尊重人民诉求必须做好"整合和凝聚"工作。而整合和凝聚的目的是使人们能"各得其所",使公平和正义的理念得到体现。公正是各得其所的本质,公正产生和谐,是构建和谐社会的基础。

最后,以人为本的社会是解放思想、和谐相处的社会。只有使社会成员各得其所,才有可能使社会成员做到和谐相处。各得其所是和谐相处的前提条件,和谐相处是各得其所的结果。和谐相处是我国改革开放和现代化建设进程中的一种必然要求,其基本特征是以各种关系的和谐来维持社会的稳定与秩序。从外延来讲,和谐相处主要包括人和自然的和谐相处,人和社会的和谐相处,人和人的和谐相处,人和组织的和谐相处,人自身内部各要素的和谐相处。从内涵来讲,和谐相处是指人人平等、和而不同、互惠互利。人人平等,即人们之间在人格、权利、机会、规则和分配上的平等,而机会、规则和分配上的平等是核心。和而不同即尊重个人、包容个性差异,并通过协商共识,使多样性之间达到协调、合作、共赢。

总之,在推进我国社会转型和社会主义现代化建设的伟大实践中,按照人的全面发展的要求进行环境建设和创新,通过促进人的全面发展来加快推进环境建设与创新的步伐,实现二者的互动共进,坚持"以人为本、创新作魂、打造和谐",这是实现我国社会全面持续发展的题中应有之义,也是今天我们实践以人为本的科学发展观必须优先考虑的重大问题。

参 考 文 献

（一）马克思主义经典著作

1.《马克思恩格斯选集》第 1—4 卷，人民出版社 1995 年版。

2.《马克思恩格斯全集》第 1、2、3、6、20、23、25、27、30、31、32、42、45、46、47 卷，人民出版社 1956、1957、1960、1965、1971、1974、1979、1982 年版。

3.《德意志意识形态》，人民出版社 2003 年版。

4. 马克思：《1844 年经济学哲学手稿》，中共中央马克思恩格斯列宁斯大林著作编译局编译，人民出版社 2000 年版。

5. 马克思：《资本论》第 1—3 卷，人民出版社 1975 年版。

6. 恩格斯：《自然辩证法》，人民出版社 1984 年版。

7. 马克思、恩格斯：《费尔巴哈》，人民出版社 1988 年版。

8. 中国历史唯物主义研究会编：《马克思、恩格斯、列宁、斯大林论人性、异化、人道主义》，清华大学出版社 1983 年版。

9. 中共中央文献研究室编：《毛泽东哲学批注集》，中央文献出版社 1988 年版。

10. 中共中央文献编辑委员会编：《毛泽东著作选读》（下），人民出版社 1991 年版。

11.《邓小平文选》第 2、3 卷，人民出版社 1994、1993 年版。

12.《列宁全集》第 55 卷，人民出版社 1990 年版。

13.《列宁选集》，人民出版社 1972 年版。

14.《毛泽东选集》第 1、3 卷,人民出版社 1991 年版。

15. 江泽民:《全面建设小康社会,开创中国特色社会主义事业新局面》,人民出版社 2002 年版。

16. 胡锦涛:《在中央人口资源环境工作座谈会上的讲话》,《人民日报》2004 年 4 月 5 日。

(二)外国哲学著作

1.〔德〕黑格尔:《小逻辑》,贺麟译,商务印书馆 1981 年版。

2.〔德〕费尔巴哈:《基督教的本质》,荣震华译,商务印书馆 1984 年版。

3.〔荷兰〕斯宾诺莎:《知性改进论》,贺麟译,商务印书馆 1960 年版。

4.〔英〕休谟:《人性论》上册,关文运译,商务印书馆 1980 年版。

5.〔德〕爱因斯坦:《爱因斯坦文集》第 1 卷,许良英等编译,商务印书馆 1976 年版。

6.〔德〕海涅:《论德国宗教和哲学的历史》,海安译,商务印书馆 1972 年版。

7.〔美〕艾米顿:《知识经济的创新战略——智慧的觉醒》,周金英译,新华出版社 1998 年版。

8.〔美〕约瑟夫·熊彼特:《经济发展理论》,何畏等译校,商务印书馆 1990 年版。

9.〔日〕汤川秀树:《创造力和直觉》,周林东译,复旦大学出版社 1987 年版。

10.〔德〕爱因斯坦、〔波〕英费尔德:《物理学的进化》,周肇威译,上海科学技术出版社 1962 年版。

11. ［英］莱尔·沃森:《超自然现象》,王洋译,上海人民出版社 1991 年版。

12. ［英］弗兰西斯·培根:《新工具》,许宝骙译,商务印书馆 1984 年版。

13. ［美］S. 阿瑞提:《创造的秘密》,钱岗南译,辽宁人民出版社 1987 年版。

14. ［美］约翰·罗尔斯:《正义论》,何怀宏、何包钢、廖申白译,中国社会科学出版社 1988 年版。

15. ［美］D. A. 戴维斯 S. B. 里姆:《英才教育》,杨庭郊等译,新华出版社 1992 年版。

16. ［美］戴维·波普诺:《社会学》,李强等译,中国人民大学出版社 1999 年版,。

17. ［英］科亨:《现代社会理论》,伦敦,1986 年英文版。

18. ［美］詹姆斯·M. 布坎南:《自由、市场和国家》,吴良健、桑伍、曾获译,北京经济学院出版社 1991 年版。

19. ［美］R. 科思、A. 阿尔钦、D. 诺思:《财产权利与制度变迁——产权学派与新制度学派译文集》,刘守英等译,上海三联书店 1994 年版。

20. ［美］道格拉斯·C. 诺思:《经济史中的结构变迁》,陈郁、罗华平等译,上海三联书店 1994 年版。

21. ［美］诺思:《制度、制度变迁与经济绩效》,刘守英译,上海三联书店 1994 年版。

22. ［英］吉登斯:《社会的构成》,李康、李猛译,三联书店 1998 年版。

23. ［苏］莫伊谢耶夫:《人和控制论》,吴仕康、曾盛林译,三联书店 1987 年版。

24.［苏］科恩:《自我论》,佟景韩等译,三联书店 1986 年版。

25.［英］史蒂文森:《人性七论》,袁荣生、张论、蒉生译,商务印书馆 1994 年版。

26.［法］拉法格:《拉法格文选》上卷,人民出版社 1985 年版。

27.［德］戈森:《人类交换规律与人类行为准则的发展》,陈秀山译,商务印书馆 1997 年版。

28.［美］本尼迪克特:《文化模式》,王炜等译,三联书店 1988 年版。

29.［英］李约瑟:《中国科学技术史》第 3 卷,《中国科学技术史》翻译小组译,科学出版社 1975 年版,。

30.［美］托尔斯坦·本德·凡勃伦:《有闲阶级论》,蔡受百译,商务印书馆 1964 年版。

31.［美］塔尔科特·帕森斯:《现代社会的结构与过程》,光明日报出版社 1998 年版。

32.［英］哈耶克:《个人主义与经济秩序》,邓正来译,经济学院出版社 1989 年版。

33.［美］丹尼尔·W·布罗姆利:《经济利益与经济制度:公共政策的理论基础》,陈郁译,上海三联书店 1996 年版。

34.［美］T. W. 舒尔茨:《制度与人的经济价值的不断提高》,载［美］布罗姆利:《财产权利与制度变迁》,陈郁、郭宇峰、汪峰译,上海三联书店,1996 年版。

35. E. E. Evans:*Pritchard*:*social Anthropology*,London,1951.

（三）中文著作

1.《辞海》,上海辞书出版社 1999 年版。

2.《孟子·告子上——孟子译注》,中华书局 2006 年版。

3.《荀子》,北京燕山出版社 1995 年版。

4. 康有为:《万木草堂口说》,《康有为全集》(二),上海古籍出版社 1990 年版。

5.《叶剑英选集》,人民出版社 1996 年版。

6. 黄楠森、夏甄陶、陈志尚:《人学辞典》,中国国际广播出版社 1990 年版。

7. 齐秀生:《社会环境与人才》,齐鲁书社 2005 年版。

8. 袁贵仁:《马克思的人学思想》,北京师范大学出版社 1996 年版。

9. 袁贵仁:《价值学引论》,北京师范大学出版社 1991 年版。

10. 熊伟主编:《存在主义哲学资料选辑》上卷,商务印书馆 1997 年版。

11. 吴彤:《自组织方法论研究》,清华大学出版社 2001 年。

12. 贺来:《辩证法的生存论基础——马克思辩证法的当代阐释》,中国人民大学出版社 2004 年版。

13. 孙章:《技术开发与价值创新》,科学技术出版社 1987 年版。

14. 李仕模:《第五代管理》,中国物价出版社 2000 年版。

15. 胡志坚:《国家创新系统——理论分析与国际比较》,社会科学文献出版社 2000 年版。

16. 王方华:《现代企业管理》,复旦大学出版社 1996 年版。

17. 何传启、张凤:《知识创新——竞争新焦点》,经济管理出版社 2001 年版。

18. 俞国良:《创造力心理学》,浙江人民出版社 1996 年版。

19. 傅世侠等:《科学创造方法论》,中国经济出版社 2000 年版。

20. 胡敏中:《理性的彼岸—人的非理性因素研究》,北京师范大学出版社 1994 年版。

21. 袁伯伟:《创造与创造技法》,湖北教育出版社 1990 年版。

22. 于显洋:《组织社会学》,中国人民大学出版社 2001 年版。

23. 庞元正等:《哲学视野中的发展与创新》,北京中共中央党校出版社 2003 年版。

24. 王天成:《创造性思维》,吉林教育出版社 1989 年版。

25. 傅世侠、罗玲玲:《科学创造方法论》,中国经济出版社 2000 年版。

26. 中国社会科学院情报研究所编译:《科学学译文集》,科学出版社 1981 年版。

27. 刘卫平:《创新思维》,浙江人民出版社 1999 年版。

28. 朱志宏:《创新学》,中国工人出版社 2002 年版。

29. 王正卫:《工商行政管理概论》,中央广播电视大学出版社 1995 年版。

30. 彭星间、叶全良:《建立市场新秩序—中国市场规则研究》,中国财政经济出版社 1997 年版。

31. 王根蓓:《市场秩序论》,上海财经大学出版社 1997 年版。

32. 郭冬乐、宋则:《通向公平竞争之路》,社会科学文献出版社 2001 年版。

33. 王海明:《伦理学》,商务印书馆 2002 年版。

34. 宋飞林:《现代社会学》,上海人民出版社 1987 年版。

35. 吴忠等:《市场经济与现代伦理》,人民出版社 2003 年版。

36. 张千帆等:《宪政、法治与经济发展》,北京大学出版社 2004 年版。

37. 章谦凡:《市场经济的法律调控》,中国法制出版社 1998

年版。

38. 李楠明:《价值主体性》,社会科学文献出版社 2005 年版。

39. 葛德文:《政治正义论》,商务印书馆 1980 年版。

40. 施惠玲:《制度环境研究论纲》,北京师范大学出版社 2003 年版。

41. 唐代兴:《公正伦理与制度道德》,人民出版社 2003 年版。

42. 方笛启:《价值是什么——价值学导论》,台北联经出版事业公司 1986 年版。

43. 北京大学中国经济研究中心:《经济学与中国改革》,上海人民出版社 1995 年版。

44. 刘相、刘德军、王忠武:《人类思想解放史论》,人民出版社 2007 年版。

45. 成思危:《中国经济大讲堂》,辽宁人民出版社 2006 年版。

(四)博硕士论文

1. 朱娅:《论经济伦理与市场秩序》,南京师范大学硕士学位论文(2004 年)。

2. 罗锦鑫:《制度伦理的主体性基础》,湘潭大学硕士学位论文(2008 年)。

3. 杜敏:《以人为本与和谐社会》,云南师范大学硕士学位论文(2005 年)。

4. 张有奎:《马克思生存论视阈中的现代性批判》,复旦大学博士学位论文(2004 年)。

(五)主要期刊论文

1. 何中华:《论人与社会环境及其关系》,《长白学刊》1999 年第 5 期。

2. 金吾伦:《浑序组织——一种建立在复杂性基础上的新型组织》,《自然辩证法通讯》2002 年第 4 期。

3. 张宝英、滕松梅、张宝玉:《关于"社会发展最终决定力量"的思考》,《烟台大学学报(哲学社会科学版)》2006 年第 2 期。

4. 张宝英、张游浩:《人之善恶的本质》,《烟台大学学报(哲学社会科学版)》2008 年第 3 期。

5. 王小锡:《经济伦理学论纲》,人大复印资料《伦理学》1994 年第 2 期。

6. 汪建:《社会活力:解放与创造》,《天津社会科学》1999 年第 3 期。

7. 魏金宇:《论制度创新系统的建立》,《西北师范大学学报》(社科版)2000 年第 1 期。

8. 黄华新等:《试论创新思维的基本构成与测试方法》,人大复印资料《哲学原理》2000 年第 12 期。

9. 邢其毅:《讲创新还是具体一点好》,《光明日报》2003 年 1 月 7 日。

10. 吴晓明:《试论马克思哲学的存在论基础》,《学术月刊》2001 年第 9 期。

11. [加]伯纳德·罗纳根:《认知的结构》,《成都大学学报(社科版)》2001 年第 2 期。

12. 郭守亭:《整顿和规范市场秩序的理性思考》,《中南财经政法大学学报》2002 年第 3 期。

13. 贾秀兰:《论社会主义经济道德规范的建设和发展》,《西南民族大学学报(人文社科版)》2003 年第 7 期。

14. 吕耀怀:《道德建设:从制度伦理、伦理制度到德性伦理》,

《学习与探索》2000 年第 1 期。

　　15. 辛鸣:《制度评价的标准选择》,《中国人民大学学报》2005 第 5 期。

　　16. 辛鸣:《在应然与实然之间——关于制度功能及其局限的哲学分析》,《哲学研究》2005 年第 9 期。

　　17. 胡群英、黄楠森:《不能笼统地肯定或否定"以人为本"的思想》,《前线》2000 年第 6 期。

　　18. George J. Stigler: *The Theory of Economic Regulation*, Bell Journal of Economics Vol. 2 ,Spring 1971. 3

　　19. Amidon, D. M, *Knowledge Innovation*, www. entovation. com/backgrnd,14 May 1998.

后　记

　　本书是张宝英主持和承担的山东省社会科学规划研究项目：《环境与创新——以人为本与构建社会主义和谐社会研究》（批准号 07CZXJ07）的最终结项成果，由烟台大学人文学院本项目研究组部分成员及烟台大学新引进的王毅博士合著而成。

　　本书的书名主旨、基本内容、篇章布局、结构设计和最后通稿等，主要由张宝英策划；写作的风格和提纲的编写等由本书的全体撰写人员共同研究拟定。

　　在以上各环节的工作中，英年早逝的原烟台大学人文学院张宏教授在生前病重期间给予了极其重要的指导，这让我们课题组的成员和本书的撰写人员无比感激，并对他的去世感到格外悲痛！本书的出版也是对逝者的最好的告慰。

　　本书各章节具体撰写人员如下：

　　导言：张宝英。

　　第一章，第一部分：张宝英；

　　第一章，第二、三部分：邢瑞煜。

　　第二章：张宝英。

　　第三章：王毅。

　　第四章：张宝英。

　　第五、六章：王毅。

　　第七、八、九章：滕松梅。

　　本书初稿写成后,每章均在全体撰写人员之间传阅、交流、修正,特别是王毅博士在其中做了大量的工作。

　　在本项目的研究和本书的撰写过程中,还得到了齐秀生、汪健、宋华西等同志的热情指导,在此谨表衷心的感谢!

　　在本项目的研究与本书写作的全过程中,我们一直以严谨的学风、认真的态度、勤奋的作风严格要求自己,对稿子认真审阅、反复修改,但因为我们的水平所限,书中仍难免有一些不足之处,热诚欢迎读者朋友批评指正。

著　者

2009 年 9 月

组稿编辑:王善超
责任编辑:李椒元
装帧设计:肖　辉
责任校对:张　彦

图书在版编目(CIP)数据

人学视野中的创新与环境/张宝英等著.
-北京:人民出版社,2010.9
ISBN 978－7－01－008968－3

Ⅰ.①人…　Ⅱ.①张…　Ⅲ.①人学-研究　Ⅳ.①C912.1

中国版本图书馆 CIP 数据核字(2010)第 094619 号

人学视野中的创新与环境
RENXUE SHIYE ZHONG DE CHUANGXIN YU HUANJING

张宝英　滕松梅　王　毅　邢瑞煜　著

人民出版社 出版发行
(100706　北京朝阳门内大街166号)

北京世纪雨田印刷有限公司印刷　新华书店经销

2010 年 9 月第 1 版　2010 年 9 月北京第 1 次印刷
开本:880 毫米×1230 毫米 1/32　印张:12
字数:270 千字　印数:0,001－3,000 册

ISBN 978－7－01－008968－3　定价:29.00 元

邮购地址 100706　北京朝阳门内大街 166 号
人民东方图书销售中心　电话 (010)65250042　65289539